논어 천재가 된
홍 팀장

논어 천재가 된 홍 팀장

품격을 키우는 리더의 사람 공부

조윤제 지음

부끄럽지 않은 리더가 되려면
한 번은 '논어'를 제대로 통과해라!

　20세기 초반 하버드 대학 교수를 지냈던 앨프리드 화이트헤드는 "서양철학은 플라톤에 대한 각주에 불과하다"라고 말했다. 플라톤의 철학과 학문이 서양 철학의 뿌리이자 총합이라는 것이다. 플라톤의 저작물은 대부분 스승인 소크라테스가 대화를 통해 진리를 찾아가는 과정을 담고 있다. 따라서 그 근원은 바로 기원전 400년경에 그리스에서 활동했던 소크라테스의 철학과 학문이라고 할 수 있다.

　소크라테스의 활동시기보다 이른 약 100년 전, 중국에서는 동양 인문학의 뿌리가 되는 유교의 시조 공자가 활동했다. 소크라테스가 제자 플라톤의 『대화편』으로 자신의 심오한 철학을 후대에 전했다면 공자 역시 제자들에 의해 만들어진 『논어』를 통해 자신의 학문과 철학을 후대에 전할 수 있었다. 무엇보다도 두 사람은 이상적인 국가를 만들기 위해 개개인의 도덕적 회복을 주창했고, 감히 범접할 수도 없는 학문의 경지에 도달했지만 스스로는 아는 것이 없다는 겸손으로 평생 학문을 추구했다는 공통점이 있다.

소크라테스가 신화에 기반을 두고 영혼회귀설을 믿었던 반면, 공자는 철저히 현실에 기반을 두고 있었다. 아니, "아는 것을 안다고 하고 모르는 것을 모른다고 하는 것이 곧 앎이다"라고 말했던 소신처럼 죽음이나 영혼과 같이 비현실적인 것들은 모두 제쳐두는 것이 옳다고 생각했다. 제자인 계로가 죽음에 대해 묻자, "삶도 제대로 모르는데 어찌 죽음에 대해 알겠는가"라고 대답해주었던 것이 그것을 잘 말해주고 있다.

『논어』는 2500년 전 공자라는 인물의 사상과 언행을 제자들이 모은 책이다. 논리적·분석적·이성적·합리적 추구에 치중했던 서양 인문학과 달리 『논어』는 철저히 실천적·경험적 기반을 두고 있다. 혼란한 세상에서 사랑으로 다스려지는 이상적인 세상을 추구했지만 그 해법은 현실적이었다. 그리고 그 핵심은 바로 '사람의 도리'였다. 자신이 처해 있는 자리를 알고, 도리를 인식하고 지켜나가며, 다른 사람과의 관계를 바르게 이끌어가는 것, 그것이 핵심 원리였다. 개인주의·물질주의·성공주의·이념주의, 종교적 분쟁으로 인해 개인뿐만 아니라 사회와 국가 간의 분열과 타락이 극에 달한 요즘 『논어』가 필요한 이유다. 무엇보다도 4차 산업혁명의 시대에 접

어든 오늘날 융합을 기반으로 한 창의적인 사고의 바탕이 될 수 있다는 점에서 더욱 절실하다.

얼마 전 인공지능과 인간의 대결로 전 세계적으로 관심을 모은 바둑 대결에서 이세돌 9단은 알파고를 상대로 1승 4패의 일방적인 패배를 당했다. 예상치 못했던 결과로 세계의 많은 사람들이 실망했을 뿐 아니라, 미래에 있을지도 모를 인공지능의 위협에 대해서도 경각심을 가지게 되었다. 이러한 현존하는 위협에 대한 대처는 사람에 따라 다르다. 두려워하며 움츠러드는 사람이 있는가 하면, 적극적으로 대처하며 위기를 기회로 삼는 사람도 있다. 구글과 함께 최고의 혁신기업으로 꼽히는 애플의 창업자 스티브 잡스는 2010년 신제품 아이패드를 소개하는 현장에서 이렇게 말했다.

"애플은 언제나 인문학과 기술이 교차하는 지점에 존재했다. 우리가 아이패드를 만든 것은 항상 인문학과 기술의 갈림길에서 고민을 해왔기 때문이다. 그동안 사람들은 기술을 따라잡으려고 애썼지만 이제 기술이 사람 속으로 스며들게 해야 한다."

세상을 바꿀 혁신과 변화를 일으키는 힘은 단순히 기술력에 의존하는 것이 아니라 그 바탕에 사람에 대한 이해와 존중이 있어야 한다는 말이다. 결국 혁신기술이 놀라운 결과를 만들어내는 것도, 혁신기술의 시대에 살아남기 위해서도 반드시 '사람'에 대한 공부 즉, 인문학이 필수이다. 인문학은 단순한 지식이나 지적인 대화를 위한 도구가 아니라 '사람' 그 자체에 대한 학문이다. 아니 좀 더 강하게 이야기하면 학문이라기보다 '사람'과 그 사람이 만들어가는 '세상'이다.

 따라서 인문학이 혁신과 변화의 기반이 되려면 그것을 배우려는 사람들의 삶에 스며들어야 하고, 그 삶에서 체득되어 살아가는 습관이 되어야 한다. 스티브 잡스가 그랬다. 그는 특별히 인문학을 전공하지는 않았지만 인문학 정신을 그의 삶에서 구현했던 사람이었다. 인도 여행을 통해 명상과 구도의 삶을 자기 인생에 끌어들였고, 하루하루를 인문학 정신으로 살았다. 스스로 성찰하기, 질문을 던지기, 다르게 생각하기, 연결하기 등 그가 했던 일들은 인문학 '지식'이 아니라 삶에서 구현되는 인문학 '정신'이었다.

 홍 팀장은 스티브 잡스를 가장 존경하고 그를 닮고 싶어 하는 우리 시대의 평범한 직장인이다. 하지만 스티브 잡스의 겉모습은 좋아했어도, 그가 이뤄낸 놀라운 혁신과 창의적 결과가 자신의 삶에 인문학 정신을 구현했기에 가능했다는 사실은 미처 깨닫지 못했다. 스스로 삶의 의미를 찾기보다 외적인 성공만을 추구했고, 이익 앞에서 그다지 정의롭지도 못했다. 결국 전혀 예기치 못했던 고난을 만나게 되었고, 스스로 무너지려는 순간 인문학을 만났다. 그것도 서양의 인문학이 아닌, 전혀 생소했고 알고 싶지도 않았던 동양 인문학의 뿌리, 『논어』를 말이다. 그리고 『논어』를 통해 비로소 진짜 길을 찾게 된다.

물론 홍 팀장은 '논어 천재'가 되지는 못했다. 그것은 이 책을 쓴 나 자신도 마찬가지다. '인문학'이라는 드넓은 세상에서 모래 한 알을 집어 든다고 해서 누가 감히 '천재'라고 말할 수 있을까? 하지만 삶의 패턴을 바꾸고 스스로 성찰하며 살아간다면 그 사람은 '인문학적인 삶'을 산다고 할 수 있을 것이다. 홍 팀장이 바로 그랬다. 지식으로서의 인문학은 아직 시작도 하지 않았을지 모르지만, 삶으로서의 인문학에 뛰어들었기 때문이다.

　이 책을 쓰면서 아주 오래전 직장생활을 할 때의 내 경험과 생각을 어쩔 수 없이 담았다. 지금 되돌아보는 내 직장생활은 결코 내세울 것도, 자랑스러울 것도 없다. 나 자신의 가치를 높이기 위해 노력했다기보다는 오직 성공과 경쟁에서 이기기 위한 수단과 방법을 추구했다. 홍 팀장처럼 인문학적 삶으로 들어서는 계기가 있었다면, 극한의 상황에서 넌지시 『논어』를 건네준 공 부장과 같은 상사가 곁에 있었다면 얼마나 좋았을까, 하는 안타까움이 있다. 물론 지금보다 더 풍족한 삶을 살았을 거라고 장담할 수는 없다. 하지만 지금까지 살아왔던 삶보다 부끄럽지 않은 삶은 살 수 있지 않았을까?

　이 책은 제목에서도 알 수 있듯이 팀장으로서 조직의 초보 리더가 된 사람들을 위해서 썼다. 한 조직을 이끄는 리더가 된다는 것은 남다른 실력만으로는 부족하다. 스스로 능력을 발휘하는 것을 넘어서 이끄는 사람들이 최선의 능력을 발휘할 수 있도록 만들어주어야 하기 때문이다. 이때 필요한 것이 바로 사람과 상황에 대한 통찰력이고, 그것을 얻으려면 인문학적인 상상력이 반드시 필요하다. 팀장을 위한 책으로 가장 먼저 『논어』를 택한 이유가 거기에 있다.

실력과 품격을 겸비한 팀장의 자격에는 여러 가지가 있겠으나 『논어』에는 그 대부분이 담겨 있다고 해도 과언이 아니다. 협조하되 창의적인 개성을 존중하고(화이부동, 和而不同), 공부하는 조직을 만들고(유교무류, 有敎無類), 내면의 실력뿐 아니라 멋진 표현력도 갖추고(문질빈빈, 文質彬彬), 넘치지도 부족하지도 않는 중용의 정신으로(과유불급, 過猶不及), 스스로를 성찰하고 상대를 배려하며(극기복례, 克己復禮), 말보다 실천을 앞세워 신뢰를 얻고(눌언민행, 訥言敏行), 곁가지가 아닌 일의 핵심을 아는 능력(본립도생, 本立道生). 바로 조직이 원하는 진정한 리더의 모습이다.

이 모든 것을 이론적 지식이 아닌 실천의 정신으로 알려주는 것을 책을 쓰는 내내 생각하고 고민했다. 물론 그 깊은 지혜를 한 권의 책에 담을 수 있다는 것은 교만이며, 내 능력으로는 감히 넘볼 수도 없다는 것은 잘 알고 있다. 단지, 이 책을 손에서 놓은 다음 『논어』 원전을 기꺼이 찾는 독자가 있다면 그것만으로 책을 쓴 보람이 있었다고 할 것이다.

조윤제

탈출할 수 있는 비상구가
절박한 순간

"이봐, 홍 팀장. 도대체 일을 하겠다는 건가, 말겠다는 건가?"

다짜고짜 큰소리를 치며 들어온 건 인사팀 이 부장이었다.

"매출 실적도 형편없는데 우리 회사 상품을 팔아주겠다는 거래처를 왜 안 받아주는 거야? 우리 인사부에서 소개했다고 밥그릇 건드리는 것처럼 보이는 거야?"

격앙된 목소리로 이 부장이 말을 쏟아냈다. 회사의 실세라고도 불리는 이 부장 앞에서 홍 팀장은 난감한 표정으로 입을 뗐다.

"에이비스유통은 새롭게 등장한 혜성이긴 하지만 매출신장이 지나치게 빨라서 좀 의심스럽습니다. 업계의 평판도 좋지 않고요. 뭔가 다른 편법이 있는 게 아닌가 싶어요. 회사 사정이 어려운 것은 사실이지만 이럴 때일수록 거래처 선정에는 더욱 신중한 검토가 필요합니다."

"아니, 대체 무슨 신중이 더 필요한가? 회사가 요구하는 자격요 건도 다 갖추었고, 채권 확보를 위한 담보도 다 제공하는데! 하여간 오늘 중으로 결론을 내. 나도 더 이상은 못 참아!"

이 부장은 들어올 때와 마찬가지로 큰소리를 내며 나가버렸다. 홍 팀장은 팀원들이 지켜보는 가운데 일방적으로 당하기만 한 터라 민망한 표정을 감출 수가 없었다. 황망히 고개를 돌리다 바로 옆 빈 자리에 시선이 멈췄다. 3개월 전 악성채권관리팀으로 전출을 당한 전前 팀장, 공 부장의 자리였다. 팀장이던 공 부장 대신 과장인 홍 팀장이 갑자기 팀장이 된 것이었다.

오후가 되어도 일이 손에 잡히지 않았다. 퇴근시간만 기다리는데 휴대전화 벨이 울렸다. 전화의 주인공은 예상치 못한 인물이었다. 아침에 난리를 치고 간 이 부장이었던 것이다. 이 부장은 퇴근 후 만나자며 아까와는 사뭇 다른 목소리로 말했다. 이 부장이 약속 장 소로 잡은 곳은 고급스러운 일식집이었다. 이 부장은 어색하게 들 어서는 홍 팀장을 반갑게 맞아주었다.

"아침엔 내가 좀 과했지. 미안하네."

이 부장은 술을 따르며 정말로 미안하다는 표정을 지었다.

"많이 힘들지? 인수인계할 겨를도 없이 털컥 팀장 업무를 맡아서 하려니 보통 힘든 일이 아닐 거야. 하지만 그게 다 성장하는 기회라 고 생각해. 나도 생각이 다 있어. 앞으로 홍 팀장을 임원 후보자로까지 키워주겠다고 생각하고 있어서 집중적으로 트레이닝을 시키고 있는 거니까."

뜻밖의 말에 심장이 벌렁거렸다. 임원이라니, 아직 거기까지는 생각해본 적이 없었다. 예상치 않았던 이 부장의 이야기에 갑자기 마음이 스르르 풀렸다.

"네, 감사합니다. 부장님. 열심히 하겠습니다."

"그래, 열심히 하면 반드시 좋은 결과가 있을 거야. 홍 팀장은 회사에서도 크게 기대하는 A급 인재니까. 그래서 말인데…… 에이비스유통 건 빨리 해결해야 하지 않겠어? 괜히 시간을 끄는 바람에 좋은 거래처를 놓치게 생겼어. 우리 하반기 실적에도 도움이 많이 될 거니까 빨리 처리해서 큰 문제 하나 덜어버리자고. 이번 건 잘 처리해주면 홍 팀장 앞날은 내가 보장할 거야."

이 부장은 환하게 웃으며 홍 팀장의 술잔을 가득 채웠다.

* * *

다음 날, 홍 팀장은 아침 일찍 출근했다. 에이비스유통 관련 서류를 찬찬히 훑어보기 위해서였다.

'자본금, 자기자본 비율, 매출 실적, 영업이익률 전반적으로 흠잡을 데는 없긴 해. 담보와 업계 평판은 좀 마음에 걸리긴 하지만 괜히 지나친 우려일 수도 있는 것 같고.'

이번 일만 잘 해결하면 앞날을 보장해준다는 이 부장의 말이 귓가에 맴돌았다. 당장 눈앞에 차장 승진이 보이는 듯했다.

'처음부터 완벽한 거래처가 어디 있어? 좀 미약한 점이 있어도 서서히 보완해가면 되는 거지. 노 리스크, 노 리턴No Risk, No Return! 위험을 무릅쓰지 않으면 보상이 적고, 도전하지 않으면 결실도 없는 거야.'

홍 팀장은 두 눈을 감았다. 잠시 생각에 잠겨 있다가 다시 눈을 떴을 땐 손에 도장을 들고 있었다. 서류에 인장의 흔적이 선명하도록 꾹 눌러 찍었다. 그렇게 바라던 성공이 손에 잡힐 듯 가깝게 느껴졌다.

그러나 얼마 후.

홍 팀장을 기다리고 있던 것은 승진이 아니라 감사팀의 직원들이었다. 감사팀의 호출을 받은 홍 팀장이 회의실로 들어서자 엄숙한 표정의 과장이 손으로 앞에 놓인 의자를 가리켰다. 과장 옆에 앉은 대리는 말없이 잔뜩 펼쳐놓은 서류만 들여다보고 있었다.

"홍준호 팀장이시죠?"

한 손으로는 녹음기를 누르며 과장이 물었다.

"네, 그렇습니다. 그런데 무슨 일로?"

과장은 묻는 말에는 대답도 하지 않고 마치 형사가 범인을 체포할 때 미란다 원칙을 말하는 것처럼 자기 할 말만 쏟아냈다.

"홍준호 팀장은 이제부터 절대로 허위 사실을 대답하면 안 됩니다. 본인에게 불리하다고 해서 대답을 하지 않는 것도 인정할 수 없습니다. 만약 이것을 준수하지 않으면 훨씬 더 엄격한 처벌을 받게 됩니다. 알겠습니까?"

"네……."

"얼마 전에 에이비스유통을 신규 거래처로 승인하셨죠? 혹시 에이비스유통과 무슨 사적인 관계가 있으신가요?"

녹음기에서 흘러나오는 소리인 듯 아무 감정도 실리지 않은 목소리였다.

"정상적인 절차에 의해서 에이비스유통을 거래처로 승인 요청을 했을 뿐입니다. 혹시 에이비스유통에 무슨 일이라도 생겼나요?"

"어제 최종 부도 처리되었습니다. 짧은 기간에 엄청나게 잔고가 늘어났더군요. 제공했던 담보물은 담보 가치가 전혀 없는 악성 부동산이었고, 대표자는 행방을 감추었습니다. 창고는 이미 텅텅 빈 상태이구요. 도대체 사전에 거래처 조사를 했던 겁니까, 아니면 다른 이유가 있었던 겁니까?"

"아니, 저는 그냥 인사부장님의 소개로……."

머릿속이 하얘졌다. 갑자기 몸이 부들부들 떨려 왔다. 말로만 듣던 사기 거래에 걸려든 것이었다. 고가의 제품을 회사로부터 공급받아서 해외로 판매하고 종적을 감추는 사기 집단에 대해 들었던 적은 있었지만 자신이 그 사건의 중심에 서게 되리라곤 꿈에도 생각하지 않았다.

"지금 업무적으로 아무 연관도 없는 인사부장을 핑계로 삼는 겁니까? 이 일은 전적으로 홍 팀장의 책임이 아닙니까? 물론 저희도 에이비스유통의 사기 행각에 홍 팀장이 직접 연관이 있을 거라고는 생각하지 않습니다. 하지만 회사에 막대한 피해를 끼친 사안인 만큼 정확하게 파악하지 않을 수 없습니다. 며칠 후에 조사 결과가 나올 때까지 업무에 복귀하지 마시고 회의실에서 대기해주시기 바랍니다."

멍하니 앉아 있던 홍 팀장은 두 사람이 떠나고 한참이 지난 후에야 겨우 정신을 차렸다. 인사팀으로 달려가 이 부장에게 면담을 청했다. 도대체 왜 에이비스유통을 추천했는지, 왜 그렇게 거래처 승인을 독촉했는지, 묻고 싶은 것은 많았지만 쉽게 입을 열 수가 없었다. 충격을 크게 받으면 말문이 막힌다는 것이 바로 이런 상황인 것 같았다. 이 부장이 먼저 말문을 열었다.

"솔직히 이 일에 대해서는 나도 홍 팀장에게 실망이 커. 부장 없이 과장으로 팀을 책임지고 있으면 거래처 인허가에 대해서는 더욱 철저하게 점검을 했어야지. 이 일을 거울 삼아 앞으로는 더욱 일에 만전을 기하도록 해."

마치 자신은 이 일과는 전혀 상관이 없다는 듯한 말에 기가 막히고 억장이 무너졌다. 하지만 단 한마디도 대꾸할 수가 없었다. 거래처 선정에 이 부장의 압박이 분명히 있었음에도 근거가 없었다. 결재 과정에도 이 부장은 전혀 관여되지 않았기 때문에 인간적인 배신감밖에는 호소할 길이 없었다. 홍 팀장이 멍하니 앉아 있자 이 부장이 말을 이었다.

"하지만 너무 걱정하지는 말게. 내가 무슨 일이 있어도 최악의 상황은 막아줄 테니까. 내가 동생같이 아끼던 홍 팀장을 모른 체하겠어? 물론 좀 난감한 것은 사실이야. 사안이 보통 심각한 것이 아니니까. 그리고 노파심에서 하는 말인데 혹여라도 내가 연관되어 있는 것처럼 끌어들이지는 않았으면 좋겠어. 사람이 가장 추접할 때가 자기 잘못을 줄이려고 남을 끌어들일 때야. 감사팀에 내가 연관이 있다고 말했다면서? 앞으로는 절대 그런 행동은 하지 마. 돕고 싶던 마음도 사라지니까."

이 부장은 홍 팀장이 궁금해하던 것에 대한 대답을 빼놓지 않고 말하고 있었다. 하지만 일말의 진실도, 진심도 없는 헛된 말일 뿐이었다. 홍 팀장은 결국 아무런 소득도 없이, 인간에 대한 불신과 배신감만 잔뜩 안고 돌아올 수밖에 없었다. 그날 이후로 출근길은 지옥을 오가는 것 같았다. 사무실에 들어가지도 못하고 회의실에서 대기 발령 상태로 기다렸다.

하루 종일 회의실 책상만 바라보고 있는 일은 그래도 나았다. 혹시 마주칠까 눈을 피하는 사람들은 도저히 그동안 함께 일했던 동료라고는 생각하기 어려웠다. 부서 회의가 있을 때마다 자리를 피해주는 일도 참기 어려웠다. 수치심과 배신감에 몸이 떨렸다.

회사에 떠도는 이상한 소문은 홍 팀장을 더 힘들게 했다. 공 부장 전출의 원인이 홍 팀장에 있었다는 말도 안 되는 이야기였다. 홍 팀장이 공 부장을 모함했다는 말들이 공공연하게 떠돌았다.

"그렇게 아껴준 상사를 사지로 내몰다니…… 참 무섭다, 무서워."

"얼굴로는 웃으면서 속으로는 칼을 품고 있었던 거죠."

"야, 우리도 당할까 두렵네."

"인과응보라더니 결국 자기도 그 꼴이 된 거지요, 뭐."

홍 팀장은 손톱이 손바닥에 파고들도록 주먹을 꽉 쥐었다. 엎친 데 덮친 격으로 집안 문제도 터지고 말았다. 아내와의 갈등이 점점 깊어지고 있었는데 급기야 아내는 아이들을 데리고 친정으로 가겠다는 통보를 했다. 회사에서 짓눌렸던 감정이 집에서까지 이어지면서 회복이 더 어려웠고, 결국 두 사람 모두 한계에 도달했던 것이다. 홍 팀장은 차라리 자신이 집을 나오겠다고 했다. 회사에서 조금 떨어진 곳에 작은 오피스텔을 얻었다. 전화를 해도 아내는 수신차단을 했는지 받지 않았다. 아이들하고도 연락이 되지 않았다. 회사에서도 집에서도 낙동강 오리알 같은 신세가 되었다.

그러나 할 수 있는 일이 아무것도 없었다. 그저 인사부장이 선처를 해주기를, 아내와 다시 화해하기를, 이 악몽 같은 시간이 끝나기를 바랄 뿐이었다. 그러나 일주일 후 홍 팀장은 악성채권관리팀으로 발령이 났다. 공 부장이 전출당한 그 곳이었다.

* * *

사흘째 무단결근을 했다. 수시로 이 부장의 마지막 말이 떠올라서 몸에 한기가 돌았다. 부정적인 생각은 마치 옷감에 물이 스며들 듯이 겉으로 새어 나왔다. 회사에서도 아무 연락이 없었다.

'사흘 무단결근이면 어떻게 되는 거지? 퇴사 처리가 되나?'

'차라리 그냥 확 때려치워?'

오만 가지 생각이 들었다. 지금 상황에서 탈출할 수 있는 비상구가 있으면 좋겠다는 생각마저 들었다. 그때였다. 문자 메시지가 울렸다. 뜻밖에도 공 부장이었다.

> 홍 팀장, 도대체 며칠을 결근하는 거야.
> 그동안 결근은 신변정리로 처리해뒀으니까 걱정하지 말고 내일은 꼭 출근해.

짧은 글이었지만 따뜻한 마음이 묻어 있었다.

'그래, 일단은 출근을 해보자.'

사실 홍 팀장이 출근을 꺼렸던 이유 중 하나가 바로 공 부장에 대한 죄책감 때문이었다. 물론 공 부장의 징계는 홍 팀장 때문이 아니었다. 이 부장과 공 부장의 앙숙 같은 관계를 회사 사람들이 모를 리 없었고, 사내 줄타기에 능한 이 부장의 계략이 공 부장 전출의 원인이라는 건 공공연한 비밀이었다. 본인에게 이득이 되는 일이라면 옳고 바름 따위는 상관없이 밀어붙이고 보는 이 부장에 맞서서

바른 말을 하는 공 부장은 대쪽 같을 때가 많았다.

하지만 에이비스유통 건은 사람들의 인식을 한 번에 뒤바꾸었다. 부장을 몰아내고 승진하려던 홍 팀장의 계획이 물거품이 된 사건이라고 다들 혀를 내둘렀다. 공 부장 역시 소문을 모를 리 없었다. 홍 팀장은 공 부장과 마주치는 것이 두려웠다. 공 부장의 원망을 받아낼 자신이 없었기 때문이다.

다음 날 아침, 홍 팀장은 출근을 해서도 악성채권관리팀의 사무실 앞에서 계속 서성이고만 있었다. 사무실은 조그만 창문 하나가 달린, '전략본부 창고'로 쓰는 곳이었다. 창고 속 물건을 한쪽으로 치우고 귀퉁이에 책상만 가져다 놓아서 어수선하기 그지없었다. 화장실 바로 옆에 있어서 입방아에 오르기에도, 구경거리가 되기에도 좋았다. '회사에서 당신들을 보는 생각이 이러니 알아서 나가줬으면 좋겠다'는 노골적인 표시인지도 몰랐다.

딩동! 문자 메시지가 울렸다. 공 부장이었다.

문 앞에서 헤매지 말고 빨리 들어와!

'이 사람은 어떻게 보지도 않고 알지?'

홍 팀장은 결정적인 순간마다 울리는 공 부장의 문자 메시지가 신기했다. 쫓기듯 문을 열고 안으로 들어서니 공 부장은 쌓여 있는 자재들 사이 빈 공간에 책상 하나를 놓고 앉아 있었다. 그리고 그

앞에 놓여 있는 또 다른 책상 하나. 바로 홍 팀장의 자리일 터였다. 홍 팀장은 머뭇머뭇 공 부장 앞으로 다가갔다.

"부장님…… 정말…… 죄송합니다……."

갑자기 울컥해져서 말을 제대로 할 수가 없었다. 공 부장은 그런 홍 팀장을 바라보다가 웃음을 터뜨렸다.

"하하하, 풍파 좀 겪더니 마음이 너무 약해진 거 아냐? 당당하던 홍 팀장 모습은 어디로 간 거야? 나한테 미안할 필요 없어. 내가 이리로 오게 된 건 어차피 정해져 있던 일이니까. 오히려 내가 홍 팀장에게 미안하지. 회사 사람들이 제대로 알지도 못하면서 홍 팀장을 비난했던 것 잘 알아. 당사자인 내가 빨리 오해를 풀어줬어야 했는데, 나도 여기 갇혀 있는 몸이라 해결해주지 못했어. 원래 사람들은 자기가 믿고 싶은 것만 믿고, 자기가 원하는 대로 생각하기 마련이잖아? 우리가 잘 헤쳐가는 모습을 직접 보여줘야 해. 그래야 사람들이 믿게 되니까."

공 부장이 홍 팀장의 어깨를 툭툭 도닥이며 말했다. 따뜻한 말 한마디, 손길 하나에 쌓여 있던 근심과 걱정과 응어리가 한결 풀리는 듯했다.

"자, 자리에 앉아. 이제부터 바빠질 거니까. 원래 여긴 일이 거의 없는 곳이야. 근데, 내가 일을 잔뜩 만들어놓았거든."

마음이 조금은 가벼워졌어도, 상황에 맞지 않는 공 부장의 여유와 밝은 분위기가 홍 팀장은 이해가 되지 않았다. 창고 같은 사무실

안을 쳐다보다가, 자신의 책상을 물끄러미 바라보았다. 앞으로 어떤 일이 일어날지 감조차 잡을 수 없었다. 단지 공 부장의 밝은 모습만이 최소한의 위로라면 위로였다.

1부

변화

익숙한 어제와

결별하는

마음 공부

01 곤이불학
곤란을 겪고도 배우려 하지 않는 게 가장 어리석다

생이지지자 상야 학이지지자 차야 곤이학지 우기차야 곤이불학 민사위하의
生而知之者 上也 學而知之者 次也 困而學之 又其次也 困而不學 民斯爲下矣
"태어나면서부터 아는 사람이 최상이고, 배워서 아는 사람이 그다음이며,
어려움을 겪은 후에 배우려는 사람은 또 그다음이고,
어려움을 겪고서도 배우지 않는 사람이 가장 아래다."
– 『논어』 「계씨」 –

조직에서는 정의가
늘 승리하지 않는다

홍 팀장은 며칠 동안 악성채권관리팀의 업무 인계를 받느라 바쁘게 보냈다. 입사 후 10년 만에 처음 맡는 낯선 업무를 파악하는 것도 죽을 맛이었지만, 그보다 '전략본부 창고'이기도 한 팀 사무실 안으로 소모품과 행사용품을 수시로 가지러 오는 직원들 때문에 여간 방해가 되는 것이 아니었다.

그들은 말로만 "실례합니다"일 뿐 불쑥불쑥 들어와 호기심 어린 눈으로 홍 팀장 눈치를 살피다 나가곤 했다. 사무실에 돌아가서 어떤 이야기를 할지는 보지 않아도 훤히 눈에 보이는 듯했다. 아주 가

끔찍 조심스럽게 노크를 하고 들어와 필요한 물건을 찾은 후 인사도 없이 서둘러 나가는 직원들도 있었지만 어느 쪽이든 마음이 심란해지기는 마찬가지였다. 이러나저러나 홍 팀장은 자신이 현재 처한 상황을 매번 뼈저리게 느꼈다.

소문은 빨랐다. 각종 오해와 왜곡으로 뒤범벅이 된 삼류영화 스토리처럼 홍 팀장에 대한 이야기는 이미 회사에 일파만파 퍼졌을 터였다. 저들도 이 사태가 추후 어떻게 진행될지 궁금하겠거니, 머리로는 이해가 되면서도 같은 일이 매일 반복되자 그때마다 마음이 상하는 것도 사실이었다. 그렇다고 어디 가서 하소연할 데도 없었다. 같은 처지인 공 부장을 붙잡고 신세한탄을 한들 상황이 변할 것도 아니었다.

퇴근시간이 와도 막막하기만 했다. 창고 같은 사무실에 오래 있고 싶지도 않았지만 답답한 오피스텔에 일찍 들어가고 싶은 생각은 더욱더 없었다. 이곳에 얼마나 있으면 되는지 정해진 기간이라도 알면 버티겠건만, 한 치 앞을 알 수 없는 하루하루라 매일매일이 고행과 같았다.

주어진 업무 파악이 급선무라고 애써 마음을 다독여도 다음 날 아침 사무실 앞에 서면 '지옥문'을 열고 들어가는 듯 마음이 참담했다. 당장이라도 사표를 던지고 뛰쳐나가고 싶었지만 당장 아이들에게 들어가는 돈을 생각하면 차마 그럴 용기조차 없었다.

하루가 지나고 이틀이 지날수록 홍 팀장의 얼굴은 흙빛이 되어갔다. 얼굴에 검은 그림자가 드리워지는 만큼 한숨도 늘었다. 공 부장은 이런 홍 팀장을 며칠 지켜만 보다가 오늘은 퇴근길에 한잔하자고 권했다.

술이 몇 잔 들어가자 홍 팀장은 그동안의 쌓여 있던 울분을 쏟아냈다.

홍 팀장 부장님! 솔직히 전 잘 모르겠습니다. 저희가 언제까지 이런 수모를 겪어야 하나요? 저도 낼 모레면 마흔입니다. 앞날이 보이지 않는데 이 상태로 회사를 계속 다녀야 할까요? 당장이라도 그만두고 치킨집이라도 차려야 하는 건 아닌지 하루에 열두 번도 더 마음이 오락가락합니다.

공 부장 그동안 힘들어도 나한테 내색도 못했을 테고…… 그 심정 말로 다 할 수 없다는 거 나도 다 알고 있어. 속이 시커멓게 탔을 텐데, 여태까지 참느라고 고생 많았어.

홍 팀장 저 혼자 당한 일도 아니고…… 사실 공 부장님도 마찬가지 상황이시잖아요. 이 부장을 생각하면 정말 자다가도 울화가 치밉니다. 아무 말도 못하고 이렇게 당하기만 해야 하나 싶고, 같이 죽자는 심정으로 이 부장이 한 짓 다 까발리고 싶고…… 근데 아무것도 못하는 제 자신이 너무 무력해서 한심해요. 부장님은 이 상황이 아무렇지도 않으세요? 아니, 그럴 리는 없다고 생각하지만, 너무 평온하시니까요. 벌써 적응이 되신 거예요? 저는 부장님이 이 상황을 어떻게 받아들이고 계신지 궁금합니다.

공 부장 적응이라…… 어쩌면 그럴지도 모르겠군. 하지만 홍 팀장이 생각하는 적응과는 좀 다르지. 홍 팀장, 우리의 주 업무가 뭐라고 생각하나?

홍 팀장 주로 회사에 피해를 끼친 악성채무자들의 미수금을 징수하는 거죠.

공 부장 그래. 어찌 보면 단순한 업무지만 절대 쉬운 일은 아니지. 만나고 통화해야 하는 사람은 많은데 그들과 그리 좋은 관계라고 할 수는 없으니까. 우리가 볼 때는 회사에 손해를 끼친 채무자들이지만, 사실 그들 입장에서는 그렇지 않지. 회사의 잘못된 정책이나 강압적인 밀어내기, 과밀한 상권 배정 때문에 경쟁력을 상실해서 본의 아니게 피해를 입은 사람도 있어. 이 사람들은 당연히 회사 때문에 자기 인생을 망쳤다고 생각하겠지. 이 사람들에게 재기할 기회를 주고, 새롭게 출발할 수 있도록 하는 것이 회사의 올바른 정책이라고 나는 생각하지만 인사부의 입장은 달라. 수단과 방법을 가리지 않고 악성채권을 회수하기를 바라지. 만약 제대로 실적을 올리지 못하면 우리가 설 자리는 없을 거야.

홍 팀장 아니, 그게 말이 된다고 생각하세요? 모든 잘못을 뒤집어쓴 것도 억울해서 미치겠는데, 도대체 인사부장은 무슨 염치로 우리를 몰아붙이는 건지 모르겠어요. 이런 식이라면 일하는 게 다 무슨 소용이고, 사는 게 다 무슨 의미인지 모르겠습니다. 우리는 지금 이러고 있는데, 우리가 악성채권 실적을 올릴수록 이 부장의 이사 진급은 순탄해지는 건가요? 이게 무슨 빌어먹을 상황이냐고요. 도대체 이 부장은 사람이 어떻게 그럴 수가 있습니까? 저는 도저히 받아들일 수가 없어요. 세상이 이러면 안 되죠.

공 부장 실의에만 빠져 있는 것 같더니 정의의 사도가 될 기세네. 하하.

홍 팀장 아이고, 부장님. 제가 요즘 살아 있어도 산 사람 같지가 않습니다. 좀비가 따로 없어요. 솔직히 말씀드리면 숨만 겨우 쉴 뿐이지 이게 어디⋯⋯ 감옥살이와 다를 게 뭐가 있어요. 이 부장만 생각하면 속에서 열불이 확확 치솟고, 자다가도 벌떡벌떡 일어납니다.

공 부장 어떤 조직에서나 항상 옳고 정의로운 사람만 만날 수는 없는 법이야.

홍 팀장 제가 정말 잘못해서 이런 상황에 처한 거라면 두말없이 소처럼 일하겠습니다. 하지만 아무리 생각해봐도 이건 정말 아니에요. 능력을 발휘하지 못해서 일이 잘못된 거라면 책임지고 어떻게든 해보겠지만⋯⋯ 이건 그냥 억울하기만 해요. 그래서 더 미치겠어요.

공 부장 그래…… 억울해하는 것도 당연해. 죽을 맛이겠지. 잘하고 못하고를 떠나서 억울한 일을 당하면 누구나 제정신 차리고 있기 힘들지.

홍 팀장 그래도 이렇게 제 이야기 들어주시는 공 부장님이 계시니 그나마 제가 숨통 붙들고 살고 있네요. 부장님께는 죄송하고 또 고마운 마음입니다.

공 부장 별 소리를 다하네, 참.

홍 팀장 근데 아까 악성채권 채무자들에 대해서 말씀하셨잖아요. 그 사람들도 이렇게 억울했을까요? 어디 가서 하소연할 데도 없어서 콱 죽고 싶은 마음이 들었을까요? 제가 억울한 일을 당하고 나니까 그 분들에 대한 생각도 좀 달라지더라고요.

공 부장 어떻게?

홍 팀장 예전에는 별 생각 안 했는데, 부장님 말씀대로 우리 회사 잘못으로 억울한 일 당하거나 피해 본 분들도 충분히 있겠다 싶더라고요.

공 부장 맞아, 그 사람들 중에도 반드시 구제받아야 할 분들이 있어. 우리가 할 일은 그들을 단죄하는 게 아니야. 최소한, 억울한 사람은 없도록 도와주는 일이지. 홍 팀장도 이제 너무나 잘 알잖아. 사람이 억울하면 어떤 마음으로 살게 되는지…….

홍 팀장 네…… 그렇죠.

공 부장 이제야 진지하게 대화를 나눌 때가 된 것 같군. 홍 팀장은 이번 일이 누구 책임이라고 생각하나?

홍 팀장 그야 당연히, 가장 큰 책임을 져야 할 사람은 월권을 했던 이 부장이죠.

공 부장 그러면 내 책임은 없었나?

홍 팀장 아니, 부장님은 피해자나 다름없으시죠. 에이비스유통을 거래처로 승인 안 하고 거절하다가 이 부장 압력에 밀려 전출되신 건데요…… 그런 부장님이 어떻게 책임이 있다고 할 수 있겠습니까?

공 부장 그런가? 그러면, 홍 팀장의 책임은 없었나?

홍 팀장 네? 아니, 부장님…… 또 갑자기 그렇게 말씀하시면…….

공 부장 내가 이런 얘기를 하는 건, 잘잘못을 따지려는 것도 아니고 홍 팀장의 문제를 지적하려는 것도 아니야. 나는 말이야. 나나 홍 팀장이나 유통기획부에서 밀려나서 존재조차도 미약한 악성채권관리팀에 와 있다는 것을 단순히 운이 나빴다는 식으로만 생각해서는 안 된다고 생각해. 지금 여기에서 다시 실수를 저지르지 않기 위해서라도 이 점에 대해선 냉철하게 돌아볼 필요가 있다고 봐. 왜 이렇게 되었는지, 어떻게 반복하지 않을 수 있는지, 깊은 성찰이 있어야 하지 않을까? 홍 팀장에게 지금 내 말이 어떻게 들릴지 모르겠지만, 아니 뜬구름 잡는 뻔한 얘기처럼 들릴 수도 있겠지만, 지금 우리가 겪고 있는 위기는 오히려 내공이 더 깊어질 수 있는 절호의 기회일 수도 있는 거야. '곤이불학'이라는 말이 있어. 곤란을 겪고서도 배우려 하지 않는 게 가장 어리석다는 말이야. 우리가 여기에서 아무것도 배우지 못한다면 남은 일은 하나밖에 없을 거야.

홍 팀장 그게 뭔데요?

공 부장 완전히 인생의 나락으로 떨어지는 일.

현실을 바꾸는 것보다
생각을 바꾸는 일이 더 어렵다

공 부장의 단호한 말에 홍 팀장은 소름이 오싹 돋았다. 여기가 나락인데 더 나락이 있단 말인가? 상상하고 싶지 않았지만 고장 난 영사기처럼 앞으로 펼쳐질 나락이 눈앞으로 지나가는 듯했다. 억울한 누명을 쓴 채 회사에서 쫓겨나고, 아내와 이혼하고, 아이들이 커가는 것도 보지 못하고, 혼자 사업한다고 있는 돈 없는 돈 다 끌어댔지만 쫄딱 망해서 서울역 노숙자로 늙어가는 모습……

홍 팀장은 고개를 흔들었다. 얼토당토않은 상상이 아니라 현실이 될지도 모르는 일이다. 실제로 자신의 대학 선배 중 한 명이 그렇게 된 것을 알고 있었다. 한때는 80평대 아파트에 살면서 외제차를 몇 달마다 갈아치우며 눈부시게 잘나가던 사람이었지만 나락으로 떨어지는 건 한순간이었다. 하긴, 홍 팀장 자신도 불과 몇달 전만 하더라도 자신이 이런 상황에 놓이게 될 거라고는 상상조차 하지 못했다. 지독한 불행이 나만 비껴간다고 누가 장담할 수 있단 말인가.

홍 팀장 나락으로 떨어진다는 게 어떤 건지 겪어본 사람만 알 수 있죠. 그래서 남을 그렇게 만든 사람은 더욱 죗값을 치러야 한다고 생각합니다. 부장님이 말씀하신 대로 위기의 순간에 아무것도 배우지 못한다면 나락으로 떨어진다고 쳐요. 하지만 가장 깊이 성찰해야 할 사람은 사실 이 부장 아닌가요? 그리고 고작 한 사람의 입김으로 인사가 전횡되는 회사도 문제가 있다고 봅니다. 사실 부장님이나 저나 단 한마디 변명도 해보지 못한 채 창고나 다름없는, 아니 유배지 같은 곳에 와 있잖아요? 백 번 다시 생각해도 이건 아니라는 생각이 들어요. 그런데 책임이 저에게도 있다고요?

공 부장 홍 팀장을 탓하려고 한 말은 아니야. 물론 홍 팀장이 이번 일에서 가장 큰 피해를 입었다는 것은 명백한 사실이지. 하지만 피해를 입었다는 것과 그 일에 아무런 책임이 없다는 것은 전혀 다른 이야기 아닐까?

홍 팀장 …….

공 부장 나는 홍 팀장이 이번 일에 얼마나 주도적으로 대응했는가를 묻고 싶어. 물론 나도 그렇고 말이야. 사실 유통 거래처를 선정하는 것은 유통기획부에서 전적으로 맡아서 하는 일이지. 그래서 문제가 생기지 않도록 철저히 조사를 해야 하고. 만약 어떤 문제가 발생했다면 그 책임은 고스란히 유통기획부의 몫이라고 할 수 있어. 그 연유가 어디에 있다고 해도 그 책임을 피해갈 수는 없다는 거야. 거기엔 핑계를 댈 수 없는 거라고 생각해.

홍 팀장 제 책임이 전혀 없다고는…… 생각하지 않습니다. 하지만 그래서 값을 치르는 것이라 해도 이건 너무 가혹하잖아요. 이렇게까지 큰 잘못이었나요? 애초에 이 부장이…….

공 부장 이 부장을 탓하고 싶은 마음은 내게도 있어. 하지만 이 부장을 탓하면 상황이 달라질까?

홍 팀장 그건 아니지만…….

공 부장 홍 팀장. 자네가 느끼고 있을 심정은 충분히 이해가 가. 하지만 한 가지는 확실해. 우리에게 일어난 일은 그것이 어떤 일이든, 우리에게도 일말의 책임이 있다는 거야.

남 탓을 하기는 쉽지. 하지만 남 탓만 하면 아무것도 변화시킬 수 없어. 이 부장 욕만 하다가 회사의 처분을 기다리는 것과, 지금 할 수 있는 일을 하면서 상황을 변화시키는 것. 홍 팀장은 어떤 쪽을 선택하고 싶지?

홍 팀장 당연히 변화시키고 싶죠. 그런데 정말 뭔가 바뀌긴 할까요? 제 생각이야 바꾼다고 쳐도 그게 현실까지 이어질까요?

공 부장 홍 팀장, 생각을 바꾸는 일을 너무 쉽게 생각하는 것 같은 데? 때론 현실을 바꾸는 것보다 내 생각을 바꾸는 일이 더 어려운 법이야.

홍 팀장 아…….

공 부장 어쨌든, 상황을 변화시킬 방법은 있다고 봐.

홍 팀장 방법이 있다고요? 그런데 왜 지금까지 그냥 계셨어요?

공 부장 그냥 있진 않았어. 여기 처음 왔을 때부터 꾸준히 바꾸고 있지. 눈에 보이지 않는다고 아무것도 하지 않은 건 아니야.

홍 팀장 아, 죄송합니다. 제가 마음이 급해서 그만…….

공 부장 이런 말 들어봤나? "태어나면서부터 아는 사람이 최고이고, 배워서 아는 사람이 그다음이며, 어려움을 겪은 후에 배우려는 사람은 또 그다음이고, 어려움을 겪고서도 배우지 않는 사람이 가장 아래다."

홍 팀장 처음 듣는 말입니다. 누가 한 말인가요?

공 부장 공자. 『논어』에 나오는 말이지. 우리가 처한 상황과 비슷하지 않아? 처음부터 겪지 않았다면 좋았겠지만, 어려움을 겪으면서도 이 상황의 의미를 배우지 못한다면 그거야말로 어리석은 거라는 말이지. 힘든 마음이 들 때마다 나는 이 구절을 곱씹게 돼. 그러다 보면 생각이 조금씩 바뀌거든. 사막 한가운데 홀로 조난당한 것처럼 막막한 심정일 때, 그럴 때 『논어』가 도움이 돼. 오아시스를 만난 것처럼 시야가 트이

고 생각이 풀리거든. 인생에서 단 한 권의 책을 고르라면 단
연 『논어』를 고를 거야.

홍 팀장 아……!

공 부장 나도 처음 여기 왔을 때는 홍 팀장과 다르지 않은 심정이었
어. 아니, 더하면 더했지. 홍 팀장은 이제 서른아홉이지만,
나는 이미 오십을 바라보고 있잖아. 굴욕감도 느꼈고, 다 내
려놓고 나가야 하나 싶기도 했고 말이야.

홍 팀장 네. 부장님도 정말 힘드셨을 것 같아요. 그런데 지금 부장님
모습을 보면 잘 모르겠어요. 너무 편안해 보이셔서, 어떻게
이겨내셨나 싶은 생각이 들었어요.

공 부장 하하. 아직 완벽하게 이겨냈다고 보긴 어렵겠지만 버티고
있는 건 맞아. 적어도 무너지진 않았으니까. 아니, 정신은 이
부장보다 내가 더 강해졌다고 확신해.

홍 팀장 어떤 비책이라도 있으셨나요?

공 부장 있고말고. 마음을 굳게 다스릴 수 있을 뿐 아니라 지금 상황
을 반전시킬 수 있는 묘안을 찾았지. 홍 팀장은 여기 안 왔
으면 물론 더 좋았겠지만, 지금 이 사건이 우리 삶에 어떤
의미가 있는지는 시간이 더 지나봐야 명백해질 거라고 생
각해. 홍 팀장도 지금은 매일 아침마다 좌절과 무기력함을
느끼며 눈을 뜨겠지. 나도 그랬으니까. 하지만 끝은 어떻게
될지, 아직 모르는 거잖아? 비극의 주인공이 될지, 역경을

이겨낸 영웅이 될지 말이야.

홍 팀장 영웅이 되길 바라지는 않아요. 그저 이 상황이 바뀌길 바랄 뿐이에요.

공 부장 홍 팀장이 원하는 대로 현실이 바뀔지 안 바뀔지 나는 모르겠지만, 현실을 내 것으로 받아들이고 대응해나가느냐 아니냐에 따라서 우리 상황은 더 좋아질 수도 있고 더 악화될 수도 있다고 봐. 지난 두 달여 동안 나는 어떻게 하면 이 상황을 바꿀 수 있을까 생각을 많이 했고, 어떤 부분은 실행으로 옮기기도 했어. 그리고 한 가지 결론을 내렸지. 절망하기엔 아직 이르다는 것! 우리에겐 아직 희망이 있어. 우리가 나아갈 길이 완전히 막히진 않았으니까.

홍 팀장은 통달한 것처럼 보이는 공 부장을 바라보았다. 그는 이 지옥에서 탈출할 수 있는 문이 있다고 말하고 있었다. 얼큰하게 취기가 오를 즈음, 공 부장은 홍 팀장에게 해결책이라며 서류 봉투 하나를 건네고는 자리에서 일어났다. 손에 잡힌 서류 봉투가 묵직했다.

홍 팀장은 집으로 가는 버스 안에서 봉투 안을 열었다. 활짝 열린 문처럼 입구가 벌어진 서류봉투에서 나온 것은 한 권의 책, 『논어』였다.

02 부지위부지
삶을 바꿀 기회는 멀리 있지 않다

지지위지지 부지위부지 시지야
知之爲知之 不知爲不知 是知也
"아는 것을 안다고 하고, 모르는 것을 모른다고 하는 것.
그것이 앎이다."
– 『논어』 「위정」 –

곱씹을 때마다

새로운 기운이 스며든다

새로운 희망을 안고 읽기 시작한 『논어』는 생각보다 어렵지 않았다. 아니, 어렵지 않다는 게 오히려 문제라면 문제였다. 이게 무슨 소리냐 싶을 만큼 이해하기 어렵고, 세상에 이런 표현이 있었나 싶을 만큼 문장이 난해하고, 그 깊이를 모를 정도로 심오해야 역시 '특별한 책'은 뭐가 달라도 다르다며 독서 의욕을 불태울 텐데, 특별한 구석이라곤 눈을 씻고 찾아봐도 없었다. 휘리릭 책장을 넘기며 어디를 읽어봐도 '밥은 쌀로 짓는다'처럼 너무나 당연한 이야기만 눈에 띄었다.

마음속에서 태산처럼 솟아올랐던 기대가 한순간에 와르르 무너졌다. 공 부장은 『논어』를 읽고 위기를 돌파할 힘을 얻었다고 했지만 홍 팀장은 도무지 그런 공 부장을 이해할 수가 없었다. 책 속에 담긴 좋은 말들도 머릿속에, 마음속에 잘 들어오지 않았다. 상황을 변화시키려면 싸움이든 투쟁이든 전략적인 행동부터 해야 할 텐데 발바닥에 불이 나도록 뛰어도 부족한 판국에 한가하게 앉아서 책이나 붙잡고 있어도 될지 불안했다.

아무리 훌륭한 명작이라고 해도, 그래 봤자 책 한 권이었다. 어쩌면 『논어』가 자신의 인생을 구원해줄지도 모른다는 생각 자체가 잘못된 것이었는지도 몰랐다. 그래도 자신이 아직 찾지 못한 새로운 통찰이 있을지 모른다는 일말의 기대는 우연히 눈에 띈 이 한 구절로 인해 깨지고 말았다.

"아는 것을 안다고 하고, 모르는 것을 모른다고 하는 것. 그것이 앎이다."

이 말 어디에 인생의 새로운 길을 찾게 하는 놀라운 지혜나 고통의 구렁텅이에서 벗어나게 하는 용기가 있단 말인가. 이건 그냥 '맞는 말'이 아닌가. 이런 말이라면 자신도 얼마든지 할 수 있었다. 그렇다고 두 눈 딱 감고 책장을 쉽게 덮어버리기도 찜찜했다. 여기저기 『논어』를 설명하는 말들이 하나같이 거창해서 그냥 무시해버릴 수가 없었다.

"논어를 절반만 읽어도 천하를 다스립니다."

송나라 재상 조보가 송 태종에게 한 말이었다. 이뿐만이 아니었다. 시대를 뛰어넘어 삶의 지혜를 전하는 동양철학의 최고봉이다, 인생의 궁극적인 지혜가 모두 담겨 있다, 불멸의 고전이며 고전 중의 고전이라는 등 '최고의 찬사'란 찬사는 모두 『논어』에 바쳐지고 있었다.

홍 팀장은 혼란스러웠다. 여기저기 아무 데나 펼쳐서 읽어봐도 맹물처럼 심심하기만 한데 도대체 뭐가 그렇게 대단한가 싶었다. 지혜의 정수를 담은 위대한 고전이라면 첫 장을 읽자마자 자신의 머릿속에 천둥번개가 쳐야 마땅할 텐데, 도끼가 얼어붙은 바다를 깨듯이 깨달음의 파편이 튀어올라야 할 텐데, 다시 읽어도 인생을 바꿀 만한 충격은커녕 그 어떤 정신의 혁명도 심장의 격동도 없었다.

『논어』의 유용성은 다른 곳에서 찾아왔다. 두세 장 읽으니 잠이 솔솔 오기 시작한 것이다. 그동안 고뇌로 점철된 불면의 밤들이 말짱 거짓말인 것처럼 깊고 편한 단잠이었다. 음모와 배신의 소용돌이에 휘말려 심신이 너덜너덜해지는 평지풍파를 겪은 이래 홍 팀장은 이날 밤, 처음으로 제대로 잠을 잘 수 있었다.

한 번도 깨지 않고 달게 잔 덕분인지 날이 밝기도 전에 눈이 떠졌다. 숙면을 취한 홍 팀장은 오랜만에 정신이 맑아진 기분이 들었다. 창문을 활짝 열자 하늘 저편에서 동이 터오고 있었다. 검푸른 어둠이 조금씩 걷히고 세상이 빛으로 가득 찼다.

'밤이 아무리 길어도 반드시 태양은 뜨고 아침이 온다.'

자신도 모르게 중얼거렸다. 비죽비죽 아무렇게나 솟은 건물들 사이로 떠오르는 태양이었지만 이상하게 감격스러웠다. 그러고 보니 아침에 뜨는 태양을 본 것이 얼마만인지 몰랐다. 홍 팀장은 가려진 것 하나 없이 밝게 빛나는 태양 아래에서 몇 번이고 깊은 숨을 쉬었다. 숨을 쉴 때마다 새로운 기운이 스며드는 것 같았다. 누명을 쓰고 갇혀 있던 죄수가 무죄석방을 선고 받고 꿈에 그리던 자유를 되찾았을 때의 기분이 이럴까 싶었다.

'나도 다시 시작할 수 있을까?'

어제 공 부장과 나눈 대화가 떠올랐다. 공 부장은 컴컴한 창고 같은 사무실 안에서도 마치 최고위직 사무실에 있는 듯 당당했다. 심지어 어떤 품격마저 느껴졌다. 함부로 드나드는 직원들조차 공 부장에게만큼은 공손하고 깍듯하게 목례를 하고 나갔다. 공 부장은 일에 몰두하느라 누가 들어오든 신경 쓰지 않았지만 그래도 그들과 가끔 눈이 마주치면 다정하게 미소를 지어보였다.

'내가 공 부장님과 다른 게 뭐지? 설마 『논어』를 안 읽은 것?'

홍 팀장은 고개를 흔들었다. 나이도 경험도 연륜도 공 부장과 자신을 비교할 수는 없었다. 자신이 입사했을 때부터 존경하던 상사가 아니었던가. 사장의 신임도 두터워 동기 중에서도 가장 먼저 임원 승진이 될 것이라던 그였다. 그러나 한 치 앞을 알 수 없는 게 조직의 생리인지 상상조차 하지 못한 일에 휘말려 지금 자신과 같은 신세가 되었다.

보통 사람 같으면 견디지 못하고 퇴사를 해도 천 번은 했을 것이다. 그러나 공 부장은 달랐다. 이 부장이 공 부장을 쫓아내려고 급조한 악성채권관리팀을 붙잡고 고군분투하고 있었다. 그러면 분명히 '무엇'을 발견했을 것이다. 홍 팀장은 다시 천천히 생각했다. 자신의 아킬레스건 같은 성급함을 내려놓아야 했다. 공 부장이 『논어』를 권한 것은 분명한 이유가 있을 텐데 혼자만의 생각으로 쓸모없는 시간 낭비라고 치부해버리는 것은 섣부른 판단일 수 있었다. 게다가 그놈의 섣부른 판단 때문에 지금 이 '꼬라지'가 된 것이 아니던가.

홍 팀장은 몸을 부르르 떨었다. 조금 수그러진 것 같던 억울함이 다시 독이 바짝 오른 뱀처럼 머리를 쳐드는 게 느껴졌다. 얼른 다시 창밖으로 눈을 돌렸다. 도시의 빌딩 숲 사이로 아침 태양에 비친 창문들이 눈부시게 빛나고 있었다.

'그래, 달라지자. 변하자. 그래야 살 수 있다.'

홍 팀장은 본능적으로 깨달았다. 지금 자신의 마음 상태로는 이 난국을 헤쳐 나가지 못한다는 것을. 지금과는 전혀 다른, 180도 다른 자신이 되어야 했다.

"아는 것을 안다고 하고, 모르는 것을 모른다고 하는 것. 그것이 앎이다."

새삼스레 어제와는 다른 눈으로 『논어』를 바라보았다. 당연하게 여기던 것들이 어쩌면 자신이 새롭게 바라봐야 할 것인지도 몰랐다. 모르는 것도 아는 척하던 버릇을 버리고, 모르는 것은 모르는 것으로 겸허하게 받아들여야 했다. 무엇보다 자신은 『논어』에 대해 아는 것이 아무것도 없었다.

홍 팀장은 출근시간보다 일찍 사무실에 나가서 새로운 업무를 파악하는 일에 몰두했다. 공 부장이 『논어』 얘기를 꺼내면 더 깊이 파고들어 물어보자 싶었지만, 정작 공 부장은 그에 대해 별다른 말을 꺼내지 않고 묵묵히 일만 했다.

며칠 후 두 사람은 퇴근 후 간단히 식사를 하고 조용한 술집에 마주 앉았다. 공 부장이 홍 팀장에게 『논어』를 준 뒤로부터 일주일이 지난 후였다.

공 부장 일은 좀 어떤가?

홍 팀장 적응하려고 하고 있습니다. 그보다 부장님, 『논어』 말인데요, 왜 아무 말씀 안 하세요?

공 부장 홍 팀장이 먼저 말을 꺼내기를 기다리고 있었지. 배움은 궁금해서 참지 못할 때 효과가 높으니까.

홍 팀장 일부러 그런 작전을 짜신 거면 통하셨네요. 부장님이 언제 『논어』 이야기를 하실까 싶었거든요.

공 부장 그래? 기다린 보람이 있네. 『논어』는 좀 읽어봤나? 어땠어?

홍 팀장 솔직히 처음엔 쓰여 있는 이야기들이 그냥 어디서 다 들어본 것처럼 뻔했거든요. 뭔가 새로운 통찰을 얻어서 이 상황을 타개할 실마리를 얻어야겠다고 생각했는데 느낌이 한

번에 안 오더라고요.

공 부장 계속 봐도?

홍 팀장 아직 잘 모르겠습니다. 다만, 제가 『논어』에 대해 아직 제대
로 모르고 있다는 것은 알겠어요. 부장님은 대체 왜 내게 이
책을 권했을까, 계속 떠올리게 되더라고요. 분명 이유가 있
을 거라고 생각했거든요.

공 부장 그만큼 날 믿어주었다는 말이겠지?

홍 팀장 그야 당연하죠. 입사 초기부터 제가 부장님을 잘 따르지 않
았습니까. 이번 사건 이렇게 터지기 전에 부장님 말씀 귀담
아 듣고 더 신중했더라면 좋았을 텐데…… 제가 팀장이 되
고 많이 들떠 있었나 봐요.

공 부장 살면서 실수는 누구나 하는 거지. 하지만 돌이킬 수 있는 여
지도 반드시 있어. 배울 것을 배운다면 말이야. 그리고 고마
워. 나를 믿어줘서 하는 말이 아니라, 홍 팀장이 아직 누군
가를 신뢰하는 마음을 저버리지 않고 있다면, 나는 그게 희
망이라고 봐. 그 마음을 갖고 있다면 『논어』는 절반 이상 읽
은 것이나 다름없는 거고.

『논어』 얘기를 그럼 본격적으로 해볼까? 결론부터 말하자
면, 논어는 '좀 더 나은 인간이 되는 길'을 가르쳐주는 책이
야. 뭐든 좋으니 홍 팀장이 얻은 건 뭔지 이야기를 한번 해
봐. 아니면 『논어』를 읽으면서 궁금하거나 의문이 나는 게

있었다거나 하는 점들 말이야.

홍 팀장 미리 고백하자면 아직 제대로 읽지는 못했습니다. 사실 첫 날은 두세 장 읽다가 잠이 들어버렸고요. 아, 덕분에 잠은 참 잘 잤습니다. 불면증이 싹 나았어요. 이것도 일종의 '논 어 효과'일까요? 하하.

세계를 뒤흔든 혁신의 시작,
인문적 성찰

홍 팀장의 너스레에 공 부장이 껄껄 웃었다. 원래 홍 팀장은 농담 잘하고 주변 사람들에게 배려도 잘하는 사람이었다. 주변의 평가도 괜찮았다. 그랬기에 이번 일은 충격이 더 컸다. 밝고 쾌활했던 홍 팀 장은 몇 주 사이 변해 있었다. 그야말로 하루하루 절망에서 허우적 거리는 모습이 역력해 보였다. 마음속에 울분이 가득 차서 누가 건 드리기만 해도 폭발할 것 같은 상태였기 때문에 공 부장은 홍 팀장 의 농담이 오히려 반가웠다.

촉망 받던 팀장에서 한순간에 퇴출 직전의 유령 팀으로 전출당한 기분이 어떤지는 공 부장 자신도 잘 알았다. 홍 팀장이 그래도 상황 을 조금씩 받아들여가고 있는 것 같아서 다행이라는 생각도 들었 다. 자신을 농담의 대상으로 삼을 수 있다는 것은 분명 좋은 신호였다. 홍 팀장은 일주일 전 응어리를 쏟아낼 때보다 한결 여유를 되찾은 모습으로 공 부장에게 질문을 던졌다.

홍 팀장 훌륭한 고전을 많이 읽으면 좋다는 것, 그중에서도 특히『논어』를 꼭 읽어보면 좋다고들 하는데 아직 그 깊이가 저에게는 온전히 전해져온 것 같지는 않아요. 왜 꼭 읽어야 하는지 스스로 명쾌해지지가 않아요.

한편으로 생각해보면, 왜 그런 말도 있잖아요? "공자가 죽어야 나라가 산다"라는. 시대마다 문화마다 가치관이 다르고 개인이 처한 상황도 제각각인데, 한 권의 책이 만능이 될 수는 없지 않을까요? 제가 조직의 쓴맛을 너무 크게 봐서 그런지 다 쓸데없고 무의미하다는 생각도 불쑥불쑥 들고, 이 오래된 책에서 무엇을 얻을 수 있을까 하는 의문이 계속 생기긴 해요. 책을 읽고 도움을 얻으려면 오히려 뭐 하나라도 써먹을 수 있는 내용이 담긴 실용서를 읽는 게 더 낫지 않을까 싶은 거죠.『논어』를 쓴 공자가 살았던 시대와 제가 처한 환경은 판이하게 다르니까요.

공 부장 답을 하기 전에 흔히들 잘못 알고 있는 것부터 바로 잡아야겠군. 대개『논어』를 공자가 쓴 책으로 알고 있는데, 그건 아냐. 공자의 가르침과 철학을 집대성해서 제자들이 정리한 책이지.

홍 팀장 아, 그렇군요…….

공 부장 그러니까 홍 팀장 말은, 시대가 달라졌는데 과연 『논어』가 지금도 통하겠느냐, 이 말이지? 충분히 그런 생각을 할 수 있다고 봐. 현대를 관통하고 있는 책들조차 읽을 시간이 없는데 2500년 전에 살았던 사람이 한 말이라니, 무슨 소용인가 싶겠지. 그러면 우리에게 가까운 사람 이야기를 해볼까? 스티브 잡스. 홍 팀장도 여러 번 스티브 잡스 이야기를 했었잖아?

홍 팀장 네. 제가 '애플빠'죠. 스티브 잡스는 가장 좋아하고 닮고 싶은 롤 모델이기도 하고요. 스티브 잡스는 동시대 인물이잖아요. 물론 지금은 세상을 떠났지만, 진짜 대단한 인물이죠.

공 부장 그러면 스티브 잡스가 이룬 혁신과 창의적인 발상이 인문학적 융합의 결과인 것도 잘 알겠군.

홍 팀장 네. 제가 날짜까지 기억하는데, 스티브 잡스가 2010년 1월 27일 샌프란시스코에서 했던 아이패드 발표 프레젠테이션 때 가장 마지막 슬라이드에 그런 내용이 있었어요. "우리는 항상 '기술'과 '인문학'의 교차로에 서 있고자 한다"는 이미지였는데 감동적이었습니다.

공 부장 공자와 다르게 스티브 잡스 이야기가 나오니 눈빛이 달라지는 걸? 그럼 말이야, 스티브 잡스가 지녔던 인문학적 정신은 무엇이라고 생각하나?

홍 팀장 인문학적 정신이요?

공 부장 스티브 잡스가 대단한 이유는 그가 단지 자신의 일을 잘했다거나 품질이 좋은 물건을 만들었기 때문이 아니라 자신의 삶과 일, 그리고 애플에 자신의 인생 테마, 즉 인문학적인 정신을 그대로 녹일 수 있었기 때문이지 않을까?

홍 팀장 그야 물론이죠. 스티브 잡스는 고등학교 때 과학이나 기술 분야 책들뿐만 아니라 인문학 책도 많이 읽었던 걸로 유명해요. 셰익스피어와 플라톤의 책들을 읽었고 특히 『리어왕』을 좋아했대요. 『모비딕』과 딜런 토머스의 시도 즐겨 읽었다고 하고요. 리드 대학교를 중퇴한 상태에서 들었던 캘리그래피 수업도 애플에 예술적인 강점을 부여하는 데 도움이 되었다고 했습니다. 이런 점이 바로 예술과 기술의 교차점이라고 할 수 있을까요?

공 부장 그렇지. 그러면 그를 인문학적 테마로 이끈 동기는 무엇이었다고 생각하나?

홍 팀장 글쎄요…… 거기까진 잘 모르겠어요.

공 부장 내 생각엔 말이야, 성찰적인 삶의 태도가 핵심이지 않을까 싶어. 많이 알려진 대로 스티브 잡스는 리드 대학교를 중퇴하고 인도를 여행했잖아? 그곳에서 그가 보고 듣고 느끼고 생각한 것이 무엇이든, 후에 엄청난 영향을 미친 것만은 틀림없는 것 같아. 바로 이런 과정들이 합쳐져서 단순히 지식

1부 ○ 변화

을 쌓는 일에 머물지 않고 자신의 삶에서 인문학적인 습관을 실천할 수 있었던 거고 말이야.

우리가 익히 들었던 '다르게 생각하기' '질문하기' '연결하기'와 같은 태도가 바로 그런 것들이라고 할 수 있지. 그 결과가 바로 우리가 쓰고 있는 컴퓨터와 스마트폰인 거고.

홍 팀장 말씀을 들으니 제가 알고 있던 스티브 잡스에 대한 지식은 단편적인 것에 불과하다는 생각이 드네요. "기술과 인문학의 교차점"이라든지 "소크라테스와 오후 한 나절을 보낼 수 있다면 애플의 모든 기술을 내놓아도 좋다" "늘 갈망하라, 늘 우직하라Stay hungry, Stay foolish" 같은 멋진 문구나 이미지에만 빠져 있었던 것 같기도 하고요.

공 부장 중요한 것은, 누가 어떤 말을 했냐가 아니라고 봐. 어떤 '내면의 성찰'에서 그런 말이 나왔느냐를 아는 것, 그게 중요해.

경영은 기술이 아니다,
사람과 철학에 대한 이해다

홍 팀장 그런데 갑자기 스티브 잡스 이야기는 왜 꺼내신 거예요?

공 부장 궁금하지 않아? 서양의 대표적인 경영자인 스티브 잡스가 소크라테스를 그의 삶의 핵심 기반으로 삼았다면, 유교 문화권인 우리 동양의 경영자들은 어땠을까? 그들이 자신의 일과 삶을 이루는 데 핵심적인 철학적 기반을 제공했던 사람은 누구일까? 그리고 일생의 책으로 삼았던 한 권이 있다면 무엇일까?

홍 팀장 당연히 공자, 그리고 『논어』겠네요…….

공 부장 홍 팀장 센스가 죽지는 않았군. 그러면 『논어』를 통해서 기업을 일군 경영자가 누군지도 알고 있겠지?

홍 팀장 ……?

공 부장 아마 스티브 잡스보다는 홍 팀장과 더 가까운 사람이라고 할 수 있을 거야.

홍 팀장 네? 누군데요?

공 부장 삼성전자의 창업자 고 이병철 회장. 글로벌 기업으로 성장한 삼성전자를 만든 인물이지. 우리나라 경제를 이끌었던 대표적인 인물이기도 하고. 그 이병철 회장이 일생의 책으로 삼은 게 『논어』야.

홍 팀장 아…… 그렇군요.

공 부장 이병철 회장은 자신의 생각이나 생활이 『논어』라는 세계에서 벗어나지 못하더라도 얼마든지 만족한다고 했어. 한마디로 『논어』의 철학과 가치관에 자신의 일과 삶을 일치시켰던 거지. 평생 경영에 관한 책에는 흥미를 갖지 않았고 읽은 적도 없다고도 했어. 기업을 이끄는 사람에게는 경영의 기술보다는 기본적인 철학과 사람에 대한 이해가 더 중요하다는 것을 통찰하고 있었던 거지.

홍 팀장 사실 저는 유교적인 사고방식이 개인과 사회를 망친다고 봤거든요. 동양 고전은 고리타분하고 비현실적이라는 생각도 없지 않았고요. 그런데 부장님 말씀을 들으니 생각을 열어놓을 필요가 있는 것 같기도 해요. 그러면 이병철 회장 말고 『논어』를 기반으로 기업을 이끈 인물이 또 있나요?

공 부장 물론이지. 흔히 서양의 혁신 기업가들이 인문학적 기반으로 기업을 이끌어 성공했다는 이야기를 자주 접하지? 이를테면 마이크로소프트의 창업자 빌 게이츠나 구글의 창업자 세르게이 브린과 래리 페이지, 그리고 페이스북의 마크 저커버그 같은 인물들 말이야. 하지만 정작 우리 동양의 훌륭한 기업가들이 인문학적 기반으로 기업을 이끌고 있다는 사실은 상대적으로 많이 알려져 있지 않지.

홍 팀장 듣고 보니 그러네요. 어떤 분들이 있나요?

공 부장 대표적인 인물들을 들자면, 일본 자본주의의 아버지로 불리는 시부사와 에이치도 『논어』를 통해 기업가 정신을 확립했다고 평가되는 인물이야. 『논어와 주판』이라는 책을 써서 진정한 기업가 정신을 후대에 심어주려고 노력했지. 일본이 경제대국으로 번영을 누릴 수 있었던 것도 시부사와 에이치의 영향이 컸다고 해도 과언이 아니야. 또 살아 있는 '경영의 신'으로 불리는 이나모리 가즈오도 "공자의 『논어』가 지금의 나를 있게 했다"고 할 만큼 『논어』로 일과 경영의 도道를 배웠다고 말했어.

중국은 동양 인문학의 종주국답게 수많은 기업인들이 동양 고전의 정신으로 기업을 경영하고 있어. 그 대표적인 인물을 꼽자면 홍콩 청쿵그룹의 리자청 회장, 알리바바의 마윈을 들 수 있지.

홍 팀장 그분들은 『논어』에서 무엇을 얻었기에 그렇게 대단하게 기업을 이끌 수 있었을까요?

공 부장 그들이 얻은 것은 지식이 아니라 정신이었어. 정신을 통해 얻은 지혜로 자신의 삶과 일을 이루어나갔고. 앞으로 더 많은 이야기를 나누다 보면 서서히 그 해답이 열릴 거야. 어때, 이제 『논어』를 읽어야 하는 이유가 좀 명쾌해진 것 같아?

홍 팀장 음…… 100퍼센트 확신까지는 아니고요. 저는 기업 총수는 커녕 일개 팀장, 그것도 언제 없어질지 모르는 유령 팀으로 쫓겨난 무늬만 팀장일 뿐이라 괴리가 크긴 하네요.

공 부장 그럴 수 있지. 그들이 느꼈던 고난과 역경의 크기나 강도도 우리와는 비교가 안 될 거야. 물론 남의 배에 생긴 상처보다 내 손톱 끝의 생채기가 더 아픈 법이라고는 해도 말이야. 하지만 그들이 공통적으로 『논어』로 삶의 길을 찾았다면 우리도 그 길을 발견할 수 있지 않을까?

홍 팀장 부장님께서 발견하신 희망이 『논어』에 있다는 말씀인가요?

공 부장 그렇지. 그래서 말인데, 나와 함께 『논어』를 읽으면서 그 해답을 찾아보면 어떨까? 남에게 들은 어떤 지혜도 스스로 찾아낸 것보다 귀할 수는 없으니까 말이야. 우리가 넘어야 할 장애물을 극복할 수 있다고 나는 확신해. 당장은 어렵겠지만 서서히 눈이 뜨이기 시작할 거야. 그거 알지? 자네의 영웅 스티브 잡스도 한때 회사에서 쫓겨났다는 사실 말이야. 유령 팀으로 쫓겨난 것 정도는 일도 아니지.

홍 팀장 아이고, 이 상황에서 농담이 나오세요?

공 부장 농담에 깃든 여유야말로 우리가 가진 재산이지. 사람 마음이 쪼그라들어 팍팍해지면 상황을 더욱 심각하게 만들고 좁게 보게 되는 거야.

홍 팀장 네, 알겠습니다. 기왕 이렇게 된 거, 우리가 처한 이 상황을 타개할 비책을 밝혀내고야 말겠습니다. 지금까지 죽은 듯 산 듯 지내왔지만 앞으로는 찌그러져 있지만은 않겠습니다. 열패감에 사로잡히면 사로잡힐수록 이 부장이 원하는 대로 될 테니까요.

제게 왜 이런 일이 일어났는지 아직 모르겠습니다. 하지만 제 인생을 제 손으로 망가뜨리는 일만은 없을 겁니다. 앞으로 아는 것은 안다고 하고, 모르는 것은 모른다고 할 테니 잘 인도해주십시오.

공 부장 좋아! 그 정도 기백은 있어야지. 그리고 지금 홍 팀장이 한 그 말, 『논어』의 한 구절인데. 알고 한 말이야?

홍 팀장 네? 제가요? 무슨 말이요?

공 부장 하하. '지지위지지 부지위부지 시지야. 아는 것을 안다고 하고, 모르는 것을 모른다고 하는 것. 그것이 앎이다.' 『논어』의 위정 편에 나오는 말이야.

홍 팀장 아, 그러고 보니 기억이 납니다!

공 부장 왠지 조짐이 좋은데? 우리가 『논어』로 무엇을 할 수 있을지 어디 끝까지 한번 가보자고!

03 학이불사즉망
배움과 생각, 두 개의 수레바퀴가 필요한 이유

학이불사즉망 사이불학즉태
學而不思則罔 思而不學則殆
"배우기만 하고 생각하지 않으면 얻는 게 없고,
생각만 하고 배우지 않으면 위태롭다."
- 『논어』「위정」 -

고요하게 장악하는

내공을 기를 시간

홍 팀장은 집에 돌아오자마자 책장에 꽂아두었던 『논어』를 꺼내 읽기 시작했다. 어지럽던 마음을 정리하고 나자 현재의 어려움을 헤쳐 나갈 수 있는 해답을 찾을 수 있겠다는 생각이 들기 시작했다. 마음을 다잡고 기세 좋게 책장을 펼쳤다. 시원하게 책장을 펼치자 막막했던 앞날도 확 펼쳐지는 것 같았다.

제1편은 학이學而 편이었다. 『논어』의 각 편의 제목은 원문의 맨 앞 두 글자를 딴 것이었다. 예를 들어 학이 편은 학이시습지學而時習之로 시작하고, 위정 편은 위정이덕爲政以德으로 시작하는 식이었

다. 말하자면 『논어』 20편의 제목들은 별다른 순서나 의미가 없이 각 편의 맨 앞 두 글자들을 딴 것이다. 의외로 심플한 책이라는 생각이 들었다. 그러다 문득 무릎을 쳤다.

'심플? 그래, 내가 그동안 상황을 너무 복잡하게 생각했는지도 몰라. 단순해 보이는 것은 깊이 생각하고, 복잡해 보이는 것은 단순하게 생각해야 해.'

홍 팀장은 왠지 신이 나서 방안을 서성거렸다. 마음속에서 한동안 잊고 있던 열정이 솟구치는 것 같았다. 처음 대리를 달았던 때, 일이 뭔지 좀 알아가면서 업무에 재미가 붙고 열정이 커져 밤을 새웠던 기억이 떠올랐다. 그때는 회사 일과 아내와의 연애를 병행하면서도 피곤한 줄 몰랐다. 아무리 밤늦게 퇴근해도 아내가 사는 집 근처로 달려가 아내를 만나곤 했다. 마치 속에서 샘이 솟아나는 것처럼 낮과 밤이 없이 그야말로 뜨겁게 타올랐던 것이다.

하지만 과장이 되고 팀장이 되고, 결혼 후 1년이 지나고 2년이 지나고 아이 둘을 낳고 키우다 보니 언제부터인지 모르게 삶에 지쳐갔다. 언제 내 안에 그런 게 존재했냐는 듯 열정은 사라지고 말았다. 심지어 지금은 입에 담기조차 민망한 말이 되었다.

홍 팀장은 책장을 덮고 생각에 잠겼다. 그리고 물끄러미 『논어』를 바라보았다. 참으로 이상했다. 『논어』를 읽거나 『논어』를 떠올리거나 『논어』를 주제로 대화를 나누기만 해도 왜 생각이 많아지는지, 알 수 없는 노릇이었다. 읽는 틈마다 생각이 끼어드느라 이 '쉬운'

책을 읽어나가는 속도는 더디기만 했다. 『논어』는 읽고 끝내는 책이 아니었다. 읽으면 반드시 생각하게 하는 책이었다.

다음 날 공 부장을 만났을 때 홍 팀장은 서둘러 『논어』 이야기부터 꺼냈다. 공 부장도 자신과 같은 증상에 시달렸는지 궁금했다.

홍 팀장 부장님, 왜 『논어』를 읽으면 생각이 많아질까요? 처음엔 너무 뻔한 소리를 당연하게 한다 싶어서 심심했는데 읽다 보니 저도 모르게 이것저것 생각이 많아지더라고요.

공 부장 오 그래? 생각보다 홍 팀장이 '논어 체질'이네.

홍 팀장 제가요? 『논어』에 잘 맞는 체질이 따로 있습니까?

공 부장 아니, 그런 체질이 따로 있다기보다 『논어』를 제대로 읽고 있단 뜻이야.

홍 팀장 그런가요? 근데 그게 진행에 여간 방해가 되는 게 아닙니다. 하나를 읽으면 생각이 열 개는 떠오릅니다. 도무지 진도가 안 나간다니까요.

공 부장 하하. 진도 빼려고 『논어』를 읽는 건 아니니까 그런 거라면 걱정하지 않아도 돼. 그동안 읽었던 책들은 진도가 잘 나갔나 보지?

홍 팀장 그럼요. 쭉쭉 읽었죠.

공 부장 생각나는 책들이나 문장이 있나?

홍 팀장 많죠. 시간 관리를 잘해야 한다던가, 업무에 우선순위를 정하라든가, 인맥이 곧 재산이다, 라든가 하는 내용이 담긴 책들을 꽤 찾아 읽었죠.

공 부장 그거야 일을 하다 보면 자연스레 알게 되고 몸에 익히게 되는 것들 아닌가?

홍 팀장 그렇긴 하죠…….

공 부장 다른 거 생각나는 건 또 없나?

홍 팀장 그러니까…… 어라, 이상하네요? 제가 책을 안 읽지는 않았고 그래도 틈틈이 독서를 하는 편인데도 이상하게 생각이 안 나네요.

공 부장 구체적인 문장이 안 떠오를 수도 있지. 그럼 독서에서 얻은 인사이트는 뭐지?

홍 팀장 인생에서 가치 있는 것을 추구하라, 큰 성공을 원한다면 과감하게 도전하라, 일 때문에 가정을 희생시키지 마라 등등…….

공 부장 그래서 지금 깨달은 바대로 살고 있는 것 같아?

홍 팀장 아니요…… 제 처지를 잘 알고 계시잖아요. 사실 와이프랑도 안 좋아서 사실상 별거 중이에요. 애들 데리고 친정에 간다기에 제가 차라리 나오는 게 나을 것 같아서 혼자 따로 방얻어 나와 있습니다. 휴우, 일도 관계도 엉망진창이네요. 회사든 가정이든 앞으로 나갈 수도 없고 뒤로 물러설 수도 없는 진퇴양난입니다.

공 부장   그런 일이 있었는지는 또 몰랐네. 진퇴양난이라…… 내가 알기로 홍 팀장은 누구한테 싫은 소리 안 하고, 자기 일 열심히 하고, 뒤에서 꼼수부리기보다 성실하게 제 몫을 하는 사람이야. 아내에게도 아이들에게도 분명히 최선을 다했을 거라 생각해. 틈틈이 좋은 책도 읽었을 테고 말이야. 그런데 왜 코너에 몰린 것처럼 이런 상황에 처하게 되었을까?

홍 팀장   저도 제 자신에게 수도 없이 물어본 질문입니다. 내가 어쩌다 이 지경이 됐을까? 징조가 있었다면 왜 그것을 눈치 채지 못했을까? 결정적으로 뒤틀리기 전에 다른 조치를 취했다면 달라졌을까? 내가 그때 어떤 행동을 했어야 했을까? 질문만 계속 생길 뿐 그에 대한 해답을 단 하나도 얻을 수가 없네요.

윗자리로 오를수록
깊고 묵직하게 공부하라

공 부장   그래, 그렇다면 『논어』에서 답을 한번 구해보자고. 최근에 홍 팀장이 읽은 대목이 어디지?

홍 팀장   학이 편입니다. '공자께서 말씀하셨다. 배우고 때때로 그것을 익히면 또한 기쁘지 않은가? 벗이 먼 곳에서 찾아오면

공 부장   그 말에 대해선 어떻게 생각하지?

홍 팀장   공부가 정말 기쁜 일인가 하는 의문을 던져보게 되죠. 솔직히 재미있는 일은 아니잖습니까. 어렵고 힘들죠, 공부는.

공 부장   왜 그렇게 생각하는데?

홍 팀장   부장님은 공부가 재미있으셨어요?

공 부장   재미있기도 하고 재미없기도 했지. 무조건 어렵고 힘들지만은 않았는데?

홍 팀장   저는 솔직히 지긋지긋했어요. 고등학교 때는 일단 대학에만 들어가면 지겨운 공부는 끝날 거라 생각했는데 막상 대학에 가니 입시 공부보다 더 암담한 취직 공부가 기다리고 있었죠. 어떻게든 취직만 하면 지긋지긋한 공부에서 벗어나겠지 했는데, 그게 다가 아니잖아요. 승진시험을 위한 공부가 기다리고 있으니까요.

공 부장   공부를 즐긴 적은 거의 없었고?

홍 팀장   즐길 여유가 없었죠. 그냥 의무로 한 거죠.

공 부장   홍 팀장이 한 건 진짜 공부가 아니라서 그래.

홍 팀장   그럼 진짜 공부는 뭔가요?

공 부장   『논어』에 이런 말이 있어. "학이불사즉망 사이불학즉태. 배우기만 하고 생각하지 않으면 얻는 게 없고, 생각만 하고 배우지 않으면 위태롭다." 홍 팀장이 했던 공부는 지식을 외

배움과 생각을 동시에 이루는
공부를 하라

우는 일이었지, 뼈가 되고 살이 되고 정신을 단련하는 공부는 아니었던 거야. 사실 『논어』도 백 번 천 번 읽는다고 해도 단지 글자만 읽는 거라면 의미가 없어. 그 말이 진짜 무슨 의미를 지니고 있는지 생각하는 시간을 갖지 않는다면 소용이 없단 얘기야. 반대로, 자기 생각에만 빠져서 아무것도 배우려 하지 않는 것도 위험하지. 아는 것도 없으면서 잔머리만 굴리는 사람이 되는 거니까. 그러다가 결국은 시행착오를 겪고 위기에 빠지게 되는 거야. 학습이라는 말이 왜 있겠나?

홍 팀장 배울 학, 익힐 습. 배우고 익힌다는 것의 의미를 말씀하시는 거죠?

공 부장 그래. 배우고 익히는 것이야말로 진짜 공부야. 그건 배움과 생각이 동시에 이뤄져야 하는 거고. 비유하자면 두 개의 수레바퀴와 같지. 수레는 우리의 인생이야. 혹은 우리 자신이라고도 할 수 있어. 수레가 빨리 잘 달리기 위해서는 두 개의 수레바퀴가 이상 없이 잘 굴러가야 해. 바퀴 중에서 하나가 빠진다면 제자리에서 뱅뱅 맴돌기만 하지 앞으로 나가지 않잖아. 홍 팀장은 팀장이 된 후 무엇을 배웠지? 그리고 어떤 생각을 했지?

홍 팀장 어떻게 하면 성과를 낼 수 있을까만 골몰했어요. 딱히 뭘 공부해야겠다는 생각은 못했습니다. 여유도 없었고요.

공 부장 여유라…… 윗자리로 올라갈수록 깊고 묵직한 공부가 필요한 법이야. 인풋 없이 아웃풋만 생각했다는 건가? 팀원들을 어떻게 이끌려고 그랬지?

홍 팀장 팀원들이야 그간의 경험으로 이끌 수 있다고 생각했어요. 업무능력은 자신 있었으니까요.

공 부장 그래, 그러면 팀이 잘 굴러가던가?

홍 팀장 솔직히, 그렇다고 말하지 못하겠네요. 금방이라도 삐거덕거릴 것 같았거든요. 일을 잘 따라오지 못하는 팀원에게 짜증났던 적도 있고요. 지금 생각해보니까 저도 팀장은 생전 처음이었는데, 왜 다른 팀장들에게 물어보고 배울 생각을 하지 않았는지 모르겠네요. 그냥 제 생각대로 하면 다 잘될 거라는 의욕만 넘쳤나 봐요.

공 부장 다시 한 번 말하지만 사이불학즉태, 생각만 하고 배우지 않으면 위태로울 수밖에 없어.

홍 팀장 네. 제가 바로 그 꼴이었어요. 이렇게 명명백백한 것을 그때는 왜 몰랐을까요?

공 부장 혼자만의 생각에 사로잡혀 있으니 다른 생각이 들어갈 여지가 없었겠지. '생각만 하고 배우지 않으면 위태롭다'는 말은 누구라도 인생에서 꼭 염두에 두어야 하는 말이라고 생각해. 배움은 어느 한때 끝나는 게 아닐뿐더러, 단지 일에만 해당되는 것도 아니고 삶의 모든 측면에서 필요하다고 할 수 있어. 예를 들어서 결혼을 하게 되면 저절로 남편이 된다고 생각하지, 남편이 어떤 존재여야 하는지 아내에게 어떤 남편이 되어줄 것인지 공부하는 사람은 드물어. 육아도 마찬가지고. 아이를 낳기만 하면 저절로 아버지가 될까? 아버지 노릇도 제대로 배워야 해. 한 번도 겪어보지 못한 일은 물론이고 두 번 세 번 겪은 일도 상황에 따라 완전히 새로운 일이 되니까.

홍 팀장 맞는 말씀입니다.

공 부장 모르면 배우고, 배운 것은 생각하는 것이야말로 참다운 인생 공부야. 다시 한 번 말하지만 배우기만 하면 얻는 게 없어. 반드시 배운 것을 바탕으로 생각을 해야 해. 이 부분에 대해선 다음에 또 이야기를 할 기회가 있을 테니까 다음 구절 얘기를 좀 더 해볼까? '벗이 먼 곳에서 찾아오면 또한 즐겁지 않은가'를 읽곤 어떤 생각이 들었지?

홍 팀장 멀리서 찾아오는 벗은 당연히 즐겁지요. 다만 불쑥 찾아오는 것은 민폐겠지만요. 그런데 요즘은 다들 자기네 집 근처에서 만나려고만 해요. 먼 길도 마다하지 않고 찾아가는 친구는 점점 줄어들어요.

공 부장 홍 팀장은 친구를 알뜰히 챙기는 편이야?

홍 팀장 사실 나서서 챙긴다기보다는…… 시간이 되면 만나고, 바쁘면 아무래도 잊고 지낼 때가 많죠.

공 부장 혹시 휴대전화에 연락처가 몇 개나 되지?

홍 팀장 300개 이상은 될 것 같아요.

공 부장 그중에서 누군가 죽었을 때 자기 가족이 죽은 것처럼 애통 해하며 진심으로 슬퍼할 사람은 몇 명이나 될까?

홍 팀장 가족이 죽은 것처럼이라…… 딱히 생각나지 않네요…….

공 부장 그럼 홍 팀장이 죽었을 때 진심으로 안타까워하며 서럽게 목 놓아 울어줄 사람은 몇 명이나 될 것 같아?

홍 팀장 그래도…… 한두 명은 있지 않을까요?

공 부장 자신이 없는 목소리인데?

홍 팀장 솔직히 잘 모르겠습니다. 누가 저를 위해 진심으로 가슴 아 프게 울어줄까요?

　홍 팀장은 가슴이 탁 막혔다. 갑자기 인생이 허무해졌고, 잘못 살고 있는 건 아닌가 하는 자괴감마저 들었다. 『논어』를 읽고 이야기하다가 갑자기 삶의 정곡을 콕 찔린 기분이었다.

　갑자기 팀원들 얼굴이 하나둘 떠올랐다. 그들은 나를 어떻게 생각하고 있었을까? 진심으로 팀장을 따르면서 같은 팀원이라는 데 자부심을 느꼈을까? 자신 있게 고개를 끄덕일 수 없었다. 홍 팀장은 팀장이 된 후 처음으로 심한 부끄러움을 느꼈다.

　『논어』는 절대 '쉬운' 책이 아니었다. 한 구절 한 구절 어느 것 하나 흘려보내지 않고 가차 없이 생각의 틈을 파고드는 공 부장의 질문에 어느새 홍 팀장의 등에선 식은땀이 나기 시작했다. 그동안 눈앞의 일을 처리하는 데 급급해 정말 중요한 것을 배우지도 않고 생각하지도 않고 살아온 것 같았다. 배움과 생각을 왜 같이해야 하는지 그야말로 뼈저리게 겪는 시간이었다.

그릇을 키우는 말

---

* "배우고 때때로 그것을 익히면 또한 기쁘지 않은가? 벗이 먼 곳에서 찾아오면 또한 즐겁지 않은가? 남이 알아주지 않아도 성내지 않는다면 또한 군자답지 않은가?"

學而時習之 不亦說乎 有朋自遠方來 不亦樂乎 人不知而不慍 不亦君子乎
학 이 시 습 지 불 역 열 호 유 붕 자 원 방 래 불 역 낙 호 인 부 지 이 불 온 불 역 군 자 호
－「논어」「학이」 1 －

맹자는 군자의 '세 가지 즐거움君子三樂'으로 '부모형제가 무고한 것' '하늘과 사람에 부끄럽지 않은 것' '영재를 교육하는 것'을 들었다. 공자는 특별히 군자삼락을 말했던 적은 없지만 논어의 첫머리에 실려 있는 이 구절을 '공자삼락孔子三樂'이라고 할 수 있을 것이다. '배움의 즐거움' '좋은 벗과의 교제' '내세움이 아닌 자기수양' 즉, '공부' '소통' '겸손'이다. 이 세 가지는 의미 있는 삶을 살기 위해 오늘날에도 반드시 필요한 덕목이다.

1부 ◦ 변화

04 삼인행필유아사
좋은 점은 가려 본받고 나쁜 점은 거울로 삼아라

삼인행 필유아사 택기선자이종지 기불선자이개지

三人行 必有我師 擇其善者而從之 其不善者而改之

"세 사람이 길을 가면 그 가운데 반드시 스승이 있다.
좋은 것은 본받고 나쁜 것은 살펴 고쳐야 한다."
– 『논어』「술이」 –

발등에 떨어진 불끄기 바쁜 나,
왜 지금 '논어'인가?

밤마다 『논어』를 읽는 날들이 이어졌다. 홍 팀장은 한층 진지하게 『논어』를 대하고 있었다. 지난 번 공 부장과 나누었던 대화가 꽤나 충격적이었던 것이다. 『논어』가 훌륭한 고전이고, 누구나 인정하는 명작이라고 해도 자신에게 직접적으로 영향을 미칠 것이라고는 생각하지 않았다.

인문학을 공부해야 생각하는 힘이 생긴다는 말은 자주 듣던 이야기였지만 솔직히 절실하게 다가오진 않았다. 고급한 사상을 논하기에 자신의 처지는 너무나 절박했던 것이다.

그러나 곰곰 생각해보니 생각의 힘을 키우지 못해 오늘날 이런 수모를 겪고 있는지도 모른다는 성찰이 생겼다. 좀 더 흑과 백을 명확하게 볼 줄 알았다면, 이 부장의 시커먼 속을 파악해서 그가 두는 수에 쉽게 넘어가진 않았을 것이다. 하지만 유혹에 넘어갔던 결정적 이유는 무지 때문만은 아니었다. 거기엔 분명히 욕심이 있었다. 그렇지 않았다면 이 부장이 먹이로 내놓은 제안을 그런 식으로 덥석 물지는 않았을 터였다.

협박에 넘어갔다고 합리화하면서 이 부장을 탓했지만 선택을 한 것은 자신이었다. 그제야 공 부장이 "자신의 책임은 없냐?"고 물었던 말이 아프게 다가왔다. 공 부장이 자신을 비난하려고 한 말이 아니었다. 지금 현실에 눈을 뜨라고, 죽비를 내리쳐준 것이었다.

홍 팀장은 읽고 있던 구절을 다시 보았다. 익숙한 말이 눈에 띄었다. 교언영색선의인巧言令色鮮矣仁. 말을 교묘하게 하고 얼굴빛을 꾸미는 사람 중에는 인한 이가 드물다는 뜻으로 흔히 들어보던 말이었다. 바로 떠오르는 사람은 이 부장이었다. 그러나 스스로도 결코 그런 사람이 아니라고 할 자신 또한 없었다.

때와 상황에 따라서 자신도 그렇게 살아왔다. 도덕적으로 옳지 못한 행동이었는지 모르나 현실적으로는 필요한 일이었다. 분명히 처세에 도움이 될 때도 있었다. 하지만 지금 처지에서 보면 그렇게 영리하게 처신하지도 못했던 것 같아 씁쓸할 따름이었다. 혼자서만 바보가 된 기분이었다. 아니, 바보가 한 사람 더 있긴 했다. 공 부장이었다.

　며칠 동안 홍 팀장과 공 부장은 『논어』에 대해 이야기를 나누지 못했다. 악성채무자들을 어떻게 할 것인지 급박하게 해결해야 했던 것이다. 회사에서도 더 이상 기다려주진 않을 터였다. 보이지 않는 손이 공 부장과 홍 팀장의 목을 조르는 것 같았다. 그리고 그 손은 틀림없이 이 부장의 손이었다.

홍 팀장 부장님, 저희가 맡은 일에 대해 어느 정도 플랜을 짜셨다고 하셨지요? 어떻게 하면 좋겠습니까? 이제 슬슬 성과가 보이지 않으면 이 부장의 압박이 더 심해질 겁니다.

공 부장 안 그래도 그 이야기를 나누려고 했어. 우선 일을 시작하기 전에 채무 성격에 따라 그룹별로 나누는 분류가 필요해. 그들을 일률적으로 대해서는 안 된다고 생각하니까.

홍 팀장 인사부에서 복잡하고 번거로워 할 텐데 괜찮겠습니까?

공 부장 설득해야지. 그게 우리가 할 일 아니겠어?

홍 팀장 좋습니다. 그럼 부장님 생각부터 들려주세요.

공 부장 채무 성격에 따라 그룹별로 나누자고 한 이유는 똑같은 기준으로 접근하면 오히려 부작용이 더 크기 때문이야. 불량 채권자들의 상황을 먼저 판단한 후에 각자에게 가장 알맞은 방법을 찾아서 접근하자는 것이지. 크게 나눠보니 세 가지 범주로 나눠지더군.

홍 팀장 합당한 생각이긴 합니다만, 과연 가능할까요?

공 부장 짧은 기간이었지만 내가 여기 와서 수많은 자료를 연구하고 현장 조사를 하면서 가장 크게 느낀 게 하나 있어. 바로 억울한 피해자들이 많다는 사실이야. 우리 제품을 취급하는 대리점을 하다가 실패한 사람 중에는 훌륭한 능력과 자질을 갖춘 사람들도 많이 있었어. 이들이 실패했던 이유는, 회사 직원으로서 이런 말을 하기는 어렵지만, 그들 탓만은 아니야. 겉으로 드러나는 이유야 어찌 되었든, 회사 탓이라고 볼 수밖에 없는 원인들도 없지 않거든. 성공 사례 하나 없이 검증되지도 않았는데 아이디어가 괜찮다는 이유만으로 잘못된 정책을 밀어붙이거나, 실적이 부진한 기존 대리점 곁에 새로운 대리점을 개설하거나, 회사의 매출 실적을 달성하기 위해 주문하지도 않은 물량을 밀어내거나 한다면 아무리 능력이 있는 대리점주도 이겨내기 힘들지 않을까?

홍 팀장 네. 무슨 말씀이신지 알겠습니다. 그럼 어떻게 하는 게 좋을까요?

공 부장 기회를 줘야지. 그들에게 필요한 것은 바로 능력을 발휘할 수 있도록 새로운 기회를 주는 일이야. 그들이 바로 첫 번째 범주에 드는 사람들이지.

홍 팀장 그럼 두 번째 범주에는 어떤 사람들이 들어가죠?

공 부장 능력은 좀 부족하지만 그래도 성실하게 회사의 정책을 따랐던 사람들이지. 이들에게는 운도 따르지 않았지만 주어진 상황에 적절하게 대처할 수 있는 능력이 부족했어. 이들에게는 능력을 키울 수 있는 교육의 기회를 제공해야 해. 먼저 실력을 키운 다음 재기를 노리게 하면 성공할 수 있다고 확신해.

홍 팀장 그런 다음 회사에 끼친 손해를 차근차근 갚도록 하면 모두에게 보람된 일이겠네요?

공 부장 바로 그렇지.

홍 팀장 그럼 마지막 세 번째 범주에 속하는 이들은요?

공 부장 진정한 악성채무자들이지. 회사의 정책을 고의적으로 악용해서 자본을 빼돌리거나, 방만한 경영과 방탕한 사생활로 인해 스스로 무너진 사람들 말이야. 이런 사람들일수록 이미 많은 재산을 빼돌려 경영하던 대리점은 망했어도 자기 먹고살 것은 이미 충분히 챙겨둔 경우가 많아. 정당하게 회사에 갚을 돈이나 자기 직원들에게 줄 돈마저 미리 빼돌려서 피해자들을 만든 경우지. 이 사람들에 대해서는 우리가 철저하게 그 비리를 캐내고 숨겨진 재산을 찾아서 피해를 입은 대리점 직원들에게 보상하고, 회사의 손해를 메울 수 있도록 최선을 다해야 해. 먼저 홍 팀장이 할 일은 우리 데이터를 가지고 채무자들을 이 세 가지 범주로 분류하는 일이야. 그다음 하나하나 해결해나가도록 하자고.

상대방에게서 나의 결점을 발견할 때
우리는 더 크게 분노한다

홍 팀장　악성채권관리팀에 부임하면서 제가 주로 해야 할 일이 실패한 점주들과 먹살잡이를 하고, 뒤를 캐서 숨겨진 재산을 찾아내는 일이라고 생각했어요. 그래서 더욱 괴로웠고요.

공 부장　그래. 아무리 회사 일이라고 해도 궁지에 몰린 사람들을 압박해서 목적을 달성하는 일이 달가운 사람은 없겠지.

홍 팀장　그런데 부장님 말씀을 들으니 우리가 하는 일도 제법 의미 있는 일로 보이네요. 회사 일을 하면서 어려운 일을 당한 사람들이 재기할 수 있도록 돕는 건 꽤나 보람찬 일일 테니까요.

공 부장　사람이라면 누구나 어려운 사람을 돕는 본성이 있다고 봐. 그건 홍 팀장 역시 마찬가지일 거야. 다만 여러 여건이나 상황이 여의치 않아서 도움을 주기 어려울 뿐이야.

홍 팀장　가장 어려운 처지에 놓였을 때 더 어려운 사람에게 도움을 줄 기회가 생기다니, 인생이란 참 아이러니하네요.

공 부장　그래서 인생이 재미있는 것 아니겠어? 언제 어디서든 배우려고 하면 반드시 얻는 게 있지. 특히 사람에게 배우는 것이 커. 『논어』에도 이런 말이 있어. "세 사람이 길을 가면 그 가운데 반드시 스승이 있다. 좋은 것은 본받고 나쁜 것은 살펴

　　　　　　　　　　　　　　　　　　　　1부 ○ 변화

고쳐야 한다." 우리가 앞으로 만날 채무자들이 무조건 다 악한 사람들은 아니야. 그중에는 배워도 좋을 만큼 훌륭한 인품을 지니고 계신 분들도 많아.

홍 팀장 어째 『논어』 이야기가 안 나오나 했습니다. 그 말은 제게도 바로 적용이 되네요. 부장장님께는 좋은 것을 배워서 현실에 적용하고, 이 부장은 반면교사로 삼고 말이죠.

공 부장 나를 그렇게 좋게 봐주다니 고마운데? '삼인행 필유아사'라는 말이 널리 알려져 있긴 하지만 그다음 문장이 사실은 중요해. '그들 중 좋은 점은 가려 본받고 나쁜 점은 거울로 삼아 나를 바로잡는다.'

사람들과 더불어 살아가다 보면 언제나 좋은 사람이나, 나보다 뛰어난 사람만 사귈 수는 없는 법이지. 아무리 뛰어난 사람이라고 해도 장점만 있지는 않아. 그래서 좋은 점을 가진 사람에게선 그들의 장점을 배워 정진해야 하고, 만약 단점이나 나쁜 점이 있다면 무조건 비난할 것이 아니라 그것을 계기로 혹시 나에게도 부족한 점이 없는지를 돌이켜 고쳐야 하는 거고.

홍 팀장 그런데 사실 다른 사람의 단점을 보고 나를 반성한다는 것이 쉬운 일은 아닌 것 같아요.

공 부장 물론이야. 더 솔직히 말하면 다른 사람의 잘못은 잘 알면서도 정작 자기 잘못은 못 보는 경우가 더 많지. 사람들에게는 누구나 자기도 모르는 잘못이 있기 마련이야. 얼굴에 검댕이가 묻은 것은 거울을 보지 않으면 알 수가 없는 것처럼 말이야. 그러니까 더더욱 거울을 보는 것처럼 다른 사람의 단점을 통해 내가 의식하지 못하던 나의 잘못을 바로잡는 게 필요한 거야.

다른 사람을 심하게 비난하는 사람을 유심히 보면 그 잘못을 본인 자신이 가지고 있는 경우가 많아. 이를테면 다른 사람의 말이 거칠다고 거친 말로 비난하는 사람이나, 신의가 없다고 비난하면서 그 역시 신의가 없는 경우가 바로 그렇지. 이를 두고 성경에서는 '형제의 눈 속의 티는 보고 네 눈 속에 있는 들보는 깨닫지 못한다'고 하고, 『채근담菜根譚』에서는 '이단공단以短攻短 즉, '나의 단점으로 상대의 단점을 공격한다'*고 했어.

홍 팀장 맞습니다. 다른 사람을 비난할 때 유난히 심하게 침을 튀기면서 열을 내는 사람을 보면 오히려 그도 비슷한 결점이 있는 경우가 많았거든요. 그건 저 또한 마찬가지였겠죠?

공 부장 나도 홍 팀장 나이 땐 그랬어. 아첨이 심하거나 지나치게 출세지향적인 사람을 볼 때 왠지 모르게 더 화가 치밀었고, 다른 사람보다 더 격하게 그 사람을 비난했던 적이 많았지. 공자 말씀을 빌리자면 우리 안에 내재되어 있는 결점이 더 큰 분노를 일으킨 것이라고나 할까? 아마 무의식적으로 성공만을 열망하는 나의 결점을 감추고 싶었던 마음이 컸기 때문이 아닐까 싶어.

일에만 몰두하면 사람을 잃고
사람만 쫓아다니면 일의 중심을 잃는다

홍 팀장   요컨대 한 사람 안에도 좋은 것과 나쁜 것이 섞여 있으니 어느 누구를 통째로 좋다, 나쁘다고 구분하면 흑백논리에서 벗어나지 못하겠네요?

공 부장   그렇지. 꼭 사람에게만 해당되는 말은 아니야. 어떤 일을 겪거나 특정한 상황에 놓였을 때 무조건 다 나쁘거나 힘든 것만은 아닌 것처럼.

홍 팀장   그렇죠. 사람이든 일이든 칼로 딱 자를 수 있는 건 아니니까요.

공 부장   현실은 겉으로 드러난 것보다 훨씬 복잡한 이면을 지니고 있는 경우가 많아. 그래서 보이는 현실을 정확하게 파악하되, 보이지 않는 본질도 생각해야 해. 예를 들어 악성채무관리에 속한 사람들은 무조건 죄인 취급하면서 돈을 받는 것에만 치우치면 어떻게 될까?

홍 팀장   억울한 분들이 더 많이 생기겠지요.

겉으로 보이는 현실을 파악하되
보이지 않는 본질도 생각하라

공 부장 그렇지. 그런 분들이 만일 자네 아버지라면 어떨 것 같나? 또는 자네 형이라면?

무심하게 대답하던 홍 팀장은 망치로 머리를 세게 한 대 얻어맞은 듯했다. 남의 일일 때는 입바른 소리를 잘도 할 수 있지만 자신의 가족이나 본인의 일이 되면 함부로 말할 수 없는 것이었다. 자신의 처지만 해도 그랬다. 친구들이나 동료들이 비록 동정 어린 말을 한다 한들 어디까지나 그것은 '남의 일'일 것이다. 정신적 고통이 뼈를 깎고 살을 태우는 육체적 고통 못지않다는 것을 직접 겪기 전에는 결코 알지 못했을 것이다.

홍 팀장 부장님하고 대화를 할 때마다 느끼는 건데요, 원래 『논어』가 이렇게 심오한 책인가요? 아니면 부장님께서 『논어』를 특별히 깊게 읽어서인가요?

공 부장 하하하. 그 대답은 홍 팀장이 앞으로 찾아야 할 것처럼 보이는데?

홍 팀장 그런데 부장님, 정말 의아한 게, 아무리 이 부장의 계략이었다고는 해도 사장님이나 본부장님도 공 부장님이 어떤 분인지 모르지는 않을 텐데, 어떻게 이렇게 가만 놔두고 보시는 거죠? 아니 애초에 왜 부장님 같은 분이 이런 역경을 겪어야만 합니까?

공 부장 그럼 홍 팀장은 나쁜 사람이어서 고난에 빠진 건가?

홍 팀장 아니 저는 훌륭한 사람은 못되도 그냥 평범하다고는 생각합니다.

공 부장 어떤 인생을 살았는가는 지금 당장 판명되는 것은 아니지. 아마 죽음에 이르러서야 어렴풋이 알게 되는 게 아닐까? 그 사람에 대한 진정한 평가는 사후에 이뤄지기도 하니까 말이야. 그러니 중요한 것은 지금 여기에서 할 일이 무엇이며 진정 배워야 할 것이 무엇인지를 아는 거야.

홍 팀장 부장님은 그게 뭐라고 생각하시나요?

공 부장 아직은 잘 모르겠지만 『논어』를 다시 읽다 보니 두 가지 주제에 대해 또 다시 생각하게 되더군.

홍 팀장 두 가지 주제요?

공 부장 '일'과 '관계'에 대해서 말이야. 지난번 우리 대화에서 내가 했던 말 기억하고 있어? 홍 팀장은 그 말을 어떻게 받아들였지?

홍 팀장 배움과 생각 두 가지가 다 필요하다는 말씀이요? 배우기만 하고 생각하지 않거나 생각만 하고 배움이 없으면 현실에서 힘을 발휘하지 못한다는 것으로 받아들였습니다. 저의 경솔함은 순간적인 것이었는지 모르지만 그로 인해 고통이 오래 간다는 것도 깨달았고요. 한때는 모든 게 다 이 부장 탓이라고 생각했지만 다시 그때 일을 복기해보니 제 욕심이 섞여 있었다는 것을 알았습니다. 그러니 이제 와서 누구를 탓하 겠습니까. 제가 부족해서 일어난 일인 것을요. 하지만 그렇 다고 이 부장에 대한 미움이 사라진 것은 아닙니다.

공 부장 그것만 해도 훌륭해. 게다가 그새 생각이 제법 깊어졌네, 공 자 같은 말을 다 하고 말이야. 『논어』에 "군자는 무능함을 아파하지 남이 자기를 알아주지 않음을 아파하지 않는다"는 구절이 있지. 홍 팀장 말대로 순간의 판단으로 잘못을 저질 렀다고 해도, 어리석음의 결과는 때로 평생 가는 법이지. 그 래서 늘 깨어 있어야 해. 일에만 몰두하면 사람을 잃고, 사 람만 쫓아다니면 자기 일의 중심을 세울 수 없는 법이거든. 공자가 『논어』에서 말하고자 했던 것은 추상적인 이야기가 아니야. 삶의 조화를 어떻게 이룰 수 있는지 현실을 통해 일 러주고 있지. 우리가 살고 있는 이 자리가 바로 우리의 배 움터라는 말이야. 그런 의미에서 악성채권관리팀은 최고 의……

홍 팀장 최고의 배움터라고요? 아이고, 부장님. 아직 저는 그 경지까 지는 못 가겠습니다.

공 부장 하하하. 자네도 곧 알게 될 거야.

홍 팀장 그럼 오늘부터 저는 거래처를 분류하는 일에 최선을 다하 겠습니다.

공 부장 의욕이 넘치는 걸 보니 좋네! 그럼 나는 악성으로 분류했던 사람들과 전화 통화를 해봐야겠어.

홍 팀장 그런데 궁금한 게 한 가지 있어요. 『논어』를 보면 '인'이라는 말이 자주 나오잖아요? 사전적 의미로 '어질다'는 말인데……. 저는 그 '인'의 의미가 손에 잘 안 잡혀요. 알 것 같으면서도 잘 모르겠더라고요.

공 부장 '인'은 『논어』는 물론 공자의 사상에서 가장 중요한 단어지. 공자가 추구하던 공의로운 세상과 올바른 인간의 기반이 되는 가장 중요한 요소라고 할 수 있어.

그런데 내가 답을 다 말해버리면 재미가 없지 않을까? 『논어』의 핵심이기도 하니까 홍 팀장도 그 깊이를 깨우쳐가는 재미가 있어야지!

홍 팀장 『논어』를 통해 지금 상황에 대한 해답도 찾아야 하고, 『논어』의 핵심 철학이라는 '인'의 의미까지 깨우쳐가려면, 이거 갈 길이 먼데요?

공 부장 자네라면 틀림없이 해낼 수 있을 거야.

홍 팀장 아이고, 그렇게 말씀하시니 즐거운 마음으로 공부해야겠습니다.

공 부장 『논어』에도 보면, 즐거움이 공부의 최고 경지라고 했지. '아는 것은 좋아하는 것만 못하고 좋아하는 것은 즐거워하는 것만 못하다'**는 구절이 바로 그렇지.

홍 팀장은 어느 때보다 의욕적으로 일을 시작했다. 인생의 괴로움이란 괴로움은 모두 모아놓은 곳처럼 느껴졌던 악성채권관리팀이 억울한 사람을 살리고 새로운 인생을 살 수 있는 기회를 찾아주는 곳이라고 생각하니 처음 올 때와는 전혀 다른 마음으로 일을 바라볼 수 있었다.

생각이 바뀌는 일은 놀라운 경험이었다. 사무실 문을 열 때마다 '지옥문'을 여는 듯 괴롭던 마음이 어느새 사라졌던 것이다. 심지어 아침 출근에 어떤 새로운 의미가 생기기 시작했다. 이곳은 이제 미래에 대한 기대와 희망을 안고 들어오는 곳이었다.

그릇을 키우는 말

* "나의 단점으로 상대방의 단점을 공격한다."

以短攻短
이 단 공 단

- 『채근담』 -

문장 전체를 살펴보면 다음과 같다. "남의 단점을 완곡하게 감싸줄 줄 알아야 한다. 그것을 들춰낸다면 이는 자신의 단점으로 남의 단점을 공격하는 것이다(인지단처, 요곡위미봉, 여폭이양지, 시이단공단人之短處, 要曲爲彌縫, 如暴而揚之, 是以短攻短)"이다. 다른 사람의 단점을 보고 심하게 비난하는 사람을 보면 똑같은 문제를 가지고 있는 경우가 많다. 자신의 콤플렉스를 감추기 위해 더 강하게 비난하는 것이다. 내가 잘났다고 해서 남의 단점을 들추어내어서도 안 되지만, 내 단점은 돌아보지 못하면서 다른 사람을 비난하는 것은 더욱 부끄러운 일이다.

** "아는 것은 좋아하는 것만 못하고 좋아하는 것은 즐거워하는 것만 못하다."

知之者 不如好之者 好之者 不如樂之者
지 지 자　불 여 호 지 자　호 지 자　불 여 낙 지 자

- 「논어」 「옹야」 18 -

공자는 성공적인 인생, 행복한 인생을 살기 위해 반드시 필요한 지혜를 가르쳐주
고 있는데, 이 구절도 가장 의미 있는 구절 중의 하나다. 공부든 일이든 혹은 놀
이든 그것을 잘하기 위해서는 즐거운 마음으로 할 수 있어야 한다. 노벨 물리학
상 수상자인 리처드 파인만은 "내가 하려는 일이 핵물리학의 발전에 얼마나 기
여하는가는 중요치 않다. 문제는 그 일이 얼마나 즐겁고 재미있느냐다"라고 말했
다. 공자는 이미 오래 전에 이 비밀을 말해주었다.

05 일이관지
하나를 보면 열을 아는 비결

일이관지

一以貫之

"하나의 이치로 모든 것을 꿰뚫는다."

– 『논어』 「위령공」 –

인식의 **틀을 깨는 방법,**

다르게 보는 **습관**

홍 팀장은 『논어』를 읽어갈수록 신기한 경험을 하기 시작했다. 자신이 겪은 현실이나 마음에 품고 있던 생각들을 『논어』에서 발견하게 되는 것이었다. 예를 들면 이런 것이었다.

'그 직위에 있지 않다면, 그 직위에서 담당해야 할 일을 꾀하지 말아야 한다.'

이것이야말로 이 부장의 행태를 적나라하게 보여주는 구절이었다. 자신의 권한도 아닌데 유통거래처를 추천한 것은 물론 거래처로 선정하기 위해 집요하게 유통기획부를 압박하지 않았던가.

『논어』에는 또 이런 구절도 있었다.

'많은 사람들이 미워한다 해도 반드시 잘 살펴보아야 하며, 많은 사람이 좋아한다고 해도 반드시 잘 살펴보아야 한다.'*

직원들은 소문만 믿고 홍 팀장을 멀리했다. 이 일로 이 부장이 미운 것은 분명했지만 보다 큰 상처는 사실을 확인하기는커녕 무작정 비난에만 열을 올리고 팀원들의 태도였다. 나름대로 인간관계를 잘 맺고 있다고 생각했는데 막상 바닥에 떨어지자 누구 하나 손을 내미는 사람이 없었다.

심지어 화장실에서 대리 시절의 과거사까지 들먹이며 욕하는 소리를 들었을 때는 옥상 위로 올라가 아래를 멍하니 내려다보는 일도 있었다. 사람들이 왜 떨어져 죽는지 알 것 같았다. 분노에 휩싸여 있을 때 사람은 결코 죽지 않는다. 그러나 너무나 억울한 일을 당하면 죽을 수도 있겠다는 것을 그때 처음 알았다.

한때는 가슴속에 분노와 참담함과 억울함이 엉망으로 뒤섞인 핵폭탄 같은 '감정 덩어리'가 가득 차 있었지만 『논어』를 읽고부터는 폭발할 것 같던 그 마음이 서서히 줄어드는 것 같았다. 나를 대했던 팀원들의 그런 태도와 내 과거의 태도 역시 별 다르지 않다는 사실도 깨달았다.

그동안 겪었던 일들이 머릿속에서 파노라마처럼 펼쳐졌다. 전 팀장이었던 공 부장이 좌천당한 일, 뒤를 이어 팀장이 되었지만 성공의 꽃길을 걷기는커녕 나락으로 떨어진 일, 공 부장과 다시 한 팀에서 일하게 되면서 작은 희망을 다시 품게 된 일들이 하나하나 빠짐없이 떠올랐다. 아직 회사에서나 가정에서나 갈 길이 멀었지만 이 정도 안정을 찾을 수 있었던 것은 공 부장과 함께 『논어』를 읽기 시작한 덕분이었다.

한동안 업무 처리로 바빴던 두 사람은 오랜만에 퇴근 후 조용한 시간을 가질 수 있었다. 홍 팀장이 먼저 『논어』 이야기를 꺼냈다. 얼마 전 자신이 발견한 문장과 자신의 생각을 덧붙여 말했다. 생각했던 것이 마치 예언처럼 『논어』에 쓰여 있다는 것까지 말하자 공 부장이 잠시 생각에 잠기더니 말을 이었다.

공 부장 자신의 생각으로 『논어』를 읽는 것은 참 흥미로워. 어떨 땐 지적인 흥분을 느끼면서 모험을 떠난 기분까지 들지. 그러나 그럴 때 조심해야 할 것이 있어. 바로 아전인수我田引水, 즉 '내 논에 물 대기' 식의 오류를 피하는 일이야.

사람들은 어떤 상황이나 문제에 부딪히면 대부분 자기가 보는 시각에서 생각하기 마련이야. 이걸 심리학적 용어로는 스키마Schema, 인식의 틀 혹은 도식이라고 하지. 과거의 경험이나 지식을 토대로 새로운 경험을 친숙하게 받아들이는 것인데, 자신에게 익숙한 방식으로 수용하기 때문에 새로운 것을 이해할 때 영향을 미치지. 예를 들어 어릴 때 개에 물린 사람은 개를 보면 어떤 반응을 보일까?

홍 팀장 가까이 가려고 하지 않겠지요.

공 부장 그럼 어릴 때 개를 가깝게 키운 적이 있던 사람은?

홍 팀장 쓰다듬거나 말을 걸거나, 당연히 좋아하겠죠.

공 부장 대상은 똑같이 '개'인데 사람마다 행동 반응이 다른 이유가 뭘까?

홍 팀장 과거의 경험이 현재 경험에 영향을 미치고 있어서겠죠?

공 부장 그래. 그것도 일종의 스키마야. 우리가 생각하는 것보다 훨씬 더 크고 넓게 영향을 미치고 있는 거야. 일과 대인관계는 물론 삶 전반에 걸쳐서 말이야.

홍 팀장 제가 『논어』를 읽을 때도 제가 가진 틀로 바라보았겠네요?

공 부장 그러지 않았을까? 나도 처음 『논어』를 읽었을 때 문장마다 어쩌면 이렇게 현실을 딱 맞게 표현했냐며 무릎을 쳤었거든. 예를 들면 '군자는 의리에 밝고 소인은 이익에 밝다.'** 는 문장을 보고 이렇게 생각했어. '맞아! 차 대리는 너무 인색해. 얼마나 지독한지 커피 한잔 사는 것을 못 봤다니까.' 또 이런 경우도 있었지. '윗사람을 섬길 때 예를 다했더니 사람들은 아첨한다고 여긴다.'*** 이 구절을 읽고 누가 생각 났는지 알아?

홍 팀장 혹시 정 과장님인가요?

공 부장 역시, 눈치가 빨라. '진짜 정 과장은 지독한 아첨꾼이야. 본 부장님 앞에서 얼마나 굽실거리는지 눈뜨고 보기 힘들다니

1부 ○ 변화

까. 아니, 그렇게 해서 출세하면 뭐해?' 이런 생각을 줄줄이 하면서 정작 내가 상사에게 굽실거릴 때는 예의를 지키는 거라고 합리화했어.

홍 팀장 내가 하면 로맨스 남이 하면 불륜인 상황…… 저도 버리기 힘든 나쁜 습관인 것 같네요.

공 부장 나는 평소에 그들과 잘 지냈는데도 남 몰래 속으로는 그런 생각을 하고 있었던 거야. 그게 나라는 인간이었어. 지금도 크게 달라진 것은 없어. 하지만 적어도 내가 타인에 대해 이런 마음을 갖고 있고, 나를 그냥 내버려둘 경우 걷잡을 수 없이 부끄러운 모습을 보일 수도 있겠다는 것을 알고 있어. 사실 돌이켜 보면 꽤 충격이었어. 그때 나는 스스로 제법 군자라고 자부하면서 살고 있던 터라.

홍 팀장 ……뜨끔해지네요. 요즘 제가 그래요.

공 부장 인간의 마음은 때로 간장 종지만 해서 자기 자신 외에 타인이 들어갈 자리는 없어. 그런 점에선 누구나 에고이스트이고 나르시스트라고 할 수 있지. 하지만 항상 그런 것은 아니야. 불쌍한 사람을 보면 저절로 연민의 마음이 생기고 어린아이가 위험에 처하면 기꺼이 구하려고 들지. 어떻게 보면 간사하다고도 볼 수 있지만 다르게 생각하면 상황에 따라 달라질 정도로 유연하다고도 볼 수 있지.

홍 팀장 지난번에 악성채무자 이야기를 하다가 만약 그 일을 아버

멀리 보지 못하면 근심이 생기고
가까이 보지 못하면 허황되다

지나 형이 당했다면 어떨 것 같냐는 말씀을 하셨죠? 그때 정말 머리를 세게 얻어맞은 것 같았습니다. 제가 억울한 일을 당해서 그들의 마음을 잘 이해한다고 생각했는데 여전히 남의 일이라고 생각하는 저 자신을 보았거든요. 그러면서 이번에 우리가 맡은 일을 다시 한 번 곰곰이 생각해봤어요. 다른 사람을 보는 관점이 아니라 나 자신을 돌아보는 관점에서 상황을 되돌아보는 일이 필요하다는 생각이 들더라고요. 그동안 팀장으로서 팀원들이 어떻게 일하고 생각하고 있을지, 거기까진 미처 생각이 못 미쳤던 것 같습니다.

관점의 깊이와 높이가
인생의 크기를 결정한다

공 부장 홍 팀장이 거기까지 생각을 다 했네!

홍 팀장 생각하면 할수록 아쉽습니다. 저 혼자 잘하면 된다고 생각하면서 위임해야 할 일까지 껴안고 있었죠. 그러다 보니 과부하가 걸렸고, 스트레스를 잔뜩 받은 상태에서 이 부장의 압력까지 받으니 판단을 정확하게 내리지 못하고 흔들렸던 것 같습니다. 그땐 왜 제 어리석음이 보이지 않았던 것인지…… 그래서 목표가 하나 생겼습니다.

공 부장 오, 뭔데?

홍 팀장 여기에선 일을 제대로 하고 싶습니다. 진짜 팀장으로 거듭 나고 싶어요.

공 부장 하하. 언제는 가짜 팀장이었나? 자신에 대한 자긍심을 가져.

홍 팀장 네. 그래서 말인데요, 제가 팀장으로서 역량을 키우려면 무 엇을 가장 먼저 배워야 할까요?

공 부장 내가 볼 때 가장 중요한 것은 안목, 즉 일과 사람을 보는 관 점이라고 생각해. 시선의 깊이와 높이가 인생의 크기를 결 정하기 때문이야. 작은 그릇엔 적게 담을 수밖에 없고, 큰 그릇엔 많이 담을 수 있는 것처럼 종지 같은 눈을 갖고서는 큰일을 할 수 없으니 본인이 뜻하는 바를 이루기 위해서라 도 안목을 크게 키우는 일이 필요하지. 하지만 큰 것을 보는 안목만 있어서는 안 돼. 가까운 곳을 보는 세심함도 반드시 필요하거든.

홍 팀장 크고 멀리 보는 안목과 가까운 것을 보는 세심함을 함께 갖 추라…….

공 부장 담대심소膽大心小라는 말이 있어. 뜻과 기개는 크게 가지되 세심함을 놓쳐서는 안 된다는 뜻이야. 문장을 지을 때의 마 음가짐을 말하는 것인데, 우리가 일을 하거나 사람을 이끌 때 가져야 하는 마음가짐에도 적용할 수 있어. 특히 리더라 면 큰 비전을 가지고 멀리 보면서 계획을 세울 수 있어야 해. 공자는 그걸 원려遠慮라고 했어. 멀리 보지 못하면 가까이에 근심이 생긴다고 했지. 하지만 논어를 보면 가까이 보고 미루어 생각하라는 말도 실려 있어. 근사近思라는 말인데, 그러지 못하면 허황되거나 비현실적이 되기 쉽거든. 우리도 일을 할 때 쉽게 지나치거나 눈 감았던 소소한 것들이 커다란 리스크로 되돌아올 때가 있잖아?

홍 팀장 네. 사소하게 지나쳤던 일이 그렇게 큰 일이 될지 몰랐던 적이 수시로 생기죠.

공 부장 반대로 크게 보지 못하면 작은 일에만 매이다가 더 중요한 것을 놓치게 되지.

홍 팀장 네. 제가 딱 그랬습니다. 그게 얼마나 무서운 일인지 이제야 알겠습니다.

공 부장 팀장이라면 크게 보는 안목도 반드시 갖춰야 하지만 가까운 일을 미루어 새로운 것을 찾아내는 통찰력도 가질 수 있어야 해. 우리가 목적지를 향해 가다가 중간에 길을 잃었다고 생각해보자고. 작은 공간 안이라면 같은 곳을 빙빙 돌거나 엉뚱한 길에 들어서도 큰 문제없어. 금방 다시 길을 찾을 수 있을 테니까 말이야. 하지만 아예 처음부터 잘못된 방향으로 가고 있었다면 어떡할까? 막바지에 이르러서야 애초에 방향 자체가 잘못된 걸 알았다면 어떤 결정을 내릴거지?

홍 팀장 작은 일을 고쳐서 될 일이 아니라면 과감히 처음부터 다시 시작할 수밖에 없지요. 붙잡고 있어봐야 시간과 돈과 인력만 낭비하는 셈일 테니까요. 손해는 크겠지만 일을 아예 망치면 더 큰 손해가 생길 테니까요.

공 부장 대부분은 그렇게 하겠지. 하지만 말일세, 정말 그 방법이 최선일까? 처음부터 다시 시작한다는 생각 자체도 고정관념이라고 할 수 있지 않을까?

홍 팀장 네?

공 부장 그러니까 더 높은 안목으로 일을 보면, 그냥 계속하거나 처음부터 다시 하는 방법 중에서 선택하는 게 아니라 제3의 방법이 보일지도 모른다는 거야.

홍 팀장 제3의 방법이요?

공 부장 우리가 거기까지 볼 줄 몰라서 그렇지 다른 해답은 늘 존재하는 법 아닐까? 그렇기 때문에 수많은 기업과 스타트업들이 혁신을 이루었을 테고 말이야.

홍 팀장 그건 그렇네요. 스티브 잡스만 하더라도 전혀 새로운 방식으로 일했으니까요.

공 부장 그렇지. 그는 똑같은 진주가 있어도 다른 방식으로 꿸 줄 알았던 사람이었지.

홍 팀장 정말 저는 갈 길이 먼 것 같습니다. 언젠가는 저도 그런 리더가 될 수 있을까요? 하나를 봐도 열을 알고, 막힌 길에서 새 길을 찾아내는 리더…… 얼마나 공부를 많이 해야 그런 경지에 오를 수 있을까요?

공 부장 『논어』에 일이관지, 하나의 이치로 모든 것을 꿰뚫는다는 말이 있어. 하루는 공자가 자공에게 "너는 내가 공부를 많이 하고 그것을 잘 기억한다고 생각하느냐?"고 물었어. 자공이 이렇게 대답했지. "네. 아닙니까?" 그러니까 공자의 대답은 이랬어. "아니다. 나는 하나의 이치로 그것들을 꿰뚫고 있을 뿐이다." 무슨 말인지 알겠어?

홍 팀장 단순히 정보나 지식을 많이 쌓는 것만으로는 소용이 없다는 말씀인가요?

공 부장 맞아. 결국 아무리 많은 정보와 지식이 있어도 그것을 어떻게 쓸 것인지, 지혜가 없으면 소용 없다는 거야. 우리가 『논어』를 읽는 이유도 많은 것을 알기 위해서가 아니야. 세상을 보는 안목, 즉 지혜를 키우기 위해서지. 그 안목을 얻게 되면 우리가 하는 일은 물론 살아가는 삶에 모두 그것을 적용할 수 있겠지. 탁월한 기업인들이 『논어』를 기업 경영의 유일한 지표로 삼을 수 있었던 것도 바로 그런 이치 아닐까? 우리 역시 그렇게 되려면 세심하면서도 크게 볼 줄 알아야겠지.

밤이 늦도록 두 사람은 대화를 나누었다. 대화는 『논어』에서 악성 채권관리 일을 앞으로 어떻게 할 것인지에 대한 논의로 넘어갔다.

그동안 자신이 부족했던 점을 절감하며 홍 팀장은 각오를 다졌다. 새로운 시간이 홍 팀장 앞에 펼쳐지고 있었다.

그릇을 키우는 말

* "많은 사람들이 미워한다 해도 반드시 잘 살펴보아야 하며, 많은 사람이 좋아한다고 해도 반드시 잘 살펴보아야 한다."

衆惡之 必察焉 衆好之 必察焉
중 오 지 필 찰 언 중 호 지 필 찰 언
- 『논어』 「위령공」 27 -

"길에서 듣고 그것을 그대로 길에서 말한다면 덕德을 버리는 일이다." 『논어』 「양화」에 나오는 구절이다. 쉽게 말을 옮기는 세태를 꾸짖은 것이다. 그래서 공자는 "내가 누구를 비난하고 누구를 칭찬하면 반드시 시험을 해본 것이다(『논어』 「위령공」)"라고 말했다. 함부로 다른 사람의 말을 듣고 사람을 평가해서는 안 되며, 반드시 직접 겪어보고 시험을 해봐야 한다는 가르침이다. 사람을 버리기는 쉽지만 얻기는 힘든 세태에서, 사람을 공부하는 일을 게을리해서는 안 되는 이유다.

....

** "군자는 의리에 밝고 소인은 이익에 밝다."

君子喻於義 小人喻於利
군 자 유 어 의 소 인 유 어 리
- 『논어』 「이인」 16 -

공자는 이익에 따라서 행동하면 소인이라고 간주하는데, 『논어』 「이인」에 나와 있는 것처럼 "이익에 따라서 행동하면 원한을 사는 일이 많아진다"는 이유 때문이다. 하지만 공자는 이익을 추구하는 것을 무조건 배타적으로 보지는 않았다.

청렴했던 제자 안회를 가장 높이 평가했지만, 장사와 치부에 남다른 재능이 있었던 자공도 훌륭한 제자로 인정했다. 단지 한 가지, "이익을 추구한다면 먼저 그것이 의로운지를 생각하라見利思義"고 하며 의로운 돈벌이를 강조했다. 번 돈을 의롭게 쓰는 것도 이에 포함된다.

....

*** "임금을 섬길 때 예를 다했더니 사람들은 아첨한다고 여긴다."

事君盡禮 人以爲諂也
사 군 진 례   인 이 위 첨 야
- 『논어』 「팔일」 18 -

이 글의 다음인 『논어』 「팔일」 19에는 이렇게 실려 있다. "임금은 예로써 신하를 부리고, 신하는 충忠(일방적인 복종이 아니라 진실한 마음을 뜻한다)으로 임금을 섬겨야 한다." 공자는 윗사람이든 아랫사람이든 사람을 대할 때는 예를 바탕으로 해야 한다고 강조하고 있다. 하지만 예로써 사람을 대할 때, 특히 윗사람을 대할 때 사람들은 아첨한다고 비난한다. 아첨과 예의의 차이는 바로 말과 행동의 진실함이다. 진실함은 겉으로 잘 드러나지 않기에 구별하기가 어려운 법이다. 스스로 떳떳하다면 부끄러워할 필요가 없다.

배반 없는 인생 선배,
믿고 기대는 큰 어깨

왜 지금 논어인가?

『맹자』에는 중국 고대의 성인들을 이렇게 소개하고 있다. 백이伯
夷는 성지청자聖之青者, 가장 청렴한 성인. 이윤伊尹은 성지임자聖之
任者, 가장 믿음직한 성인. 유하혜柳下惠는 성지화자聖之和者, 가장
조화로운 성인. 공자는 성지시자聖之時者, 가장 처신을 잘하는 성인.
그리고 공자는 앞의 세 사람의 성인들의 모든 장점을 모아서 더 크
게 이룩했던 분이라고 했다. 우리가 잘 아는 '집대성集大成'이라는
말의 출전이다.

앞의 세 사람은 비록 성인이기는 했지만 제 각각 부족한 점이 있었다('백이는 너무 좁고 유하혜는 공손치 못하다'고 맹자는 평한다). 하지만 '공자는 요순임금보다 더 현명하고, 예와 덕에 있어서 세대에 한정되지 않고 가장 뛰어난 성인이다'라고 『맹자』에는 실려 있다. 즉, 공자는 시대에 한정되지 않는 절대적인 성인이라는 것이다. '사람이 살게 된 이래 공자보다 더 탁월한 인물은 없었다'라고 맹자는 평가하고 있는데, 이 말은 공자의 위대함을 말하는 것이지만 공자의 학문과 덕성은 시대를 가리지 않고 과거뿐 아니라 오늘날까지 충분히 적용할 수 있다는 의미도 포함하고 있다.

공자는 성인으로서의 덕성을 집대성한 인물이기도 하지만 학문의 집대성자이기도 하다. 『삼경』을 집대성하여 체계를 잡았고, 무엇보다도 뛰어난 것은 『삼경』을 학문적·사상적 기반으로 삼아 유교를 세웠던 것이다. 지금으로부터 무려 2500년 전 공자가 만든 유교는 중국, 더 나아가 동북아의 문화적·사상적 기반이 되고 있다.

유교의 폐해에 대해 그동안 많은 반론과 배척이 있었던 것은 사실이다. 중국의 예로 보면, 진시황 시대의 분서갱유 이후 근대에 들어와서 모택동에 의해 또다시 국가적 탄압을 받게 된다. 한나라 시대부터 중국의 정신적·문화적·통치적 기반이 되어 왔지만, 유교의 계급제 옹호가 공산당의 이념과 맞지 않다는 정치적·이념적 이유에서였다. 하지만 현대에 들어와서 중국에서는 다시 공자 및 유교에 대한 재해석과 부흥 운동이 펼쳐지고 있다.

우리나라에서도 조선시대 맹목적인 유교의 숭상으로 인한 폐해를 지적하고, 그것에서 벗어나고자 하는 노력이 있었다. 하지만 이 중 많은 것은 해석의 오류이거나, 유교의 일부분을 이용해서 자신의 권력과 기득권을 향유하려는 사람들의 불순한 의도에 기인한 바가 크다. 사람으로서 가져야 할 가장 기본적인 덕목을 가르쳐주고 있고, 현대의 가장 심각한 폐해인 극단적 물질주의·성공주의·개인적 이기주의의 문제를 극복하고 사람의 본성을 회복할 수 있는 사상으로서 오늘날 유교는 전 세계적으로 재조명되고 있다.

공자의 학문은 어디서 비롯되었나

"나는 십오 세에 학문에 뜻을 두었다吾十有伍而志于學"는 말에서 알 수 있듯이 공자는 자신의 길을 학문으로 정했다. 물론 그보다 훨씬 어린 시절부터 공자는 배움을 좋아했지만 열다섯이 되면서 학문을 통해 세상을 바꾸겠다는 뜻을 분명하게 세운 것이다. 이처럼 어린 시절부터 학문에 뜻을 두고 매진했지만 누구로부터 배워 자신의 학문을 이룩했는지는 알려져 있지 않다.

『논어』의 「자장」 편에는 이런 대화가 나온다. 위나라의 대부, 공손조가 "공자는 어디서 배웠습니까?"라고 묻자 제자 자공은 이렇게 대답했다. "문왕과 무왕의 도가 아직 땅에 떨어지지 않고 사람들에게 있습니다. 현명한 자는 그중 큰 것을 알고 있고 현명하지 못한 자는 그중에서 작은 것을 알고 있으니, 문왕과 무왕의 도道는 없는 곳이 없다고 할 것입니다. 선생께서는 어디에서든 배움을 얻지 않은 곳이 없으니 어찌 일정한 스승이 있었겠습니까?" 이 말에서 공자는 세간에 있는 『삼경』의 도에서 배움을 얻었을 뿐 특정한 인물로부터 사사한 것이 아니라는 것을 알 수 있다. 스스로 뜻을 세우고, 세상 모든 것으로부터 배움을 얻는, 곧 '삶이 배움'이 되는 바탕이 있었기에 공자는 자신만의 독창적인 학문과 철학사상을 완성할 수 있었을 것이다.

제자들은 공자를 두고 '하늘이 내린 성인' 즉 천성적으로 타고난 위인이라고 강조한다. 『논어』의 「자한」 편에는 이에 관해 제자 자공과 태재와의 대화가 실려 있다. 태재가 자공에게 "공자께서는 성인이십니까? 어찌 그리 다재다능한지요?"라고 묻자 자공은 이렇게 대답했다. "본래 하늘이 그 분을 큰 성인으로 삼고자 했으므로 다재다능한 것입니다." 공자의 능력은 하늘로부터 비롯된 것으로 천부적이라는 것이다. 제자들이 스승을 이렇게 우러러보는 것은 당연한 일이었겠지만 공자 스스로는 자신을 이렇게 평한다. "나는 어렸을 때부터 천하게 살았기 때문에 다재다능하다." 하늘의 도움으로 거저 얻은 것이 아니라 가난과 고난이라는 환경에 굴하지 않고 끊임없이 노력함으로써 이룰 수 있었다는 말이다.

심지어 공자는 "인격을 수양하지 못하는 것, 배운 것을 익히지 못하는 것, 옳은 일을 실천하지 못하는 것, 잘못을 고치지 못하는 것, 이것이 나의 걱정거리다"라고 말하기도 했다. 동서고금을 막론하고 성인으로 추앙받은 존재로서는 지극히 평범한 자기반성이다. 하지만 배움과 자기 수양에 대해 이런 겸손한 자세가 있었기에 수천 년을 이어 내려오는 학문을 공자는 완성할 수 있었을 것이다.

공자의 학문을 만든 또 한 가지는, 공부를 좋아해서 평생을 두고 쉬지 않고 정진했던 자세에서 비롯되었다고 할 수 있다. "아는 것은 좋아하는 것만 못하고 좋아하는 것은 즐기는 것만 못하다." 배움에 대해 가장 널리 알려진 구절이면서 '목숨 걸고 공부하는 세태'에서 우리가 가장 실천하기 어려운 이 구절이 바로 공자의 학문을 만든 또 하나의 요점이라고 할 수 있을 것이다. 잘 알다시피 『논어』의 맨 처음에 나오는 문장도 "배우고 때때로 익히면 또한 기쁘지 아니한가?"이다. 그 외에도 『논어』에는 공자의 배움에 대한 열망이 계속 실려 있다. 이처럼 배움을 좋아했고 즐길 수 있었기에 공자는 평생을 두고 공부를 계속할 수 있었고, 평생을 쉬지 않고 쌓아올린 학문이기에 평범한 사람들은 가늠하기 힘든 것이다. '위산일궤爲山一簣'라는 성어가 있다. 「자한」 편에 있는 전문은 다음과 같다.

"산을 쌓다가 한 삼태기의 흙이 모자라는 상황에서 그만두었다 해도 내가 그만둔 것이다. 땅을 고르다가 한 삼태기의 흙을 갖다 부었다 해도 일이 진전되었다면 그것은 내가 진전한 것이다."

공자는 하루하루 노력을 기울여 학문과 수양의 진보를 이루는 것을 귀하게 여겼다. 공자가 제자 안연을 가장 아꼈던 것 역시 안연이 끊임없이 노력을 쌓아나갔기 때문이었다. "애석하다! 나는 그가 진보하는 것만 보았지, 멈추어 있는 것을 본 적이 없다." 공자가 안연의 죽음을 안타까워하며 했던 말이다.

공자 학문의 집대성, 「논어」

공자의 제자는 3000명에 달한다고 『사기』는 전한다. 물론 이 많은 사람들을 공자가 직접 가르쳤다고는 할 수 없겠지만 혼란의 시대에 얼마나 공자의 존재감이 컸는지는 충분히 짐작할 수 있다. 그 제자들 중에 제대로 된 제자는 70여 명이다. 그중에 공자가 뛰어나다고 인정했던 10명의 제자가 「선진」 편에 실려 있다.

"덕행으로 뛰어난 안연·민자건·염백우·중궁, 언변에 뛰어난 재아·자공, 정치에 능한 염유·자로, 문장과 학문이 뛰어난 자유·자하가 있었다." 이들이 공자의 철학과 사상, 그리고 학문을 이어받은 제자들이라고 할 수 있을 텐데, 여기에 언급되지 않았지만 중요한 제자로 증자가 있다. 증자는 한때 공자로부터 우둔하다는 평가를 받기도 했지만 공자의 도를 후대에 전수하는 데 중요한 역할을 한 인물이다. 공자의 손자 자사子思를 가르쳤고 자사로부터 이어져 유교의 정통 후계자 맹자孟子가 탄생했기 때문이다.

『논어』는 바로 이들 제자들이 공자의 언행과 가르침, 혹은 사적인 대화나 혼잣말까지 기록했던 책이다. 물론 제자들이 기록했던 만큼 공자와 제자들의 이야기가 주를 이루지만 등장인물은 다양하다. 그 시대의 정치인들이나 은둔자들, 평범한 사람들과의 대화도 나온다. '논어論語'의 뜻이 '토론하고 이야기하다'인 만큼 대부분의 기록은 대화로 이루어져 있다.

위대한 인물을 다룬 책들에서 보면 그 인물을 추앙하거나 거의 신격화할 정도로 높이는 경우가 많다. 하지만『논어』에서 공자는 그다지 높임을 받지 못했다. 만약 공자가 오늘날『논어』를 봤다면 섭섭할 수도 있을 정도로 솔직담백하게 그려졌다. 책의 체계도 전혀 가다듬지 않아서 철학서라 하기에는 부끄러울 정도로 논리적으로도 산만하다.

하지만 이러한 진솔한 문장과 대화들 속에 수천 년을 이어오는 공자의 심오한 사상이 담겨 있다. 바로 인仁의 정신이다. '인'은 공자 자신도 명확하게 정의하지는 않았지만 제자 번지와의 대화에서 '사람을 사랑하는 것愛人'이라고 정의했다. 사람으로서 가져야 할 최고의 덕목이며, 이상적인 사회를 만들기 위해서 반드시 있어야 하는 것이 사랑이다. 그 사랑을 이미 2500년 전에 공자는 설파했다.

『논어』에는 '인'을 이해하고 실현하기 위해 사람들이 반드시 알아야 하고, 실천해야 할 것들이 실려 있다고 할 수 있다. 바로 사람, 공부, 그리고 말이다. 그것을 한마디로 집약한 것이『논어』의 맨 마지막 문장이다.

"천명을 알지 못하면 군자가 될 수 없고, 예禮를 알지 못하면 세상에 당당히 설 수 없고, 말을 알지 못하면 사람을 알 수 없다."

'군자가 되기 위해 사람의 길을 알고, 세상에 서기 위해 예를 공부하고, 사람을 알려면 말을 알아야 한다'는 절묘한 마무리다.

2부

사람

비우고도

채우는

리더의 그릇

01 불실인불실언
사람을 잃지 않고 말도 잃지 않는 법

가여언이불여지언 실인 불가여언이여지언 실언 지자불실인 역불실언

可與言而不與之言 失人, 不可與言而與之言 失言. 知者不失人 亦不失言

"말을 해야 되는데도 말을 하지 않으면 사람을 잃고,
말을 하지 않아야 하는데도 말을 하면 말을 잃는다.
지혜로운 자는 사람을 잃지 않고 또한 말도 잃지 않는다."

- 『논어』「위령공」-

내 안의 절실함이

논어를 살아 숨 쉬게 한다

유통기획팀의 팀장에서 악성채권관리팀으로 쫓겨온 홍 팀장은 새삼스레 '팀장'으로서의 역할에 대해 새로운 고민에 빠졌다. 유통팀은 팀원들도 여러 명이었고 초보 팀장으로 열심히 해보려는 의욕이 넘쳤지만, 이곳에선 자신보다 더 팀장 같은 공 부장이 있었고, 다른 팀원도 없었다. 그래도 언제까지나 공 부장에게 의존만 하고 있을 수는 없었다. 현실을 받아들이기로 결심한 이상 뭔가를 해야 했다.

언젠가 다시 돌아갈 때를 생각해서라도 팀장으로서의 업무력을 키우고 싶었다. 한때는 이 정도면 제법 괜찮은 팀장이지 않은가, 자만할 때도 있었지만 철저하게 깨지고 나니 처음부터 제대로 배워야겠다는 생각이 든 것이다.

대리 때부터 과장이 될 때까지 한결같이 자신 있었던 부분은 일에 대한 '감'이었다. 그러나 주어진 일을 잘해내는 것과 팀장으로 팀을 이끄는 것은 완전히 다른 일이었다. 배워야 할 것이 많은 것은 물론 유연한 적응도 필요했다.

홍 팀장 부장님은 처음 팀장을 다셨을 때 기억나세요?

공 부장 처음 팀장이 되었을 때라…… 그땐 정말 우물 안 올챙이나 다름없었지.

홍 팀장 제 기억엔 부장님은 늘 본받고 싶은 상사셨어요.

공 부장 오늘 점심 사라는 얘기겠지? 하하.

홍 팀장 사주시면 잘 먹겠습니다. 하하하. 부장님은 어려운 일을 참 많이 겪으셨잖아요. 회사를 그만두고 싶다는 생각을 해본 적 없으십니까?

공 부장 물론 있었지. 악성채권관리팀으로 발령받았을 때 진지하게 고민했었어.

홍 팀장 그런데 왜 남으셨어요?

공 부장 할 일을 다 하지 못했다는 생각이 들어서. 사실은 악성채무자들에 대한 관심을 몇 년 전부터 갖고 있었거든. 그들을 어떻게 하면 살릴 수 있을까, 나름대로 고민도 하면서 몇 가지 기획안을 회사에 제출하기도 했었고 말이야. 그런데 사람이란 얼마나 간사한 존재인지 몰라. 막상 그 일을 할 수 있는 곳으로 오고 나니까 지옥에 떨어진 심정이 들더란 말이지. 순수한 동기가 없었다고는 할 수 없지만 우위에 서서 불쌍한 사람들에게 자비를 베푸는 식으로 돕겠다는 마음을 가졌던 게 얼마나 오만한 생각이었는지 철저하게 깨달은 거지.

자네한테도 말했지만 그때 나를 살린 책이 『논어』였어. 물론 예전에도 읽었던 책이지만 내 안의 절실함이 『논어』를 또 다르게 읽게 했지. 아무 일도 겪지 않았던 상황이라면, 그렇게 한 줄 한 줄 돌조각에 새겨 넣듯 절절하게 다가오지 않았을지도 모르지. 그러니까 『논어』를 읽은 것이 아니야. 『논어』를 만났던 것이지.

홍 팀장 『논어』를 만났다고요?

공 부장 큰 위기의 순간에 읽는 책은 운명적 만남과 같다고 생각해. 이미 읽었던 책이라도 아주 다른 느낌으로 다가오거든. 책의 글자가 살아서 튀어나온다고나 할까, 실제로 나는 그런 일을 몇 번이나 경험했어. 심지어 꿈에서 공자와 대화를 나누기도 했으니까 말이야.

홍 팀장 공자께서 뭐라고 하시던가요?

공 부장 조만간 귀인이 나타날 테니 아무 걱정하지 말고 그의 도움을 받으라고 하더군. 하하.

홍 팀장 설마 그 귀인이 저……?

공 부장 맞아! 그 꿈을 꾸고 딱 홍 팀장이 나타났으니까. 하하하!

홍 팀장 아이고, 하여튼. 부장님한텐 못 당한다니까요. 참, 이젠 본격적으로 채무자들과 접촉할 시기가 된 것 같아요. 안 그래도 부장님께 말씀 드리려 했는데, 부장님 부재 중이실 때 우리 업무에 관해 인사부에서 지침이 내려왔어요.

공 부장 좋은 소식은 아닐 것 같은데?

홍 팀장 네……. 우리 팀 실적이 우려가 된다는 거죠, 뭐. 불량채권 회수는 미미한 실정이고, 개선될 여지도 보이지 않는다는 거고요. 저희가 올린 부실채무자 분류와 접근 방식에 대한 안건이 즉각적인 채권 회수 방법은 아니니 회사가 좋아하지는 않을 거라 생각은 했습니다. 그래도 할 일은 해야죠. 쓴소리도 때로는 들어야 하는 거 아니겠습니까?

팀원의 기를 살리는
사소한 말 한마디

공 부장 그런 소리를 다 하니 홍 팀장 그새 많이 달라졌네.

홍 팀장 제가요?

공 부장　예전엔 싫은 소리 듣기 싫어서 기를 쓰고 완벽을 추구하던 사람이었잖아? 덕분에 난 상사로서 편하긴 했지만 프로젝트 팀원들하고는 마냥 편하지 않았지?

홍 팀장　네. 그랬죠. 제가 정한 기준만큼 따라오지 못하면 답답했거든요.

공 부장　기준이 높은 것 자체는 일의 퀄리티를 높이고 탁월한 성과를 내게 해주니 장점이라고도 볼 수 있지. 하지만 팀플레이를 할 때는 자신의 기준을 남에게 똑같이 요구해서는 안 돼. 나 혼자 일을 잘한다고 될 일도 아니고.

홍 팀장　말씀 그대로입니다. 그래서 제가 팀장이 된 후에 좌충우돌했던 것 같아요. 차라리 혼자 맡은 일만 잘해내면 되던 팀원일 때가 속은 편했으니까요. 전 괜찮은 팀원이었는지는 모르지만 좋은 팀장은 아니었던 것 같아요.

공 부장　왜 그렇게 생각하나?

홍 팀장　가장 큰 이유는 팀워크를 이끌어내지 못한 것입니다. 팀원일 때의 습관처럼 저 혼자 잘하면 되는 줄 알았죠. 적임자에게 일을 위임할 줄도 몰랐고, 팀원들 사이의 관계를 어떻게 조정하는지도 몰랐습니다. 뒤돌아보니 저 혼자 일을 다 떠맡은 채 번아웃 직전까지 갔었고요. 판단력이 흐려질 수밖에 없었어요. 팀원들이 못하는 것만 눈에 띄고…… 팀원들의 시너지를 끌어내는 말은커녕 핀잔만 잔뜩 늘었죠. 그러다 보니 팀원들이 저한텐 말 붙이는 것도 어려워했던 것 같아요.

공 부장 그들을 이끌어야만 한다고 생각했을 뿐 '우리가 한 팀'이라는 생각을 못했나보군.

홍 팀장 부끄럽습니다. 부장님이 안 계신 자리를 어떻게 해서든 메워야 한다는 생각에 그만 무리수를 뒀나 봅니다.

공 부장 팀원일 때와 팀장일 때는 역할 자체가 달라지지. 팀을 이끈다는 것은 한 배의 선장이 된다는 것과 같아. 그 배가 크든 작든 팀원이 한 명이든 백 명이든 리더가 된다는 뜻이거든. 자기 혼자 잘한다고 성과가 높아지지 않을 뿐더러 혼자 일을 다 할 수도 없지. 개인이 아닌 팀의 성과를 생각해야 하니까 말이야. 특히 한마디 말, 사소한 말이 구심점 역할을 할 때가 많아. 공자도 이런 말을 했지. "말을 해야 하는데도 말을 하지 않으면 사람을 잃는 것이고, 말을 하지 않아야 되는데 말을 하면 말을 잃는 것이다. 지혜로운 자는 사람을 잃지 않고 또한 말도 잃지 않는다." 홍 팀장이 팀원이라면, 함께 있을 때 아무 말도 하지 않거나 의논해야 할 일에 대해 일언반구도 없는 팀장을 어떻게 여길 것 같나?

홍 팀장 저를 무시한다고 생각할 것 같습니다.

공 부장 사람은 자신을 무시한다고 여기면 그곳을 떠나게 되어 있어. 팀원으로 남아 있더라도 그 팀은 자신의 팀이 아니라고 여기지. 그런 상태에서 마음을 쏟아 일을 하기는 어려워.

홍 팀장 상황에 맞게 적절한 말을 하거나 하지 않는 것도 팀장으로
서 갖춰야 할 덕목이군요. 그러기 위해서는 자세히 보되 크
게 볼 줄도 알아야 할 테고요.

눈앞의 성과에 절절매다가
큰 계획을 망친다

공 부장 그래서 말인데 우리가 앞으로 할 일이 무엇이라고 생각하
나?

홍 팀장 크게 두 가지라고 보고 있습니다. 한 가지는 앞으로 1개월
안에 최소 2군데 이상 불량채권을 정리하는 것, 또 한 가지
는 최소 2억 원 이상 악성채권을 줄이는 일입니다. 이건 인
사부의 요구이기도 하고요. 저희가 못하면 다른 팀에 넘긴
답니다.

공 부장 그렇게까지 말한 이상 그냥 두고보지 않겠다는 거군. 이 부
장 성격상 단돈 천 원도 예외를 두지 않을 테고 말이지.

홍 팀장 일단 어떻게 싸울지 대책을 세워야겠어요.

공 부장 아니, 우린 싸우지 않을 거야.

홍 팀장 네? 싸우지 않는다고요? 싸우지 않고 어떻게 이깁니까?

공 부장 싸울 필요가 없어. 애초에 싸울 대상도 아니고 말이야. 『논어』에도 나와 있지. '군자는 다투는 일이 없으나, 꼭 하나 있다면 그것은 활쏘기다.'* 군자는 예를 지켜서 할 수 있는 활쏘기 외에는 다투어서는 안 된다는 말인데, 오늘날의 관점에서 보면 어떤 싸움이든 반드시 합당한 명분이 있어야 하고, 싸움이 정의롭고 공정해야 한다는 말이지.

홍 팀장 그래도 우리는 지금 더 이상 물러설 곳이 없어요. 이기지 않으면 지는 상황에서 아예 싸우지 않는다니요.

공 부장 우리의 목표가 뭐라고 생각해?

홍 팀장 악성채권을 해결하는 일이지요.

공 부장 그렇지. 채무자들을 설득해서 회사에도 도움이 되고, 그들도 살리는 일이지. 우리는 다만 그 목표를 어떻게 이룰까를 생각하면 되는 거야. 이 부장이나 회사를 상대로 싸우거나 채무자들과 싸울 일은 더더욱 아니지. 만에 하나 우리가 실패하는 일은 있을 수 있다고 생각해. 하지만 결코 누군가와 싸워서 될 일은 아니야. 그들이 우리의 적이 아니니까.

홍 팀장 그럼 우리의 적은 누구인가요?

공 부장 적은 없어. 다만 우리가 설득해서 협조를 구해야 하는 이들이 있을 뿐이지.

홍 팀장 이상적인 말씀입니다만 과연 가능할까요? 우리가 그들을 싸울 대상으로 보지 않는다고 해서 그들도 우리와 같으리

2부 ◦ 사람

라는 법은 없잖아요. 당장 이 부장이 어떻게 나올지도 모르
고요.

공 부장 이 부장은 교묘하게 법과 원칙으로 포장한 강압적인 방식
을 쓰겠지. 틀림없이 이 상황을 기회로 생각할 테니까. 하지
만 그와 싸우지 않겠다는 건 진심이야. 물론 심한 일을 당하
면 화가 나겠지. 하지만 화가 난다고 해서 그 화를 모두 발
산해야 할까?

홍 팀장 그래도 사람이 어떻게 부당한 일을 당하면서 감정을 자제
할 수 있습니까? 치밀어 오르는 화를 무작정 누르기만도 어
렵고요. 화를 풀지 못하고 계속 참다가는 화병에 걸려서 제
명에 살지 못한다고요. 그저 참는 것만이 능사는 아니지 않
습니까?

공 부장 내 말을 오해하고 있는 것 같네. 지금 상황에 딱 맞는 공자
의 이야기가 하나 있지. 『장자』의 「추수」 편에 있는 고사야.
우리는 공자를 유학의 시조로만 알고 있지만, 사실 공자의
사상과 철학은 중국 고전의 대부분을 관통하는 본줄기라고
할 수 있어. 공자를 따라 맥을 이어온 맹자 등 유가의 철학
자들은 물론이고, 공자의 학설을 반대하는 도가와 법가, 묵
가와 같은 학파라고 해도 자신들의 책에 공자에 관한 이야
기를 싣지 않은 것이 거의 없어. 중국, 아니 동양의 인문학
은 공자의 철학을 따르는 유학파와 공자의 철학에 반대하

는 학파들 간의 대립과 논쟁으로 표현할 수 있지.

그러니까 동양의 인문학을 알기 위해서는 결국 공자로부터 시작할 수밖에 없어. 그리고 그 공자의 철학에서 가장 핵심적인 단어가 바로 '인'이야. 우리가 가장 먼저 '인'을 공부해야 하는 이유도 해. 하지만 '인'에 대한 이야기는 길어질 테니 좀 더 후에 하기로 하지.

공 부장은 홍 팀장에게 공자가 천하를 주유할 때의 이야기를 들려주었다. 공자가 천하를 주유할 때 광 땅을 지날 일이 있었다. 그때 광 땅의 사람들이 공자를 자신들에게 큰 피해를 주었던 노나라의 양호로 오인하여 공격했다.

용감한 제자 자로의 반격으로 당장의 공격을 모면하기는 했지만 그들은 공자가 묵고 있던 객잔을 포위하고 풀어줄 생각을 하지 않았다. 모든 제자들이 걱정을 하고 있었지만 공자는 태연히 지내며 심지어 거문고를 한가롭게 연주하기 시작했다. 기가 막혔던 제자 자로가 공자에게 물었다.

"아니, 스승님은 이 위기에 어떻게 거문고를 탈 수가 있습니까?"

자로의 다급한 질문에 공자가 대답했다.

"곤궁에는 운명이 있음을 알고, 형통에는 때가 있음을 알고, 큰 어려움에 직면해도 두려워하지 않는 것이 바로 성인의 용기다."**

　　　　　　　　　　　　　　　　　　　　　　　　2부 ○ 사람

공 부장 어때? 이 이야기를 이 상황에 적용해본다면 말이야.

홍 팀장 어려운 위기에 처했을 때 무작정 혼자 나서는 것이 능사가 아니라는 말인 것 같아요. 옳다고 여기는 길을 흔들림 없이 가는 것이 필요할 것 같고요. 그때 필요한 것이 인내라는 건가요?

공 부장 곤궁에는 운명이 있음을 알라는 말은, 아무도 예상하지 못했고 누구의 탓도 아닌 곤궁에 처했을 때는 운명이라고 생각하고 '순응'해야 한다는 말이야. 상황을 조용히 관조하는 여유와 반드시 이겨낼 수 있다는 긍정적인 감정으로 때를 기다리면 길이 보이게 되고 결국은 길이 열리기 마련이지. 그게 바로 형통에는 때가 있다는 말이야. 이런 상황에서 분노를 터트리고 감정을 흩트리면 오히려 혼란이 생기고 해결할 길은커녕 더 큰 문제를 만들기 마련이지. 흔히 직위나 직급이 올라 팀장급 이상이 되면 너무 의욕을 앞세우는 일이 생겨. 하지만 그럴수록 함부로 나서지 말고 팀원들과의 밸런스를 생각해야 해. 그래야 팀장 혼자 독식한다는 원망을 받지 않지. 당장 눈에 보이는 성과에만 매달려도 큰 뜻을 이루기는 힘들고 말이야. 공자도 이렇게 말했어. <mark>'작은 일을 참지 않으면 큰 계획을 망친다.'</mark>***

홍 팀장 저는 팀장이 되는 것만을 바랐을 뿐 정작 팀장이 된 이후에 어떻게 해야 할지에 대해선 아무런 준비도 하지 않았던 것

원의 중심에 서서 균형을 맞추어라

같습니다. 그냥 열심히 잘하면 된다고 막연하게 여겼나 봅니다. 구체적으로 리더십을 기르는 공부도 하지 않았고 말이에요.

공부장 팀장이 된다는 건 팀이라는 삼각형의 꼭짓점에 서는 게 아냐. 원의 중심에 서는 일에 가깝다고 할 수 있지. 큰일을 맡게 될수록 그 원은 더 커지겠지. 컴퍼스로 원을 그려본 적 있지? 원은 중심에서부터 주변까지의 거리가 동일한데, 완벽한 원을 그리기 위한 출발은 언제나 중심이야. '중용中庸'에서의 '중'은 어느 한쪽으로 치우치지 않고 지나치거나 모자람이 없다는 뜻이야. 어때? 팀장에게 반드시 필요한 덕목이라고 생각되지 않나?

중심에 선다는 것은 자신을 돋보이게 하기 위해서가 아니라 팀을 돋보이게 하는 역할을 하기 위해서야. 팀의 한가운데에서 균형을 잡을 때 그들의 이야기를 들을 수 있고, 그들에게 필요한 말을 해줄 수 있어. 앞에서 무조건 끌어당긴다고 팀원들이 저절로 따라오던가? 아니면 뒤에서 조용히 지원만 한다고 해서 그들이 올바른 방향을 찾아가던가? 중심을 향해 그들 스스로 헌신하게 해야 해. 앞으로 팀장으로서 고민해야 할 부분도 바로 이 부분이야.

홍 팀장은 묵묵히 고개를 끄덕였다. 각자 다른 개성과 욕망을 지니고 있는 팀원들이 팀장을 신뢰하며 따르게 하려면 어떻게 해야 할까? 공 부장이 던진 질문은 묵직한 화두가 되어 홍 팀장의 가슴 깊은 곳에 자리를 잡았다.

그릇을 키우는 말

* "군자는 다투는 일이 없으나, 꼭 하나 있다면 그것은 활쏘기다."

君子無所爭 必也射乎

군 자 무 소 쟁   필 야 사 호

– 『논어』 「팔일」 7 –

공자는 승리를 위해 수단 방법을 가리지 않는 경쟁이 아니라 '선의의 경쟁' 즉 '정정당당한 경쟁'을 권했다. 『도덕경』 33장에는 "남을 이기는 사람은 힘이 있는 자이지만, 자기 자신을 이기는 사람은 진정한 강자이다(승인자유력 자승자강勝人者有力 自勝者强)"라고 실려 있다. 진정한 강자는 상대가 아니라 어제의 나를 뛰어넘는 사람이다.

** "곤궁에는 운명이 있음을 알고, 형통에는 때가 있음을 알고, 큰 어려움에 직면해도 두려워하지 않는 것이 바로 성인의 용기다."

知窮之有命 知通之有時 臨大難而不懼者 聖人之勇也

지 궁 지 유 명   지 통 지 유 시   임 대 난 이 불 구 자   성 인 지 용 야

– 『장자』 「추수」 10 –

공자가 광 땅에서 위기에 빠졌을 때 제자들에게 가르침을 준 글이다. 고난이 닥쳤을 때 조급해하거나, 한탄만 하거나, 절망에 빠져 포기한다면 고난을 이길 수

없을뿐더러 성공적인 인생을 살기도 어렵다. 지금 겪고 있는 일의 의미를 정확히 알고 담대히 이겨나갈 때 큰일을 이룰 수 있다.

···

*** "교묘한 말은 덕을 어지럽히고, 작은 일을 참지 않으면 큰 계획을 망친다."

巧言亂德, 小不忍則亂大謀
교 언 난 덕 , 소 불 인 즉 란 대 모
— 「논어」 「위령공」 26 —

말과 행동을 신중하게 하지 않으면 자기의 성품을 그르치고, 큰일을 망칠 수도 있다는 공자의 경고다. 지극히 사소한 일에도 자기 성질을 이기지 못하고 분노를 폭발시키는 세태를 꼬집는 말이다. 사소한 분노로 인해 돌이킬 수 없는 일이 생기기도 한다. 작은 일에 절제하지 못하는 사람은 결코 큰일을 이룰 수 없다.

02 일신우일신

궁하면 변한다, 변하면 통한다

구일신 일일신 우일신

苟日新 日日新 又日新

"진실로 하루를 새롭게, 날마다 새롭게, 또 새롭게."

- 『대학』「장구」-

고집은 신념이 아니다,

한 걸음 물러나서 다시 보라

홍 팀장은 공 부장과 함께 본격적인 업무에 착수했다. 매일 채무자들을 만나 설득하는 일을 반복했다. 회사에 대한 불신과 원망이 높게 쌓인 채무자들의 마음을 돌리는 일은 쉽지 않았다. 아침마다 각오를 단단히 하고 나가도 퇴근 무렵이 되면 파김치가 되어 돌아오기 일쑤였다.

채무를 갚으려는 노력을 하기는커녕 오히려 자신이 더 피해자라며 고함을 치거나 심지어 욕설을 퍼붓는 사람들도 있었다. 연속적으로 부도를 맞는 바람에 이미 신용불량자가 되어서 스스로 직장을 구하거나 창업을 할 수 있는 길마저 모두 막혀버린 상태에 놓인 사람도 있었다. 그들은 한눈에 보기에도 패배의식에 젖어 있었다. 홍 팀장의 진정 어린 설득에도 쉽게 마음을 열지 않았다. 시간이 지날수록 홍 팀장은 희망의 불이 꺼져가는 듯 마음이 심란해졌다.

홍 팀장 부장님, 도대체 왜 사람들에게는 고난이 찾아올까요? 인간성이 좋은 사람이 오히려 더 큰 고난을 당하는 것 같습니다. 야비한 사람들은 수단과 방법을 가리지 않고 제 살 길을 찾아 오히려 호의호식하고 살잖아요. 다른 사람들에게 피해를 주지 않으려고 노력하는 사람은 오히려 더 깊은 수렁에 빠져 헤어나지 못하고 있는 것 같고요.

공 부장 겉으로 보기에는 그렇게 보일 수도 있지. 홍 팀장, 맹자 알지?

홍 팀장 네. 공자와 더불어 유학의 큰 별이잖아요.

공 부장 공자도 맹자도 높은 이상에 비해 현실에서는 꿈을 이루지 못했던 사람들이었어. 그들의 삶 역시 당연히 고난의 연속일 수밖에 없었지. 물론 그 당시를 살던 사람들은 예외 없이 가난과 고난 속에서 살아야 했어. 전국시대 천하를 얻으려는 군주들의 싸움 가운데 죽어나는 것은 백성들이었으니까. 그래서 당시 가장 뛰어난 두 철학자는 고난에 임하는 자세와 고난의 의미를 백성들에게 가르치려고 노력했는지도 모르지.

오늘날 우리의 삶도 마찬가지 아닐까? 우리도 예외 없이 고난에 처하고, 그 고난과 싸우며 살아가지. 평범한 사람들은 물론 최상위 1퍼센트의 사람들이라고 해도 인생에 필연적으로 찾아오는 고난 앞에서 자유로울 수는 없어. 공자와 맹자의 가르침이 우리에게도 절실한 이유라고 할 수 있지.

홍 팀장 네. 근데 문제는 그 고난에 어떻게 대처해야 하는가가 아닐까요?

공 부장 맹자는 고난에 대해 이렇게 이야기했어. '하늘이 장차 그 사람에게 큰 사명을 내리려 할 때는 먼저 그의 심지를 괴롭게 하고, 뼈와 힘줄을 힘들게 하며, 육체를 굶주리게 하고, 그에게 아무것도 없게 해 그가 행하고자 하는 바와 어긋나게 한다. 마음을 격동시켜 성질을 참게 함으로써 그가 할 수 없었던 일을 더 많이 할 수 있게 하기 위함이다.'*

고난에 처했을 때 자신에게 닥친 고난의 의미를 생각하는 사람에게는 고난이 더 이상 고난이 아니게 되지. 그에게 고난은 자신이 성장하기 위한 하나의 과정이자 삶의 가치를 키우기 위한 도구가 될 테니까 말이야.

홍 팀장 네. 그런데 솔직히 그런 위대한 사람이 못 되는 저처럼 평범한 사람들에게는 고난의 의미보다 현실의 무게가 더 무겁습니다. 때론 일어나기조차 힘들 때가 많으니까요.

공 부장 물론 그렇게 생각할 수 있겠지. 하지만 아무리 위대한 사람이라고 해도 누구나 처음에는 평범한 사람일 뿐이야. 단지 다른 사람들보다 조금 더, 평범하지 않은 노력을 하는 것뿐이야.

홍 팀장 평범하지 않은 노력이요?

공 부장 고난을 겪어도 결코 포기하지 않고 다시 도전하는 거. 누구에게나 주어진 기회나 직면하게 되는 고난은 비슷할 거야. 그러나 역경을 맞고 포기하는 많은 사람들은 평범한 대중에 머무르는 거고, 포기하지 않는 사람들은 위대한 일을 이룰 수 있는 거지.

그 원동력이 어디에서 나오겠어? 자신에게 닥친 고난의 의미를 생각하고, 그 의미에 합당한 노력을 행동으로 옮기는 것, 바로 그거야. 홍 팀장도 팀장이 된 이후에 어려운 일을 겪으면서 팀장의 의미를 생각하기 시작했잖아?

홍 팀장 네. 그렇죠. 이런 일을 겪지 않았더라면 더 좋았겠다고 여전히 생각하고 있지만 그래도 예전만큼 억장이 무너지진 않습니다. 다시 한 번 기회가 올 것이라는 생각도 들고요. 그렇게 자신을 들여다보니 보이지 않던 점도 보이기 시작하더라고요.

공 부장 어떤 점들이?

홍 팀장 제 신념만 옳다는 생각이 문제였다는 점이요. 제가 맡은 일은 제가 제일 잘한다는 생각이 강했거든요. 실제로 성과를 높이 내기도 했고요. 그런데 일을 잘하는 것과 생각을 옳게 하는 것은 별개의 문제잖아요. 사람마다 생각의 도식이 다르니 저 또한 제 틀에 맞춰 보는 것일 텐데, 팀원들은 마치 생각이 없는 사람들인 것처럼 제가 알아서 혼자 처리해버린 일들이 꽤 있었습니다. 물론 어떤 일들은 팀장의 결단이 필요한 일도 있지만 팀원들과 소통이 부족했던 것도 사실이에요.

제가 생각보다 인심을 많이 잃었었나 봅니다. 배신감을 크게 느꼈던 것도 그런 자신을 인정하고 싶지 않아서 팀원들 탓으로 돌린 것이었고요. 독불장군처럼 굴던 그때 그 방식대로 팀을 끌고 갔다고 한들 팀원들과의 관계는 회복하기 어려웠을 것 같아요.

공 부장 단기 성과는 냈겠지만 장기적으로 보면 결코 좋은 상황은 아니었을 테지.

홍 팀장 최악의 경우엔 어떤 팀원도 저를 팀장이라고 진심으로 인정하지 않는 사태까지 갔을지도 모르죠. 예전에도 그런 분들이 몇 분 계셨잖아요. 지금은 거의 모두 퇴사하셨고요.

공 부장 안타까운 일이야. 자기만 옳다고 고집하면 팀장까지는 어찌어찌 올라가더라도 더 큰 리더십을 발휘해야 하는 자리까진 오르기 힘들어. 팀장은 회사의 중추라고 볼 수 있어. 위

아래 골고루 소통을 잘해야 하는 자리이자, <u>스스로 능력을</u> 보여서 자신이 미래의 리더라는 것을 입증해 보이는 자리니까.

홍 팀장 그걸 몰랐습니다. 한 걸음 물러나야 비로소 보이는 것이 있나 봅니다.

공 부장 때로는 낮게 가까이서 들여다봐야 할 것이 있고, 때로는 높게 멀리서 봐야 할 것들이 있는 법이지.

궁했을 때 가장 시급한 일, 나로부터의 변화

공 부장은 맹자에 이어 중국의 고전에 대한 이야기를 연이어 해주었다. 공자를 비롯해서 유교의 맥을 이어온 맹자, 순자 또한 각자 생각하는 바는 조금씩 달랐지만 한 가지 공통점이 있었다. 당시 전쟁과 궁핍으로 혼란스러웠던 시대에 현실의 어려움과 한계를 벗어나기 위한 방법들을 제시했다는 점이었다.

제자백가를 이루었던 도가, 묵가, 법가 등의 철학자들 역시 유교와는 전혀 다른 사상과 세계관을 지니고 있었지만 현실의 해법을 제시하는 것은 같았다. 많은 사람들이 점을 치는 책으로 잘못 알고 있는 『주역』도 마찬가지다. 공자는 이 책을 두고 이렇게 말했다. "나에게 몇 년의 시간이 주어져서 쉰 살까지 주역을 공부한다면 큰 허물이 없을 것이다." 그리고 실제로『주역』을 묶은 책의 끈이 세 번이나 끊어질 정도로 공부했다. 거기에서 유래된 말이 '위편삼절韋編三絶'이었다.

공 부장 『주역』이야기가 나왔으니 하는 말인데, 우리가 고난을 이겨나가는 방법이 그 책에 실려 있어. 혹시 '궁즉통窮則通'이라는 말 들어봤어?

홍 팀장 궁하면 통한다, 즉 정말 절박하면 길이 보인다는 뜻 아닙니까?

공 부장 맞아. 일차적인 뜻은 그래. 하지만 한 가지 의문이 들지 않아? 그럼 누구든지 궁하면 통할 수 있어야 할 텐데 세상에 어려움을 겪는 사람은 여전히 존재하잖아? '궁즉통'을 단순히 '궁하면 통한다'는 뜻으로만 보면 안 돼.『주역』에 실려 있는 전체 구절은 '궁즉변窮則變, 변즉통變則通, 통즉구通則久'**야. 어때, 좀 더 깊은 뜻을 알겠어?

홍 팀장 음…… 잘 모르겠습니다.

공 부장 한자를 잘 생각해봐. '변할 변變' '오래갈 구久' 그럼 전체 문장의 의미를 짐작할 수 있겠지?

홍 팀장 그러니까 첫 구절은 궁하면 변해야 한다가 되겠네요. 그다음 변즉통은 변하면 통한다가 되겠고요. 그다음은 통즉구.

2부 · 사람

구는 통하면 오래갈 수 있다는 뜻이군요. 그러니까 궁하다
고 해서 무조건 통하는 것이 아니라 먼저 변해야 하는 건가
요?

공 부장 그렇지. 궁했을 때 가장 먼저 해야 할 일은 변화하는 거야.
지금껏 했던 방식이 잘못되어서 실패한 것이라면 결국 방
식을 바꿔야 하지 않겠어? 실패해서 궁하게 되었는데도 변
화가 무서워서 그 방식을 고수한다면 아무리 열심히 노력
한다고 해도 실패에서 벗어날 수가 없겠지. 그래서 변화는
바로 나 자신부터 시작되어야 하는 거야.

홍 팀장 내가 아닌 다른 사람이 잘못해서 일을 그르쳤다고 하면 내
책임을 면할 수 있으니 주변 탓, 환경 탓을 많이 하게 되잖
아요. 내가 잘못한 것이 아니라 상황이 나빠서 어쩔 수 없었
다고 하면 적어도 죄책감에서 벗어날 수는 있으니까요.

공 부장 다른 사람이나 환경 때문에 문제가 생기고 일을 그르치는
상황도 분명히 있지. 하지만 정말 문제를 해결하고 싶다면
먼저 나 자신부터 돌아보고 변화할 수 있어야 해. 다른 사람
이나 환경을 내 마음대로 변화시킬 수는 없으니까 말이야.

홍 팀장 나 자신이 먼저 변해야 하는 것은 정말 맞는 것 같습니다.
저도 항상 무슨 문제가 있으면 은근히 팀원들을 탓하거나
상황을 불평했거든요. 하지만 문제는 그대로인 경우가 많았
습니다. 심지어 더 나빠질 때도 있었고요. 그런데 나 자신을

변화시켜야 하는 것은 알겠는데 어디에서부터 시작할지 막막합니다.

공 부장 하하. 이미 시작했잖아? 변화에 대한 필요성을 절실히 느껴야 방법도 찾을 수 있어. 하지만 변화가 필요하다고 해서 너무 지엽적인 문제에 매달리진 마. 팀도 마찬가지야. 변화와 혁신을 외치면서 정작 하는 일이라고는 30분 일찍 출근하기, 월 1회 제안하기, 업무리스트 작성하기 등을 강요하지. 정작 중요한 것은 하지 않으면서 말이야.

홍 팀장 정작 중요한 일이란 건 뭔데요?

공 부장 공부. 개인은 물론 조직에서도 변화를 일으키는 힘은 공부를 통해서 얻을 수 있다고 봐. 사람들이 변화나 혁신을 하겠다고 하면서 매번 실패하는 이유도 더 이상 공부를 하지 않기 때문이야.

우리에겐 무언가 거창한 일을 해야만 진정한 변화를 했다고 생각하는 버릇이 있어. 하지만 변화는 어쩌다 한 번 했다고 해서 되는 것도 아니고, 한 번 크게 변했다고 해서 변화가 끝난 것도 아니야. 변화란 날마다 쌓아나가야 하는 거야. 고대 중국 은나라의 탕왕은 세숫대야에 '구일신苟日新 일일신日日新 우일신又日新'이라고 새겨두고 날마다 자신을 새롭게 변화시켜나갔다고 해. 우리가 '일신우일신日新又日新'이라고 줄여서 말하는 이 말의 뜻은 '진실로 하루를 새롭게,

날마다 새롭게, 또 새롭게'***라는 뜻이야. 단 하루도 새롭게
변화하는 것을 멈추지 않겠다는 확고한 결심이지.

혹시 나태해질지도 모르는 자신을 다잡기 위해 세숫대야에
새겨두고, 아침마다 그 글귀를 마주하며 스스로 마음을 굳
게 한 덕분에 탕왕은 중국 역사에 남을 훌륭한 황제가 될 수
있지 않았을까?

팀장의 그릇에
한 가지 음식만 담지 마라

홍 팀장 날마다 새롭게 하기 위해서는 어떤 일을 해야 할까요?

공 부장 마음을 다잡는 것도 필요하지만, 반드시 공부를 통한 성장
으로 뒷받침해야 해. 왜냐하면 변화는 현재 자신의 부족함
을 깨닫고 자신이 원하는 이상적인 사람이 되려고 노력하
는 것을 뜻하기 때문이지.

현실과 이상의 차이를 메우는 것이 바로 변화이고, 메울 수
있게 해주는 것이 공부거든. 『논어』에서 가르쳐주는 것 또
한 그거야. 평범한 사람도 노력하면 이상적인 인간이 될 수
있다는 '가능성'의 철학이 바로 『논어』야.

홍 팀장 어떤 공부를 해야 할까요?

공 부장 지식의 습득에 그치는 공부가 아니라, 스스로 돌아보는 성
찰, 가치관의 확립, 그리고 인생관의 성숙을 도와주는 공부.
즉, 인문학 공부가 되어야겠지. '다른 사람을 위한 공부가
아니라 나 자신을 위한 공부' 말이야. 그래서 맹자는 '학문
의 길이란 놓아버린 마음을 찾는 것일 뿐이다'라고 말하기
도 했어.

이런 공부를 통해 내 삶의 의미를 성찰하고, 올바른 가치관
과 폭넓은 인생관을 얻게 된다면 그것이 바로 진정한 변화
가 아닐까? 그래서 말인데, 악성채무자들을 설득시키고 변
화시킬 만한 좋은 아이디어가 없을까?

홍 팀장 사실은…… 생각이 드는 게 하나 있는데요.

공 부장 그래? 뭔데?

홍 팀장 부장님이 말씀해주신 것처럼, 그들과 함께 인문학 공부를
해보면 어떨까요?

공 부장 인문학 공부를?

홍 팀장 네. 『논어』를 함께 읽어도 좋고요. 제가 부장님과 『논어』 이
야기를 하면서부터 생각하는 법이 크게 달라졌거든요. 그들
이 괴로운 이유는 과거의 일에서 벗어나지 못하기 때문 아
니겠습니까. 현재 새로운 기회가 있는데도 계속 과거의 기
억에 붙잡혀 있을 뿐 눈을 뜨지 못하고 있는 것 같아 안타깝
더라고요.

한 가지만 수용하는 그릇이 되지 마라

공 부장 음…… 좋은 생각이야.

홍 팀장 구체적으로 어떻게 할지는 발전시켜봐야겠지만…….

공 부장 그래! 나도 연구를 해볼 테니까 정식으로 회의를 해보자고. 변화에 대한 이야기가 나왔으니 말인데, 지금 홍 팀장이 변화하기 위해 가장 필요한 공부는 무엇이라고 생각해?

홍 팀장 지금 저한테 가장 필요한 공부는…… 우선은 좋은 팀장의 자질을 갖추기 위한 공부가 필요할 것 같습니다. 인생 선배이자 상사이신 부장님 조언이 절실합니다. 제가 앞으로 어떤 방향으로 나아가야 하겠습니까?

공 부장 좁은 우물에서 스페셜리스트 역할을 하던 습관에서 벗어나서 더 크고 넓게 보는 제너럴리스트가 되는 공부가 필요하다는 생각이 들어. 제너럴리스트는 통합적 인재라고 볼 수 있을 거야. 자신의 전문성이라는 좁은 우물에서 벗어나 폭넓은 지식과 사고의 폭을 가진 사람을 말하지.

홍 팀장 제너럴리스트요? 전 오히려 제 전문 분야를 더 깊게 파야 하나 싶었어요.

공 부장 『논어』에 군자불기君子不器라는 말이 있지. 직역하면 "군자는 그릇이 아니다"라는 뜻이야. 이 말은 잘못하면 오해의 소지가 있어. 공자가 말했던 이 말의 진정한 의미는 '군자란 한 가지 역할만 하는 그릇 같은 존재가 아니'라는 뜻으로 넓게 봐야 해. 팀장의 역할 또한 이 그릇에 비유할 수 있겠지.

홍 팀장   그릇 하나에 한 가지 음식만 담지 말라는 말씀이시군요.

공 부장   지금은 거대한 융합의 시대야. 과학과 인문학이 만나고, 동
양과 서양이 만나고, 철학과 IT가 만나는 시대. 이런 시대에
는 한 가지 전문지식만으로는 창조적인 결과를 내지 못해.
그렇기 때문에 다양한 프로젝트를 이끄는 팀장은 한 가지
만 수용하는 그릇이 되어서는 안 되는 거야. 다양한 개성을
지닌 팀원들을 수용하고 넓고 깊게 볼 수 있어야 해.
홍 팀장은 팀원들이 어떤 능력을 갖고 있는지 알고 있었나?
그들의 가치관에 대해서는? 팀원들의 능력과 그들의 직책
을 어떤 식으로 연결했지? 그들의 직무상 포부와 희망을 생
각해본 적은? 그리고 팀원들과는 어떤 식으로 소통했지?

홍 팀장   …….

공 부장   팀원들에 대한 것뿐만이 아냐. 팀장으로서 스스로 던져봐
야 할 질문은 수없이 많아. 팀에서 개선이 필요한 점은 무엇
이지? 프로젝트를 진행할 때 지금보다 잠재적 가능성이 있
는 부분은 어디이며 무엇으로 근거를 삼아야 하지? 새로운
아이디어를 구현하기 위해 사내외의 어떤 사람들과 협조해
야 하지? 창의적인 발상을 구현하기 위해 내 전문 분야 외
에 어떤 분야의 지식을 참고할 수 있을까? 어때? 이런 질문
들에 답하려면 자신의 전문 분야만으로는 해결할 수 없지
않을까?

쏟아지는 질문을 여름날 장맛비처럼 맞으면서도 홍 팀장은 어느 것 하나에도 시원한 답을 할 수가 없었다. 팀장이 된 후 팀을 건사하기는커녕 자기 앞가림을 하기도 바빴던 것이다. 유통팀의 몰락은 이 부장의 계략이나 팀원들의 무능함 탓이 아니었다. 결정적으로 리더십이 부족했던 자신의 책임이었다.

그릇을 키우는 말

* "하늘이 장차 그 사람에게 큰 사명을 내리려 할 때는 먼저 그의 심지를 괴롭게 하고, 뼈와 힘줄을 힘들게 하며, 육체를 굶주리게 하고, 그에게 아무것도 없게 해 그가 행하고자 하는 바와 어긋나게 한다. 마음을 격동시켜 성질을 참게 함으로써 그가 할 수 없었던 일을 더 많이 할 수 있게 하기 위함이다."

天將降大任於是人也 必先苦其心志 勞其筋骨 餓其體膚
空乏其身 行拂亂其所爲 所以動心忍性 曾益其所不能
천 장 강 대 임 어 시 인 야　필 선 고 기 심 지　노 기 근 골　아 기 체 부
공 핍 기 신　행 불 란 기 소 위　소 이 동 심 인 성　증 익 기 소 불 능

－『맹자』「고자하」 15 －

인생을 살다 보면 도무지 이해할 수 없는 일이 생길 때도 있고, 견디기 힘든 고난을 겪기도 한다. 그럴 때는 왜 하필 나에게 그런 일이 생기는지 사람과 세상, 나아가 하늘을 원망하기도 한다. 하지만 어려운 상황은 상황 자체가 문제가 아니라 그 상황에 대하는 마음이 문제다. 앞이 꽉 막혔다고 느낄 때 반드시 새겨야 할 맹자의 가르침이다.

** "궁하면 변해야 한다. 변하면 통하고, 통하면 오래 간다."

窮卽變 變卽通 通卽久
궁 즉 변   변 즉 통   통 즉 구
- 『주역』 「계사전」 -

『주역』은 주나라의 역이라는 뜻이다. '역易'의 뜻이 '바뀌다'라는 데서도 알 수 있
듯이 주역은 변화하는 세상을 어떻게 살아야 할지 가르쳐주는 책이다. 영어권에
서는 『주역』을 'The Classic of change(변화의 고전)'이라고 번역했다. 위의 구절
은 주역에서 말하는 변화의 본질을 잘 말해주고 있다. 인생에서 겪어야 하는 고
비를 이겨나가기 위해서는 변화하는 세상을 알고 스스로 변할 수 있어야 한다.
'변화'는 단순히 고난을 이기는 것뿐 아니라 성공하는 삶을 살아가는 데도 꼭 필
요한 덕목이다. "change(변화)에서 g를 c로 바꾸면 chance(기회)가 됩니다." 빌 게
이츠가 한 이 말처럼 오늘의 그를 만든 것은 바로 '변화'이다.

*** "진실로 하루를 새롭게, 날마다 새롭게, 또 새롭게."

苟日新 日日新 又日新
구 일 신   일 일 신   우 일 신
- 『대학』 「장구」 -

고대 중국 은나라의 탕왕이 세숫대야에 써놓고 날마다 새겼던 글이다. 흔히 변
화와 개혁은 단번에, 마치 이벤트처럼 이루어지는 것으로 여긴다. 하지만 진정한
혁신이란 날마다, 조금씩 변화를 쌓아나가는 것이다. 하루아침에 완전히 바뀌는
것은 멋있어 보일지는 몰라도 지속성은 없다. 어제보다 더 나은 나, 오늘보다 더
새로운 내일을 하루하루 만들어갈 때 진정한 혁신이 있고 발전이 있다.

03 고기양단
정체의 늪을 벗어나는 방법

고기양단
叩其兩端
"길을 두 갈래로 나누어 두드리다."
- 『논어』 「자한」 -

아는 것에 배움을 더하면
누가 따라올 수 있을까?

　며칠 동안 홍 팀장은 『논어』 이야기를 꺼내지 않았다. 그만큼 지난 번 공 부장과 나눈 대화에서 받았던 충격의 여파가 컸다. 당연히 자신은 실력에 따라 팀장이 되었다고 생각했지만 자신이 생각한 실력과 팀장이 갖추어야 할 실력은 차이가 컸다. 자기 생각에 취해 있었으니 객관적인 자신의 모습을 볼 수 없었던 것이다. 홍 팀장은 자신의 실체와 비로소 마주한 기분이었다. 아직 어른이 되려면 멀어도 한참 멀었다는 생각이 곱씹을수록 들었다.

공 부장 지난번에 자네가 낸 아이디어 말이야. 악성채무자를 대상으로 인문학 공부를 하자고 했던.

홍 팀장 네…… 그때는 신이 나서 말씀드렸는데 다시 생각해보니 제가 너무 앞서갔나 봅니다.

공 부장 아니, 그새 왜 이렇게 풀이 꺾였어? 자신감 넘치던 모습은 다 어디로 간 거야?

홍 팀장 저도 부족함이 많은데 인생 경험이 저보다 풍부한 분들을 모셔다놓고 잘난 척하고 싶지 않아서요. 『논어』 조금 읽었다고 치기 어린 생각을 했나 봅니다.

공 부장 하하하. 우리가 누굴 가르칠 입장이 못 되는 것은 사실이지. 하지만 『논어』를 같이 읽고 이야기를 나눌 수는 있지 않겠어? 『논어』를 가르치는 게 아니라 그들의 생각을 듣는 시간이라고 생각하면 어떨까? 나는 굉장히 유익할 것 같은데?

홍 팀장 정말 괜찮을까요?

공 부장 우리가 지금까지 의논했던 어떤 방법보다 훨씬 좋다고 생각해. 당장이라도 한번 시작해보자고! 우리나 그들이나 배움에 있어선 똑같으니까.

홍 팀장 아이디어가 괜찮다고 해도 걱정이 있습니다. 당장 먹고사는 현실에 도움이 되지도 않는 일이라고 생각할 텐데, 과연 누가 와줄까요?

공 부장 그거야 모르지. 하지만 한번 실현해보고 싶지 않아? 목표가 생겼으니까 이제 추진해야지. 홍 팀장, 공자의 제자 중에 자로 있지?

홍 팀장 『논어』에 수없이 등장하는 사람이죠. 아마 제일 많이 나오지 않을까요? 거칠고 용맹하지만 그다지 지혜롭지는 못했는지 매번 공자에게 혼이 나는 제자잖아요.

공 부장 맞아. 자로는 공자의 수제자로 꼽히던 안연이나, 현명하다고 인정받던 제자인 자공보다도 더 많이 등장하는 제자지. 한량 출신이라서 학문적인 깊이는 내세울 게 없었지만 그 우직함과 솔직함 때문에 공자의 사랑을 많이 받았던 제자라고 할 수 있어. 물론 꾸중도 많이 들었지만 공자는 자로를 내심 아끼고 사랑했던 것은 분명해. 제자 중에서 가장 나이가 많아서 공자와 스스럼없이 대화를 나눌 수 있었고, 공자역시 가장 편하게 대했던 제자였고. 그런데 공자와 자로가처음 만난 이야기가 재미있어.

자로는 공자를 처음 만났을 때 칼 쓰기를 좋아하는 한량이었다고 해. 그런데 공자는 자로를 제자로 삼고 싶어 했어. 그래서 자로를 보자마자 질문을 던졌는데, "너는 무엇을 좋아하느냐?"라고 했더니 자로가 "저는 긴 칼을 좋아합니다"라고 대답했어. 그러니까 공자는 "내가 물었던 것은 그것이아니다. 너는 네가 아는 것만 가지고 대답을 하는데, 그것에배움을 더하면 감히 누가 따라올 수 있겠는가?"라고 말했지. 공자는 왜 굳이 자로에게 배움을 권했을까?

홍 팀장 글쎄요, 한량이랍시고 칼을 차고 거들먹거리는 자로를 보고 안쓰러워서 구제하고 싶었던 걸까요?

공 부장 하하하. 홍 팀장 말도 틀리진 않겠지만 그보다는 더 근본적인 이유가 있지. 공자는 제자를 받아들일 때 사람을 차별하지 않았어. '유교무류有教無類'*를 강조했지. 가르침에는 차등이 없다는 생각에서였어. 배움의 유익함은 특별히 고상하고 훌륭한 일에만 한정되는 것이 아니라는 거야.

어떤 일을 하든, 어떤 신분의 사람에게든 공부가 유익하다는 가르침이야. 하다못해 자로와 같이 건달 일을 할 때도 배움이 있다면 남보다 훨씬 더 잘할 수 있을 테니까.

홍 팀장 자신의 전문성에 배움을 더하면 더 크고 넓어진다는 말씀인가요?

공 부장 그렇지. 자로가 '배움에는 무슨 유익함이 있습니까?'라고 물으니 공자는 이렇게 말했어. "무릇 임금이라도 간언해주는 신하가 없으면 올바르지 못하게 되고, 선비도 함께 배우고 가르쳐주는 친구가 없으면 배운 것을 잃게 된다. 길들지 않은 말을 다루려면 손에서 채찍을 놓을 수가 없고, 활을 쏘려면 활 조종간을 따르지 않으면 안 된다. 나무가 먹줄을 따라야 반듯해지듯이 사람도 충고하는 말을 들어야 반듯해지는 법이다. 만약 어진 사람을 해치고 선비를 미워한다면 틀림

없이 형벌을 면치 못하게 된다. 그래서 누구에게든 반드시 배움이 필요한 법이다."

지식만 공부한 사람은
잘 훈련된 개에 가깝다

홍 팀장 결국 공부란 것이 위로는 임금으로부터 아래로는 시장의 한량에 이르기까지 어떤 삶을 살더라도 반드시 필요한 덕목이라는 것이군요. 만약 공부로 반듯해지지 못한다면 결국 잘못된 인생을 살게 되고, 심하면 형벌에까지 이를 수도 있고 말입니다.

공 부장 맞아. 그런데 자로는 공자의 그 말도 이해를 못해서 이렇게 되물었어. "남산에 소나무는 잡아주지 않아도 반듯하게 자라고 그것을 잘라서 화살로 쓰면 물소의 가죽도 뚫을 수 있습니다. 이것으로 미루어 본다면 꼭 학문이 필요하겠는지요?" 그러자 공자는 이렇게 쐐기를 박았어. "화살에 깃을 꽂고 앞쪽에는 촉을 갈아서 박는다면 그것이 얼마나 깊이 박히겠는가?" 결국 자로가 수긍하며 공자의 제자가 되었고, 죽을 때까지 충직히 학문을 닦는 삶을 살 수 있게 되었지.

홍 팀장 자로는 무술을 하는 무사였잖습니까. 그러니까 공자가 공부

를 통해 화살을 더 잘 쏠 수 있다고 한 것은 실무능력을 향

상시키는 데 공부가 필요하다는 말인 거죠?

공 부장 그렇지. 그런데 그게 다는 아니야. 이 이야기에서 공자가 말

하는 공부란 어떤 일을 하더라도 도움이 되는 공부를 말해.

우리가 계속해서 말하고 있는 '진짜 공부' 말이야.

만약 공자가 화살을 더 잘 쏘기 위한 특별한 기술을 말해주

거나 칼을 더 잘 쓰기 위한 검법을 가르쳤다면 실무를 더 잘

하기 위한 공부라고 할 수 있겠지. 하지만 공자는 뭐라고 말

했지? 화살을 더 깊이 박기 위해서는 뒤에는 깃을 꽂고 앞

에는 무거운 화살촉을 심으라고 했잖아?

이것이 바로 오늘날 말하는 창의적인 발상이 아닐까? 단순

히 칼만 휘둘러서는 도저히 깨우칠 수 없는 경지라고 할 수

있지. 업무에 새로운 바람을 불어넣고 창의적인 발상을 할

수 있는 능력은 단순한 실무능력만으로는 얻을 수 없어. 인

문 공부를 통해 생각의 폭을 넓히고 자신이 하는 일에 대해

분명한 의미를 찾을 때 폭넓은 사고를 할 수 있지.

홍 팀장 네. 무슨 말씀이신지 알겠습니다. 『논어』를 공부하는 것도

그렇고, 결국 인문학의 중요성은 아무리 강조해도 지나침이

없는 거네요.

공 부장 그렇지. 인문학의 중요성을 강조한 사람으로 우리가 처음에

스티브 잡스를 이야기하기도 했는데 인문고전의 중요성을

강조한 사람이 또 한 명 생각나는군.

홍 팀장 누구인가요?

공 부장 아인슈타인. 아인슈타인은 《뉴욕타임스》 칼럼에서 전문적인 지식만 공부한 사람들은 '잘 훈련된 개'에 가깝다고 하면서 사람들에게 '올바른 가치관과 관계형성, 삶의 의미, 환상, 고통을 이해하는 법을 체득하게 하는 인문학 공부를 해야 한다'고 강조했지.

홍 팀장 세계 최고의 과학자가 자신의 전공 분야인 과학이 아니라 인문학 공부를 강조한 거군요. 이제야 조금 기운이 다시 샘솟네요. 역시 부장님과 이야기를 하고 나면 저도 모르게 생각이 정리됩니다. 어쩔 땐 지혜의 여신과 직접 만나진 못했어도 옷자락을 살짝 스친 기분마저 들거든요. 부장님께서 그 많고 많은 책들 중에서 왜 굳이 『논어』를 권하셨는지도 점점 더 깊이 알게 되는 것 같습니다.

나는 아무것도 아는 것이 없다,
최선을 다해 알맞은 답을 찾을 뿐

공 부장 『논어』의 가르침은 특정한 시대, 특정한 사람, 특정한 상황에만 해당되는 것이 아냐. 즉 남의 이야기가 아니라 우리 자신의 이야기가 된다는 뜻이지. 그래서 나도 읽을 때마다 다른 것을 배우게 돼.

홍 팀장 한 번 읽고 끝내는 책이 아니라는 말씀이시죠?

공 부장 공자가 석가·예수·소크라테스와 함께 세계 4대 성인이라는 것은 자네도 잘 알고 있겠지? 공자를 흔히 동양사상의 기초가 된 인물이라고 알고 있지만 서양에도 큰 영향을 미친 인물이야. 특히 17세기 이후의 서양사상엔 지대한 영향을 끼쳤지. 프랑스 계몽주의 철학자 볼테르는 공자를 '인류 최고의 지성'이라고 극찬한 바 있으며, 미국의 3대 대통령이자 독립선언문의 기초를 잡은 토머스 제퍼슨이 대통령이 되기 전에 공자학회 회원이었다고 해. 이처럼 공자는 동양과 서양, 고대와 현대를 넘나들면서 2500년의 세월이 지나도록 지금도 우리 정신의 뿌리가 되고 있지. 특히 정치인과 학자, 사업가를 막론하고 리더십을 키우는 데는 『논어』만한 책이 없다고 생각해.

홍 팀장 공자 말씀이 때와 장소를 가리지 않고, 직위와 사람을 구분하지 않으니 악성채무자들에게도 반드시 도움이 되겠지요? 하지만 여전히 염려가 됩니다. 저희야 『논어』가 훌륭하다는 것을 알지만 그들도 그렇게 생각할까요? 막상 인문학 아카데미를 시작해도 아무도 오지 않는다면 허사일 텐데요.

공 부장 일이 반드시 그렇게 될 것이라고 정답을 정해둘 필요가 있을까? 팀장으로 프로젝트를 진행할 때 100퍼센트 될 일만 맡아서 했었어?

홍 팀장 그건 아니긴 하지만…… 솔직히 말씀드리면 이번 일은 정말 어떻게 될지 감조차 잡을 수가 없습니다.

공 부장 하하하. 일이야 하는 사람의 몫이지. 『논어』를 읽는 인문학 아카데미이니 어려움에 대한 실마리도 『논어』에서 찾으면 어떨까? '고기양단叩其兩端'이라는 말이 있어. 길을 두 갈래로 나누어 두드린다는 뜻이지.

공자는 자신은 아는 것이 아무것도 없다고 했어. 비천한 사람이 묻더라도 다만 두 상황을 살펴 최선을 다해 알맞은 답을 찾을 뿐이라는 거야. 우리는 어떤 것에 대해 안다고 생각하지만 우리가 아는 것은 극히 일부에 지나지 않아.

귀로 들은 것만 알거나 머리로 이해하는 것에 그칠 뿐, 몸으로 알고 실천하는 데까지 이르는 일은 드물잖아? 배움은 몸으로 아는 단계가 되어야 해. 몸이 알고 움직이면 머리는 오히려 텅 비게 되니까.

운전할 때를 생각해봐. 초보일 때는 언제 브레이크를 밟을지 어떻게 와이퍼를 작동시키는지 생각하느라 바빠서 돌발적인 상황에 제대로 대응하지 못하기도 해. 아직은 머리에 든 지식으로 운전을 하는 단계라고 할 수 있지. 하지만 베테랑이 되면 생각하지 않아도 몸이 저절로 움직이게 되지.

공자가 스스로 아무것도 아는 것이 없다고 한 말은 학문 앞에서 스스로를 낮추는 겸손과 함께 머릿속에 고정된 지식을 넣어두고 있지 않다는 뜻이 아닐까? 그래야 다양한 상황 앞에서 객관적이면서도 유연한 판단을 내릴 수 있으니까 말이야. 우리가 처해 있는 상황은 콘크리트처럼 굳어 있는 게 아니라 마치 살아 있는 생물처럼 움직이고 있어. 불과 한 달 전만 해도 지금과는 많이 달랐잖아?

홍 팀장 네. 저만 해도 상당히 많이 달라졌으니까요.

공 부장 내 마음과 생각이 변하듯, 상황이 변하듯, 우리 삶에서 변하지 않는 것은 아무것도 없어. 고통도 행복도 영원히 지속되는 것은 없으니까. 우리가 처한 이 상황도 언젠가는 끝이 나기 마련이지. 삶 자체가 변화인데 고정된 방식으로 문제를 해결하려고 들면 위험해. 그러니 우리도 반대되는 두 상황을 모두 살펴보면서 최선을 다해 '지금 이 순간'에 적절한 답을 찾아보면 어떨까?

홍 팀장은 가만히 고개를 끄덕였다. 어떤 상황이 오더라도 자신이 할 수 있는 일이 있을 것이었다. 몸속 깊은 곳에서부터 새로운 감각이 차오르는 것을 느꼈다. 예전과는 다른 느낌이었다. 팀장이 된 이후 처음 느껴보는 기분 좋은 느낌, 할 수 있다는 자신감이었다.

그릇을 키우는 말

* "가르침에는 차별이 없다."

有教無類

유 교 무 류

- 『논어』 「위령공」 38 -

'유교무류'는 공자가 했던 말 중 가장 많이 알려져 있는 것 중의 하나다. 공자는
약 3000명의 제자를 가르치면서 그 출신성분에 어떤 차등도 두지 않았다. 공자
가 가장 아끼는 제자들인 공문십철孔門十哲 중에서도 자로, 자공, 중궁 등은 출신
이 빈약했지만 훌륭한 선비로 성장했고, 혼란의 시대에 중요한 공직을 맡아 제몫
을 할 수 있었다. 이러한 관점에서 보면 '유교무류'는 교육을 통해 차이를 없앤다
는 의미도 가지고 있다. 오늘날 가난과 열악한 환경에 처한 사람들에게 차등 없
이 교육의 기회가 주어져야 하는 이유다.

04 인자요산
큰일을 이루려면 외로움을 견뎌라

지자요수 인자요산 지자동 인자정 지자락 인자수

知者樂水 仁者樂山 知者動 仁者靜 知者樂 仁者壽

"지혜로운 사람은 물을 좋아하고 인한 사람은 산을 좋아하며,
지혜로운 사람은 활동적이고 인한 사람은 정적이며,
지혜로운 사람은 즐겁게 살고 인한 사람은 장수한다."

- 『논어』 「옹야」 -

답을 미리 정해두고
일을 하지 마라

인문학 아카데미를 본격적으로 출범시키기 위해 홍 팀장은 악성 채무자들 중에서 상위 그룹에 속하는 이들을 직접 만나서 설득을 하려고 했다. 그러나 공 부장은 리스트에 오른 모든 사람들에게 일 단은 전부 알리자고 했다. 두 사람은 인문학 아카데미를 놓고 처음 으로 의견이 엇갈렸다. 이에 대한 공방은 퇴근 후 술 한잔을 할 때 까지 계속되었다.

홍 팀장 부장님께서도 말씀하신 것처럼 이분들이 모두 같은 범주에

속하는 사람들이 아니잖아요. 억울하게 사업을 접은 분들도 계시지만 남에게 고의적으로 폐를 끼치고 자신의 이익만 챙긴 사람들도 있고요. 모든 사람들에게 함께 『논어』를 공부하자고 하는 건 시간 낭비 아닐까요? 선택과 집중이 필요하다고 봅니다.

공 부장 선택과 집중이라…… 할 만한 사람들에게만 기회를 주자는 거야?

홍 팀장 네. 우리 팀에 저랑 공 부장님 두 명밖에 없는데 인적자원을 최대한 효율적으로 써야 하지 않겠습니까?

공 부장 듣기엔 일리가 있군. 하지만 그중에 누가 관심이 있을지 어떻게 알지?

홍 팀장 우선 회사의 잘못으로 피해를 본 분들 중심으로 만나보면 어떨까요? 가장 관심도가 높을 것 같은데요.

공 부장 그렇게 생각한 근거는 무엇이지?

홍 팀장 단계별로 나눴을 때 회생 가능성이 가장 높다고 여긴 제1그룹에 속하는 사람들이기 때문입니다.

공 부장 제1그룹에 속하는 것과 인문학 아카데미에 참가할 가능성이 높다는 것이 어떻게 연결되지? 그것에 대한 근거를 묻는 거야.

홍 팀장 그거야 상식적으로 생각해봐도 당연하지 않습니까?

공 부장 홍 팀장이 말하는 상식이 무언지 난 잘 모르겠는데? 그러니

큰일을 이루려면 스스로 큰 그늘이 되어라

처음부터 다시 짚어보자고. 우리가 채무자들을 단계별로 나눈 이유가 뭐라고 생각하지?

홍 팀장 처한 상황이 다르니까 비슷한 분들끼리 묶어서 어떻게 접근하는 것이 좋을지 생각해보자는 취지였다고 봅니다.

공 부장 그렇지. 각자 처한 상황도 다르고 그 상황에 이르게 된 이유도 다르기 때문에 같은 기준으로 접근하면 오히려 부작용이 더 크다고 생각했기 때문이야. 그래서 상황을 먼저 판단한 후에 각자에게 가장 알맞은 방법을 찾아서 접근하려는 것이었지. 그런데 지금 우리가 하려는 인문학 아카데미는 그것과는 전혀 상황이 다르잖아? 지금 홍 팀장이 '상식'이라고 내민 '선택과 집중'은 홍 팀장이 예전에 쓰던 방식이었겠지. 지금까지는 제법 효과적이었을 테고.

그런데 우리가 지금 시도하는 일은 그전과 같아서는 안 돼. 이론에 끼워 맞추지 않고 현장의 감을 따라가는 것이 더 효과적이지 않을까? 이번 일은 우리 중 누구도 해본 적이 없는 일이기 때문이야. 새 술은 새 부대에 담으라는 말이 있듯, 이번 일에 맞는 방식이 따로 있다고 생각해.

홍 팀장 ……그 방식이 무엇입니까?

공 부장 유교무류有敎無類. 가르침만 있을 뿐 대상에 차별을 두지 않는 거야. 그들 중에서 배움을 필요로 하는 사람들이 누구일지 왜 우리가 먼저 정해야 하지? 우리가 할 일은 인문학 아카데미의 좋은 점을 알려서 그들로 하여금 자신의 삶을 생각해볼 수 있는 계기를 만드는 일이지, 누가 와서 들을 것인지를 판단하는 일이 아니야.

업무 효율을 위해서 세 그룹으로 분류했지만 배움의 기회를 주는 일에서는 구별을 두어서는 안 된다고 생각해. 만약 우리가 최하위 그룹으로 분류했던 사람이 교육으로 변화할 수 있다면 두 배, 세 배의 성과가 나지 않을까? 답을 미리 정해 두고 일하는 것은 제대로 일하는 방식이 아니야. 정답을 정해두는 것은 작은 나무 그늘을 찾아 잠시 햇빛을 피해 들어가는 행동이라고 볼 수 있어. 그런 일은 누구라도 할 수 있겠지. 하지만 내가 홍 팀장에게 기대하는 것은 그보다 더 큰 일이야.

홍 팀장 어떤 큰 일이요?

공 부장 진정으로 그들을 돕고 싶다면 작은 나무 그늘을 찾아다니지 말고 홍 팀장이 큰 나무 같은 존재가 되어야 해. 넉넉한 그늘을 만들어 사람을 가리지 말고 누구라도 올 수 있도록. 작은 그늘을 쫓아다니면 당장 눈앞의 성과를 올리는 일은 할 수 있겠지. 하지만 큰일을 이루려면 자네가 큰 그늘이 되어 사람들이 찾아오도록 해야 해. 그러니 이 일은 이렇게 해야 한다는 고정관념에서 벗어날 필요가 있어.

홍 팀장 정답을 정해두면 고정관념에 사로잡힐 수 있다는 것은 잘 알겠습니다. 머리로만 이해한 지식엔 한계가 있다는 것도요. 그래도 선택과 집중이 효과적이라는 생각을 버리긴 어렵습니다. 지금까지 그것이 제가 일할 때의 원칙과 소신이었으니까요. 원칙과 소신을 지키는 것이 중요하다고 모두 말하지 않습니까?

공 부장 물론 그렇지. 선택과 집중도 '어떤 일'을 할 땐 지켜야 할 원칙이 될 수 있겠지. 하지만 항상 그런 것은 아니야. 공자도 자신의 원칙과 소신을 지킨 인물이지. 그러나 그가 따른 원칙과 소신은 우리와는 사뭇 달랐어. 그는 오직 '인'한 길을 걷는 것을 지켰으니까. 유교무류도 그와 같은 맥락에서 한 말이고.

지혜로운 사람과
인한 사람은 무엇이 다른가?

홍 팀장 그렇다면 '인'이란 무엇입니까?

공 부장 자네가 생각하는 '인'은 무엇인가?

홍 팀장 제가 생각하는 '인'은……, 잘 모르겠습니다.

공 부장 스스로 답을 찾고 구해보는 게 더 깊이 이해할 수 있을 거야. 한 가지 공부 방법을 알려주자면, 뜻을 명확히 해보면 길이 보인다는 거야. 그냥 혼자 생각해서 답을 내리지 말도록!

'인'은 『논어』에서 가장 많이 나오는 말이지만 아직 그에 대해 깊이 생각해보지 못했다. 홍 팀장은 민망해졌다. 공 부장에게서 답을 듣기만을 바라던 것은 아니었는지 반성도 되었다. 공 부장의 공부 방법을 되새기며, 우선 사전을 통해 그 뜻을 찾아보았다. 국어사전에는 '인'이란 '어질고 자애로움'이라고 되어 있고, 그다음으로 '유교의 가장 중심적인 도덕 및 정치이념'이라고 되어 있었다. 유교의 시조라고 할 수 있는 공자가 주장했던 도덕의 핵심이었다.

그다음 『논어』에서 '인'에 대해 언급된 것들을 찾아보았다. 공자가 주장했던 핵심답게 역시 『논어』에는 '인'에 대한 많은 이야기들이 나와 있었다. 공자는 주로 제자들의 질문에 대답을 하는 형식으로 '인'에 대해 가르침을 주고 있었다. 하지만 사람에 따라서 그 대답이 제각각이어서 요점을 찾아내기가 어려웠다. 그래서 먼저 공자가 어떤 사람을 인한 사람이라고 했는지를 찾아보았다.

공자는 설사 다른 사람들이 훌륭하다고 인정하는 사람들조차 쉽게 인한 사람이라고 인정하지 않았다. 특히 소인小人은 결코 인한 사람이 될 수 없고 군자 중에서도 모든 사람이 다 인한 사람은 아니라고 했다. 그래서 공자의 제자 중에서는 수제자 안연만이 석 달 동안이나 '인'에 어긋나지 않았으나 나머지 사람들은 하루나 한 달에 한 번 '인'에 이를 뿐이라고 했다. 결국 '인'이라는 것은 군자 중에서도 특별한 사람만이 지킬 수 있는 어려운 덕목이라는 것이라는 생각이 들었다.

공자는 맹무백이라는 사람이 제자 자로가 인한 사람이냐고 묻자 잘 모르겠다고 대답했다. 염구에 대해서도 같은 질문을 하자 역시 모르겠다고 했다. 적에 대해서도 역시 모르겠다고 말했다. 공자는 심지어 이런 말도 하고 있었다.

"남을 이기려고 하지 않고, 자기를 과시하지 않고, 남을 원망하지 않고, 욕심을 내는 일을 하지 않는 사람조차 하기 어려운 일을 하는 사람인지는 모르지만 인한지는 모르겠다."

사람마다 제각각 다른 측면에서 '인'을 말했던 것 같기는 하지만, 지혜로운 사람과 인한 사람을 비교해서 말한 것을 생각하면 더욱 모호하기만 했다.

"지혜로운 사람은 물을 좋아하고 인한 사람은 산을 좋아하며, 지혜로운 사람은 활동적이고 인한 사람은 정적이며, 지혜로운 사람은 즐겁게 살고 인한 사람은 장수한다."

혼란스러웠다. 그밖에 다른 것들도 명확하지 않고 모호하기만 했다. 그래도 한 가지 분명한 사실은 있다고 생각했다. 그것은 바로 말을 함부로 하지 않는다는 것이었다.

"말을 교묘하게 하고 얼굴빛을 꾸미는 사람 중에 인한 사람이 드물다."

공자는 또 제자인 사마우가 '인'에 대해 묻자 이렇게 대답했다.

"인한 사람은 말하는 것을 조심한다."* 이를 보면 요즘 '말이 곧 그 사람 자신이다'라는 말이 공자로부터 비롯된 것이 아닐까 하는 생각이 들기도 했다.

막혔던 둑의 문이 열리고 물이 쏟아지듯 홍 팀장은 '인'에 대한 공부에 빠져들었다. 그동안 공 부장과의 대화를 통해 『논어』의 핵심이 '인'이라는 것을 어렴풋이 알고 있었던 터여서 한번 탐구하기 시작하니 그 재미에 푹 빠져들었다. '인'과 관련해 『논어』를 반복해서 읽었다. 여러 번 읽다 보니 알 듯 모를 듯 뭔가 잡힐 것도 같았다.

그릇을 키우는 말

* "인한 사람은 말하는 것을 조심한다."

仁者 其言也認

인 자 기 언 야 인

- 『논어』 「안연」 3 -

말이 가볍고 경솔한 성향을 지닌 제자 사마우司馬牛가 스승인 공자에게 '인仁'에 대해 묻자 공자가 대답했던 말이다. 인한 사람이 되고 싶다면 먼저 "경솔한 말버릇을 고쳐야 하며, 반드시 실천할 수 있는 말을 해야 한다"는 공자의 맞춤형 교육이라고 할 수 있다.

군자가 되려면 어떻게 해야 하는지를 묻는 사마우에게 공자는 "군자는 근심하지 않고 두려워하지 않는다"고 가르친다. 사마우처럼 근심과 두려움이 가득 차 있는 사람은 말과 행동에서 그런 상태가 드러나게 된다. 말을 잘하려면 먼저 마음을 다스려야 한다.

05 기욕립이립인
혼자 성공하는 이류 리더, 같이 성공하는 일류 리더

부인자 기욕립이립인 기욕달이달인

夫仁者 己欲立而立人 己欲達而達人

"인자는 자기가 일어서려고 하면 남을 먼저 일으켜 세우고
자기가 성공하려고 하면 먼저 남이 성공하도록 돕는다."

- 『논어』「옹야」 -

여유를 잃으면

생각의 미로에 갇힌다

   홍 팀장은 공 부장과의 대화에서 '인'에 관한 화제가 나오기를 기다리고 있었다. 은근히 자신이 생각한 '인'에 대해 이러쿵저러쿵 이야기를 해도 공 부장은 그에 대해 가타부타 말이 없었다. 평소 홍 팀장과 주거니 받거니 하면서 뜸을 들이지 않고 대화를 이어나갔던 것에 비하면 긴 침묵이었다. 홍 팀장도 다른 말을 덧붙이지 않고 잠자코 공 부장이 말을 잇기를 기다렸다. 공 부장이 자리에서 일어나더니 잠시 문가에 서서 밖을 내다보았다. 그러고선 홍 팀장을 불렀다. 두 사람은 문밖에 서서 한동안 바깥 풍경을 바라보았다.

어두운 하늘에 구름이 천천히 이동하고 있었다. 나무 잎사귀가 파르르 바람에 흔들리는 것이 보였다. 바쁘게 길을 걷던 사람들이 나무 아래 잠깐 서 있다가 다시 길을 떠나곤 했다. 이윽고 공 부장이 자리로 돌아가 다시 말을 시작했다. '인'에 대한 이야기가 이어질 것으로 생각했지만 공 부장이 꺼낸 이야기는 홍 팀장에겐 다소 뜻밖의 이야기였다.

공 부장 창밖으로 무엇을 보았지?

홍 팀장 나무들을 보았습니다.

공 부장 나무를 본 이유가 있어?

홍 팀장 부장님께서 말씀하신 게 생각나서요. '나무 그늘을 쫓아다니기보다 나무 그늘을 만드는 사람이 되라'고 하셨지요. 비유로 하는 말씀이려니 했는데 사람들을 쫓지 말고 사람들이 찾아오도록 하라는 말씀이 무슨 뜻인지 다시 생각하게 됩니다.

공 부장 그런가…….

홍 팀장 참 이상하네요. 제가 생각한 '인'에 대해 뭐라고 막 이야기했던 게 갑자기 생경합니다. 나만의 관점으로만 『논어』를 읽고 있었다는 생각도 들어요.

공 부장 그럼 이제 내가 생각하는 '인'을 말해도 될까?

홍 팀장 혹시 일부러 시간을 들이신 이유가……?

공 부장 홍 팀장 머리와 마음속에 자신의 생각으로 가득 차서 혹시라도 내가 하는 말이 논쟁으로 번질까 봐 잠시 뜸을 들였던 거야. 물건으로 가득 찬 방에 새로 하나 물건을 갖다 놓아봤자 의미가 없어. 물건을 꺼내 방을 비우고 자리를 만들어야 새로운 물건이 놓일 곳이 생기는 법이지. 나는 자네와 생각을 교환해서 더 폭넓은 사고를 하고 싶은 것이지 옳다 그르다 논쟁을 할 생각은 없으니까.

홍 팀장 네. 저도 동감입니다.

공 부장 일이라는 건, 마음을 전투적으로 한다고 되는 게 아니야. 여유를 잃으면 자기 생각에 사로잡혀서 한 치 앞도 못 보게 되지. 나는 열심히 한다고 하지만 어디로 가는지 모른다면 눈 감고 걷는 것과 같아. 제자리를 맴돌 뿐 목표한 곳으로 나아가지 못하지.

우리가 『논어』를 읽는 이유도 마찬가지야. 그저 글자만 읽고 해석하는 것으로 그치고 지식으로만 안다면 너무 안타깝잖아. 지식이 아닌 지혜를 구하기 위해서라는 것을 잊지 말게. 지혜가 있는 사람은 열 가지 다른 상황도 한 가지로 꿰뚫을 수 있는 법이니까.

홍 팀장 네. '일이관지'라는 말씀이시죠.

외양에 집착하면
결코 진면목을 찾지 못한다

공 부장 맞아. 이제 내가 생각하는 '인'에 대해 말해볼까? 어쩌면 지
금까지 홍 팀장이 바라는 것, 역량을 강화하고 위기를 타개
하는 방법도 이 한마디 안에 녹아 있을지도 모르겠어.

나는 공자가 제자 번지에게 했던 말에서 그 해답이 있지 않
을까 생각해. "인이 무엇입니까?" 번지가 묻자 공자는 이렇
게 대답했지. "인은 사람을 사랑하는 것이다."

홍 팀장 사람을 사랑하는 것이요?

공 부장 '인'은 공자가 추구했던 가장 기본적인 사상이며 핵심이라
는 말을 예전에도 했었지?

공자가 이루고 싶었던 세상은 '인' 즉, '사랑이 이루어지는
세상'이었어. '인한 사람은 어떠어떠하다'고 말했던 것들 역
시 '마음에 사랑이 있는 사람이 할 수 있는 일'들이라고 할
수 있지. 한마디로 마음에 사랑이 넘치는 사람의 평소 생활
모습을 본다면 '인'이 무엇인지, '인자'가 어떤 사람인지 알
거야. 이게 바로 공자가 말한 '인'의 핵심이라고 나는 생각해.

홍 팀장 공자의 '인'을 한마디로 하면 바로 '사랑'이다……

공 부장 사랑이 아니면 무엇이라고 할 수 있을까? 사람을 사람답게
여기는 인도주의, 그리고 사람을 중심으로 삼은 인본주의

가 바로 '인'의 핵심이지. 공자가 추구했던 이상적인 사회는 '인', 즉 사랑을 바탕으로 사람과 사람 간의 관계가 이루어지는 세상이야. 홍 팀장이 말한 '인'은 '인'을 갖춘 사람들이 나타내는 모습이나 결과로 나타난 행동이라고 할 수 있지만 그 자체가 '인'이 될 수는 없을 거야. 사실 무엇을 알기 위해서는 반드시 그것의 본질을 알아야만 그 정확한 의미를 찾을 수 있어. 본질이 아닌 외양에 집착하면 결코 진면목을 찾지 못하지.

홍 팀장 장님이 코끼리 다리를 만지면서 '코끼리는 우툴두툴한 껍질을 가진 거대한 기둥'이라고 말하는 셈이겠군요.

공 부장 우리는 어릴 때부터 좋은 성적을 얻기 위해 정답을 찾는 공부만 했지. 선생님이나 부모님들도 그런 공부를 강요했기 때문에 외양에 집착하는 습관이 몸에 밴 거야.

하지만 우리가 사회에 나와서 하는 공부, 특히 『논어』 같은 인문고전은 그런 방식으로는 진정한 해답을 찾을 수 없어. 좀 시간이 걸리더라도 본질을 찾는 노력부터 시작해야 해. 그래야 지식을 자신의 것으로 삼아 삶과 일에 적용할 수 있는 지혜를 얻을 수 있지.

예전에 우리가 가졌던 공부 습관에 따라 인문고전을 공부한다면 지식을 자랑하는 넓고 얕은 지식은 얻을 수 있을지 모르지만, 진정으로 나를 변화시키는 온전한 지식은 얻을 수 없어. 당면한 문제를 해결하기는커녕 고정관념을 하나 더 갖게 되는 셈이니까. 공부, 공부 하지만 진짜 공부를 하는 일이 참으로 만만치 않지?

혼자 하는 성공은 결코
참된 성공일 수 없다

홍 팀장 네. 정말 어렵습니다. '인'이 사랑이라고 하시니 갑자기 이 부장이 떠오르네요. 사랑도 좋고 지혜도 좋지만 저는 그런 사람까지 사랑하기는 어려울 것 같습니다.

공 부장 나 역시 마찬가지야. 누구든 무조건 좋아할 수는 없지. 하지만 분명한 것은 한 사람을 미워하기 전에 그 사람이 미워할 사람인가에 대해서는 반드시 냉정한 판단을 해야 한다고 생각해. 우리는 흔히 사람들을 평가할 때 감정이나 이해타산에 의해 많은 영향을 받지. 하지만 그래서는 제대로 사람을 평가하거나 바른 판단을 내릴 수 없어. 우리가 앞으로 인문학 아카데미에서 만나게 될 분들을 생각해도 말이야.

홍 팀장 하지만 좋은 사람과 나쁜 사람을 정확하게 구분하기는 힘들지 않습니까? 만약 부장님 말씀이 맞다면 사람의 속을 꿰뚫어 보는 능력이라도 있어야겠어요.

공 부장 이 구절 기억나? "많은 사람이 미워한다고 해도 반드시 잘 살펴보아야 하고, 많은 사람이 좋아한다고 해도 반드시 잘 살펴보아야 한다." 말하자면 다른 사람이나 환경에 부화뇌동하는 것이 아니라 스스로 잘 생각하고 판단해서 사람을 좋아하거나 미워해야 한다는 것이지. 괜한 오해로 다른 사람을 미워함으로써 누군가가 억울한 피해를 겪게 하지 않으려면 말이야. 홍 팀장이 악성채무자들이 겪었을지도 모르는 억울함에 대해 깊이 공감했던 것처럼.

홍 팀장 네. 정확한 실상도 모르면서 많은 사람들이 비난하고 질시하는 것이 얼마나 큰 상처가 되는지…… 누구보다 제가 잘 알지요. 여기로 온 이후부터 밤마다 악몽을 꿀 때가 있었습니다. 『논어』를 공부하면서부터 조금씩 마음의 평정을 찾게 되었지만요.

공 부장 그건 다행이네.

홍 팀장 그런데 공부를 할수록 잘 모르겠습니다. 하나를 알았다 생각하면 다시 오리무중에 빠져요. 알았다고 무릎을 탁 치다가도 다음 날 부장님과 대화하다 보면 내가 아는 것은 도대체 무엇이었냐는 생각이 들거든요. 이를 테면 오늘 말씀하신 '인'이 '사랑'이라는 말은 아직 명확하지 않습니다.

공 부장 하하하. 아는 것을 안다고 하고, 모르는 것을 모른다고 하는 게 진짜 앎이라고 했었잖아. 『논어』에 대해 모든 것을 완벽

2부 • 사람

하게 알 수는 없어. 한 번 읽을 때와 두 번 읽을 때, 열 번 읽을 때와 스무 번 읽을 때, 그때마다 배우는 게 다르니까. 내 정신의 깊이만큼, 내 마음의 크기만큼 얻어갈 수 있을 뿐이지.

홍 팀장 그렇다면 제 맘은 간장종지인가 봅니다.

공 부장 그건 그거대로 좋은 일이지. 간장종지가 어떻게 대접이 되고 천하를 담을 큰 그릇으로 거듭나게 되는지 한번 지켜보자고. "군자불기, 군자는 고정된 그릇이 아니다"라고 했으니 말이야. 앞으로 홍 팀장의 성장을 지켜보는 일보다 더 재미있는 일은 없을 것 같은데?

홍 팀장 아이고, 너무 비행기 태우지 마십시오.

공 부장 진심이야. 홍 팀장은 반드시 달라질 거야. 그리고 더 큰 자리로 갈 것이라고 믿어.

홍 팀장 저를 믿어주셔서 감사합니다. 그러고 보니 부장님께서는 언제나 저를 믿어주셨던 것 같아요.

공 부장 사람을 성장시키는 것은 걱정이나 근심이 아니라 믿음이야. 홍 팀장도 자기 자신을 믿어. 자신이 믿지 않는 일을 현실에서 경험할 순 없는 법이야. 인문학 아카데미도 마찬가지고. 우리조차 성공을 믿지 않는다면 과연 잘될까?

홍 팀장 잘 안 되겠죠.

공 부장 그러니 믿어보자고. 나는 그들이 재기할 것이라고 믿어. 그리고 우리에겐 『논어』가 있잖아? 홍 팀장과 내가 그랬던 것처럼 그들 또한 반드시 용기를 갖고 밝은 빛을 찾게 될 거야.

홍 팀장 네. 알겠습니다. 그런데 저한테도 마찬가지이지만, 공 부장님은 이렇게까지 사람들을 도우려는 이유가 뭐예요?

공 부장 부족하지만 나도 인자가 되고 싶어서 흉내를 내는 것인지도 모르지. 『논어』에 이런 구절이 있지. "인자는 자기가 일어서려고 하면 남을 먼저 일으켜 세우고 자기가 성공하려고 하면 먼저 남이 성공하도록 돕는다."

홍 팀장 남의 성공을 돕는 것이 자신이 성공하는 비결이라는 말이죠?

공 부장 역설적으로 들릴지 모르지만 진실이야. 어찌 보면 공자의 리더십은 이 한 줄로 압축된다고도 볼 수 있어. 나 혼자 하는 성공은 절대로 참된 성공일 수 없어. 남을 성장하게 돕는 것이야말로 진짜 성공이고 진정한 리더십이지. 자네가 진짜 리더로 바로 서기 위해 필요한 것도 바로 그거야. 나무 그늘을 만들고, 사람들을 돕고, 팀을 먼저 생각하는 일. 인문학 아카데미의 정신도 이것과 통한다고 할 수 있겠지. 겉으로 볼 때는 다 다른 일 같지만 본질은 하나야.

이 날 대화를 계기로 홍 팀장은 '리더십'에 대해 새로운 생각을 갖게 되었다. 자신의 일 하나도 해결하는 것이 벅차서 힘들다고 아우성쳤던 마음 대신 어떻게 하면 어려운 처지에 있는 악성채무자들을 더 지혜롭게 도울 수 있을까 하는 고민이 태동하는 것을 느꼈다.

걱정은 일단 던져버리기로 했다. 그보다 인문학 아카데미를 성공시키기 위해 확고한 믿음을 갖고 할 수 있는 모든 일을 하겠다고 결심했다. 사람을 성장시키는 것은 걱정이 아니라 믿음일 테니까.

식량, 무기, 신뢰 중
신뢰는 반드시 붙들어라

먼저 스스로를 바로 세워야 한다

『논어』의 「안연」 편에는 공자가 제나라 임금 경공과 정치에 관해 대화를 나누는 장면이 나온다. 경공이 정치에 대해 묻자 공자는 이렇게 대답했다.

"임금은 임금답고, 신하는 신하다우며, 아버지는 아버지답고 아들은 아들다워야 합니다."

원문으로는 "군군君君, 신신臣臣, 부부父父, 자자子子"로 유명한, 공자의 정명론正名論이다. 임금에서부터 백성까지 각자가 자기가

172

있는 자리에서 역할을 다할 때 조화롭고 안정된 세상을 만들 수 있다는 것이다. 이런 관계는 일방적인 관계가 아니라 상대적인 것이다. 군신의 관계에서 보면, "임금은 예로써 신하를 부리고, 신하는 충성되게 임금을 섬겨야 한다." 부모와 자식의 관계도 마찬가지다. "부모는 오직 자식이 잘 되기를 바라고 자식은 부모에게 효도해야 한다."

위정자는 먼저 스스로를 바로 세우라고 공자는 말한다.

"진실로 자신을 바르게 한다면 정치를 하는 데 무슨 문제가 있겠는가? 자신을 바르게 못하면서 다른 사람을 어떻게 바로잡을 수 있겠는가?"

"자기 자신이 올바르면 백성들은 명령이 없어도 자발적으로 행하고, 올바르지 않으면 명령해도 따르지 않는다."

사람을 이끄는 리더라면 스스로를 올바르게 하는 것이 가장 필수적인 덕목이다. 자신이 바르지 않으면 사람들의 신뢰는 결코 얻을 수 없기 때문이다. 공자는 제자 자공을 가르치면서 나라를 다스리는 데 꼭 필요한 세 가지를 말했다. 식량과 무기, 그리고 신뢰인데, 공자는 앞의 두 가지를 버리더라도 신뢰만은 반드시 붙들어야 한다고 했다. 신뢰가 없으면 나라는 한시도 존재할 수 없다는 것이다. 리더가 스스로 바르지 않으면 안 되는 이유다.

그다음 군주를 보좌하는 신하들은 반드시 자신에게 맡겨진 일을 충성스럽게 해야 한다. 일에 소극적이어서도 안 되고, 지나치게 의욕을 부려서 본분을 벗어나서도 안 된다. 그리고 무조건 출세하고 높은 지위에 오르려고 할 것이 아니라 먼저 자신의 능력을 냉철하게 돌아볼 수 있어야 한다.

"남이 나를 알아주지 않음을 걱정하지 말고 자신의 능력이 부족함을 걱정하라."

"그 직위에 있지 않다면 그 직위에서 담당해야 할 일을 꾀하지 말라."

"지위가 없음을 걱정하지 말고 그 자리에 설 능력을 갖출 것을 걱정해야 하며, 남이 알아주지 않는 것을 걱정하지 말고, 남이 알아줄 수 있도록 노력해야 한다."

공자는 일에 임하는 자세를 '성찰'과 '겸손'으로 집약했다. 일을 맡기 전에 자신이 그만한 자격이 있는지를 생각하고, 일에 임해서는 최선을 다해야 하며, 자리에 연연해서 본분을 어겨서도 안 된다는 가르침이다.

『논어』에서는 이 모두를 집약하여 '인'이라는 근본을 바로 세워야 한다고 말한다.

"부모에게 효도하고 어른을 공경하면서도 윗사람을 해치기를 좋아하는 사람은 드물다. 윗사람 해치기를 좋아하지 않으면서 혼란을 일으키는 사람도 없다. 군자는 근본에 힘쓰는 것이다. 근본이 확립되면 올바른 도리가 생긴다. 효도와 공경이란 바로 '인'을 실천하는 근본이다."

『논어』의 「자로」편에 보면 섭공과 공자와의 대화가 나온다. 섭공이 "우리 마음에는 정직한 사람이 있는데, 그 아버지가 양을 훔치자 아들이 그 일을 증언했습니다"라고 말하자 공자는 이렇게 대답했다. "우리 마을의 정직한 사람은 다릅니다. 아버지는 아들을 숨겨주고 아들은 아버지를 숨겨주는데, 정직함은 그 가운데 있습니다."

이 대화에서 섭공은 공적인 규범을 이야기하고 있다면 공자는 철저히 개인과 개인의 관계를 기반으로 이야기하고 있다. 물론 누구든 도둑질을 하는 것은 범죄이고, 죄를 지은 사람을 숨겨준다는 것 역시 범죄라고 할 수 있다. 하지만 공자는 아버지와 아들의 관계에서는 숨겨주는 것이 정직한 일이고 도덕적 행동이라고 주장한다. 이것은 오늘날 형법에서 예외조항인 '친족이나 동거하는 가족을 숨겨주었을 때는 처벌하지 않는다'는 조항과 통한다.

물론 오늘날의 형법은 '숨겨주는 것이 죄가 아니라는 것이 아니라 단지 처벌을 면해주는' 것이기는 하다. 하지만 공자는 이 조항에서 한 걸음 더 나아가고 있다. 공자는 그러한 일이 오히려 올바른 일, 정직한 사람이 하는 일이라는 것이다. 여기서 우리는 공자의 도덕성은 공적인 윤리를 넘어 철저히 개인적인 도덕성의 관점에서 말하고 있다는 것을 알 수 있다. 공자는 인간으로서의 진실한 삶, 사람이 사람답게 사는 법을 이야기하고 있는 것이다.

『논어』는 끊임없이 인한 사람에 대한 정의定意, 군자의 모습을 말해주고 있다. 공자 스스로는 인한 사람도 군자도 되기 어렵다며 겸손한 모습을 보이고 있지만, 부족함을 채우기 위해 끊임없이 노력하며 인자가 되기 위해 지향하는 자세를 보여준다. 바로 이런 모습과 자세가 '사람이 사람답게 사는 법' 즉, 사람으로서 응당 지켜야 할 덕목이다. 그중에서도 공자는 자기 스스로에 대해 이야기한 것이 있다.

"군자의 도는 세 가지가 있는데, 나는 그것을 실천하지 못하고 있다. 인한 사람은 근심하지 않고, 지혜로운 사람은 미혹되지 않고, 용감한 사람은 두려워하지 않는다는 것이다."

공자는 군자의 도 세 가지를 인仁, 지知, 용勇으로 들고, 그러한 덕목을 갖춘 사람들이 보여주는 모습을 말해주며 자신은 그러한 경지에 이르기는 부족하다고 말했다. 하지만 제자 자공은 '스승님은 자기 자신을 말한 것이다'라고 했다. 공자는 겸손하게 스스로를 낮추고 있지만 다른 사람들이 보기에 공자는 완벽하게 군자의 요건을 갖추고 있는 것이다.

공자는 개인의 공부와 수양을 통해 '인'을 이룰 수 있다고 했지만, 궁극적으로는 세상을 이롭게 하고 사람들에게 평안을 주는 것이 목적이다. 『논어』의 「옹야」 편에는 이렇게 실려 있다. 자공이 "만약 백성들에게 은혜를 베풀고 많은 사람들을 구제할 수 있는 사람이 있다면 그 사람을 인하다고 할 수 있습니까?"라고 묻자 공자는 이렇게 대답한다. "어찌 인에만 해당하겠느냐? 반드시 성인聖人일 것이다. 요임금과 순임금도 그렇게 하지 못해 근심했다. 인이란 자기가 서고자 할 때 남부터 서게 하고, 뜻을 이루고 싶을 때 남부터 뜻을 이루게 하는 것이다. 자기가 원하는 것을 미루어 남이 원하는 것을 아는 것이 바로 인의 실천방법이다."

사람을 아는 힘, 통찰력을 키우는 법

『논어』의 「위정」편에는 공자가 사람을 읽는 방법을 알려주는 문장이 실려 있다.

"사람의 행동을 보고, 그 동기를 살펴보고, 그가 편안하게 여기는 것을 잘 관찰해보아라. 사람이 어떻게 자신을 숨기겠는가? 사람이 어떻게 자신을 숨기겠는가?(시기소이視其所以, 관기소유觀其所由, 찰기소안察其所安, 인언수재人焉瘦哉, 인언수재人焉瘦哉)"

공자는 심리학적인 관점에서 사람의 본심을 꿰뚫어보는 법을 알려준다. 한마디로 삼 단계 인물관찰법이라고 할 수 있겠다. 보고視, 살펴보고觀, 잘 관찰해보는察 것으로 강도를 점점 높여가는 것이다. 이렇게 사람의 행동-동기-심리상태를 정확하게 볼 수 있으면 사람의 내면을 정확하게 들여다볼 수 있을 것이다.

감춰진 사람의 속을 들여다볼 수 있는 것을 '통찰洞察'이라고 한다. 통찰은 사전적으로 보면 "예리한 관찰력으로 사물을 훤히 꿰뚫어보는 것"이다. 즉, 감추어져 있어서 다른 사람은 잘 보지 못하는 것을 보는 힘이다. 앞서 살펴본 대로 사람의 본분에 대한 이해를 가지고, 사람이 사람답게 사는 법을 알게 된다면 사람을 제대로 볼 수 있는 능력, 즉 통찰력도 얻게 된다.

통찰력을 얻기 위해서는 인문고전을 공부해야 한다. 인문고전이 바로 사람을 공부하는 책이기 때문이다. 『논어』 「위정」 편에는 "옛 것을 잘 알고 익혀서 그것에 미루어 새로운 것을 알면 스승이 될 수 있다"고 실려 있다. 여기서 '스승이 된다는 것'은 단순히 학식이 있는 수준이 아니다. 남다른 도덕성은 물론 사람과 사물을 꿰뚫어볼 수 있는 통찰력이 있어야 한다.

공자는 통찰력을 얻기 위해서는 반드시 옛것을 공부하고 잘 숙달해서 자신의 삶에 적용할 수 있어야 한다고 말하고 있다. 『명심보감』에서는 욕지미래 선찰이연欲知未來 先察已然, 즉 '미래를 알고 싶다면 먼저 지나간 과거를 살펴보라'고 했고, 중국 고대의 책 『관자』에서는 의금자찰지고 부지래자시지왕疑今者察之古 不知來者視之往, 즉 '오늘 일을 잘 알지 못하면 옛날을 비추어보고, 미래를 알지 못하면 과거를 살펴보라' 등 다양한 고전들도 역사를 통해 현실을 읽고 다가올 미래를 예측하는 통찰력을 가질 수 있다고 말해주고 있다.

공자는 『논어』에서 통찰력을 얻기 위한 몇 가지 단서를 준다.

첫 번째는 멀리 내다보고 깊이 생각하는 습관을 키우는 것이다.

"사람이 멀리 내다보며 깊이 생각하지 않으면, 반드시 가까운 곳에 근심이 있게 된다." 눈앞의 일에만 몰두하는 근시안적인 생각에서 벗어나 멀리 내다볼 수 있을 때 남들이 보지 못하는 것을 보는 능력이 생긴다.

두 번째는 사람을 보는 습관이다. "많은 사람이 미워한다고 해도 반드시 잘 살펴보아야 하며, 많은 사람이 좋아한다고 해도 반드시 잘 살펴보아야 한다." 사람을 보는 눈은 그 사람의 행동이나 동기를 관찰할 수 있는 능력에서 얻을 수 있다.

세 번째는 내면과 외면의 힘을 함께 기르는 것이다. "바탕이 겉모습을 넘어서면 촌스러워지고, 겉모습이 바탕을 넘어서면 형식적이 된다. 겉모습과 바탕이 잘 어울린 후에야 군자다운 것이다." 스스로 내면과 외면의 힘을 조화롭게 갖추면 상대방의 겉만이 아니라 내면을 읽을 수 있는 힘을 얻게 된다.

3부

말

일도 사람도
얻는
관계의 지혜

01 부지언 무이지인야
결국 좋은 결과는 사람에게서 나온다

부지명 무이위군자야 부지례 무이립야 부지언 무이지인야

不知命 無以爲君子也 不知禮 無以立也 不知言 無以知人也

"천명을 모르면 군자가 될 수 없고,
예를 모르면 세상에 나설 수 없으며,
말을 알지 못하면 사람을 안다고 할 수 없다."

– 『논어』 「요왈」 –

'나는 실패자',
자존감을 어떻게 회복할 것인가?

드디어 인문학 아카데미가 시작되었다. 반응은 홍 팀장의 예상을 완전히 뛰어넘었다. 홍 팀장과 공 부장이 수고로움을 아끼지 않고 뛰어다닌 결과였다. 악성채무자 세 그룹 중에서 참가율은 1그룹이 가장 많기는 했지만 3그룹에서 온 사람들도 분명히 있었다.

참가자 한 사람 한 사람 진지한 눈빛으로 『논어』의 한 장을 읽고 자신의 생각을 말했다. 반신반의하면서 참가하긴 했지만 책을 읽고 자신의 생각을 말하는 것 자체가 이들에겐 낯선 일이었다. 그러나 한 명 두 명 말문이 열리면서 뒤에서 시큰둥하게 앉아 있던 사람들도 시간이 지날수록 적극적으로 참여하기 시작했다.

　홍 팀장은 '선택과 집중'을 내세웠던 일이 자신의 판단 착오였다는 사실을 인정할 수밖에 없었다. 이번 일로 현실을 보는 눈이 한 뼘 더 커진 기분이었다. 첫 번째 강독회를 성공적으로 끝낸 후 홍 팀장은 가슴이 벅차올랐다.

홍 팀장　부장님! 우리가 해냈네요!

공 부장　준비하느라 그동안 정말 수고 많았어. 반응이 이 정도로 나와줄 거라고는 생각 못했는데 모두 목마른 사람들처럼 생각을 쏟아내더군. 우리처럼 그들도 이런 시간이 필요했던 모양이야.

홍 팀장　정말 놀랐습니다. 평범하신 분들인데 생각은 아주 날카롭더라고요. 이런 식이라면 정말 뭔가 더 큰일을 해낼 수 있다는 생각이 들었습니다.

공 부장　물론이지. 세상의 위대함은 처음부터 대단했던 사람들이 이루었던 것이 아니니까! 모든 위대함의 시작은 평범한 사람들의 평범하지 않은 노력으로 이루어진 거잖아? 우리도 이제부터 시작이야.

홍 팀장　더 열심히 하겠습니다!

공 부장　기세 좋게 말하니 나도 덩달아 기운이 나서 좋은데? '이인동심 기리단금二人同心其利斷金', 두 사람이 한 마음이 되면

쇠도 자를 수 있다*고 했어. 우리가 힘을 합쳐서 노력한다면 분명히 놀라운 일을 이룰 수 있을 거야.

홍 팀장 사실 처음엔 그분들이 멋지게 재기해서 사회로 떳떳하게 돌아오는 일에 도움을 주려면 인문학 공부보다 대리점 경영 실무능력을 배양하는 공부나, 아니면 오히려 재정회복을 위한 실무능력 공부가 더 시급한 게 아닌가, 하는 생각도 했습니다.

공 부장 그런데 지금은 생각이 달라졌다는 거고?

홍 팀장 제가 애초에 짐작했던 것보다 더 급하고 중요한 일이 있다는 생각이 들어요. 그분들은 지금 실패자로서 혹독한 경험을 하면서 힘든 과정을 거쳐 나오고 있는 중이잖아요. 주위의 시선도 따가울 테고요.

공 부장 맞아. 오늘 누구보다 열심을 보이던 김 사장님은 가족한테도 외면 받고 있는 상황이야. 무엇보다 가장 큰 문제는 심각하게 훼손된 자존감이지. '나는 실패자'라는 생각이 머리에 깊이 새겨져서 한때는 스스로 삶을 포기하고 싶다는 생각마저 했다고 하니까. 김 사장님 같은 분들이 한두 분이 아냐. 이분들에게는 자존감 회복이 급선무지.

홍 팀장 오늘 모습을 보니 제가 다 가슴이 찡하더라고요. 이렇게 뭔가에 몰입하는 즐거움을 느낀 게 언제인지 모르겠다는 말씀을 들을 땐 울컥하더라고요. 그런데 『논어』의 어떤 힘이

이 분들의 손상된 자존감을 조금이나마 회복시킨 걸까요? 경제적인 문제는 아직 하나도 해결이 안 된 상태인데도 말입니다.

결국엔 사람이다,
배움에서 시작해서 사람으로 끝내라

공 부장 '유교무류'라는 말 기억하고 있지?

홍 팀장 네. '어느 누구라도 신분이나 지위에 차별 없이 가르침을 받아야 한다.'

공 부장 맞아. 하지만 더 넓게 볼 수도 있다는 생각이 들어. 오늘 그분들을 보니 또 다른 해석이 떠올랐어. '배움을 통해 차이가 없어진다'고 말야. 사람들은 누구라도 차별 없이 가르침을 받아야 하고, 가르침을 받으면 차이가 없어져서 모두가 사회에서 자신의 맡은 바 역할을 할 수 있지 않을까? 자신이 처해 있는 상황에서 자신의 역할을 다할 수 있을 때 사람들은 사회의 일원으로 자긍심을 갖게 되니까.

홍 팀장 결국 인문학이 그 역할을 할 수 있다는 겁니까?

공 부장 그렇지. 분명 예전과는 시대 상황이 많이 달라졌지만 사람 자체는 크게 변하지 않았어. 시대에 따라 향유하는 삶은 다를지라도 사람으로서 같은 생각을 하고 동일한 본능의 지배를 받고 있다는 말이지. 혹시 '클레멘트 코스'라는 말을 들어본 적 있나?

홍 팀장 클레멘트 코스요? 클레멘타인은 들어봤는데 클레멘트라는 말은 처음 듣습니다.

공 부장 하하하. 클레멘트 코스는 시카고 대학 출신의 얼 쇼리스라는 인문학자가 한 여성 재소자와의 만남을 계기로 만든 인문학 공부 코스지. 그 여성 재소자는, 자기들은 도심 중산층들이 갖추고 있는 인문학적 소양과 그들이 향유하고 있는 문화를 갖지 못해서 하류계층으로 전락했다고 말했어.

홍 팀장 시민으로서 가져야 할 기본적인 교양과 문화적인 삶이 없었기 때문에 실패할 수밖에 없었다는 거군요.

공 부장 그렇지. 얼 쇼리스는 이들에게 필요한 것은 단순한 기술지식이 아니라 당당한 사회의 일원으로서 가져야 할 자존감의 회복이라고 생각했어. 그것을 위해 인문학 교육을 시작했고, 그 프로그램의 이름이 바로 클레멘트 코스지. 이 코스는 노숙인, 마약중독자, 재소자, 전과자와 같은 사회적 실패자들을 사회의 일원으로 회복시키는 데 커다란 성공을 거두었고 전 세계적으로 확산되었지. 우리나라에서도 2005년에 그 정신을 이어받은 노숙인을 위한 인문학 교육과정인 성프란시스 대학이 문을 열었고 지금까지도 순조롭게 운영되고 있어.

홍 팀장 그야말로 삶을 살리는 공부인 셈이네요.

공 부장 그렇지. 삶을 살린다는 것, 그게 바로 핵심이야. 오늘 악성채무자들을 만나보니 어떤 생각이 들었지?

홍 팀장 경제적으로 무너지지 않았다면 평범하고 선하게 사실 분들 같다는 생각, 그런 마음이 들더라고요.

공 부장 우리라고 그분들 같은 일을 겪지 말라는 법은 없지. 살다 보면 인생이 내 뜻대로 되지 않을 때도 있으니까. 그분들 역시 자신이 이런 처지가 되리라는 것은 얼마전까지는 상상조차 못했을 거야.

홍 팀장 저도 1년 전엔 제가 이런 일을 겪을 것이라고는 생각도 못했고요.

공 부장 나도 그랬어. 우리나 그분들이나 다를 것이 없어. 그러니까 우리가 할 일은 그분들을 가르치려 드는 게 아니라 자신이 얼마나 소중한 존재이고, 자신의 삶이 얼마나 가치가 있는지를 스스로 깨닫게 하는 일이야. 현재 자신의 처지가 자신을 말해주는 모든 것이 아니라 앞으로 자기가 이룰 꿈과 비전이 곧 자신이라는 것을 말이야. 그것을 위해 함께 『논어』를 읽는 거고.

홍 팀장 앞으로 갈 길이 더 멀구나 싶은 생각이 듭니다.

공 부장 하하하. 빨리 가려면 혼자 가지만, 멀리 가려면 함께 가는 게 좋다고 하잖아? 우리가 어디까지 갈 수 있는지 한번 해 보자고. 하지만 잊지 말고 기억해야 할 사실이 하나 있어.

홍 팀장 뭔데요?

공 부장 좋은 결과는 사람에게서 나온다는 사실이야. 『논어』의 첫 시작이 어떤 말인지 기억나?

홍 팀장 '학이' 편 말씀인가요? 학이시습지로 시작했던 것 같습니다.

공 부장 맞아. 그렇다면 마지막 '요왈' 편은 어떤 말로 맺는지 알아?

홍 팀장 잘 모르겠습니다.

공 부장 부지언 무이지인야不知言, 無以知人也. "말을 알지 못하면 사람을 안다고 할 수 없다." 이것이 『논어』의 마지막 문장이야. 배움에서 시작해서 사람으로 끝나는 셈이지. 그 중간에 말이 있고. 참 절묘하지 않아? 삶의 지혜는 배움에서 시작하더라도 결국은 '사람을 아는 것'이 가장 중요하다는 것을 설파하고 있으니 말이야.

말을 들으면 의미를 알고
의미를 알면 마음을 알 수 있다

홍 팀장 말을 안다는 것은 무슨 뜻일까요?

공 부장 말을 통해 그 사람을 판단할 수 있다는 뜻이 아닐까. 사람을 아는 가장 쉬운 방법이 뭘까? 상대방이 하는 말을 듣는 일이야. 하지만 단순히 상대방이 하는 말만 들으라는 뜻이 아냐. 말의 내용은 물론 말하는 태도, 그리고 행동까지 보라는 것이지. 그 사람의 얼굴을 아는 것만으로 그 사람을 안다고 할 수는 없는 법이니까.

마음은 말로 표현되고, 말을 들으면 의미를 알게 되고, 의미를 알게 되면 마음을 알 수 있게 되지. 마음을 알 수 있으면 그 사람을 안다고 할 수 있고. 그러니까 말을 알지 못하면 사람을 알 수 없다는 거야.

홍 팀장 말을 통해 그 사람의 마음을 알려면 우선 잘 들어야겠네요.

공 부장 그래서 상대방이 하는 말을 가만히 들으면서 관찰하는 자세가 필요해. 사람은 말을 통해서 자신을 거의 다 드러내는 편이니까. 성격은 물론 어느 정도 인품을 지녔는지까지도 알 수 있지. 주자학의 입문서라고 할 수 있는 『근사록』에서도 "마음이 안정되면 그 말이 신중하고 여유가 있고, 마음이 안정되지 못하면 그 말이 가볍고 속되다"고 하고 있고.

홍 팀장 공자는 제자들의 말과 행동을 통해 그들이 어떤 사람일지 파악을 하고 있었겠네요?

공 부장 공자는 이렇게 말했어. "그 사람이 하는 것을 보고, 그 동기를 살펴보고, 편안하게 여기는 것을 관찰해보아라. 사람이 어떻게 자신을 숨기겠는가? 사람이 어떻게 자신을 숨기겠

말을 들으면 의미를 알고
의미를 알면 마음을 안다

는가?" 두 번씩이나 사람이 자신을 숨길 수 없다고 강조하고 있는 거야. 심지어 사람의 됨됨이를 이해하는 것을 넘어서 운명까지 예측했지. 가령 공자는 자로가 말하는 모습을 보고는 이렇게 말했어. "자로는 제 명에 죽지 못할 것이다." 실제로 자로는 위나라 내란에 휘말려 아깝게 죽고 말았지. 시체도 온전하지 못한 채.

홍 팀장　섬뜩한 통찰력인데요?

공 부장　공자에게 특별한 초능력이 있어서가 아니라, 오랜 동안 사람을 공부했고, 수많은 사람을 만나 경험하고 관찰한 데에서 나온 힘이라고 봐. 노력하면 누구나 이룰 수 있는 거야. 홍 팀장은 어때? 사람을 보는 안목이 있다고 할 수 있겠어?

홍 팀장　안목이 있기는커녕 팀원들이 어떤 장단점을 갖고 있는지조차도 정확하게 파악하지 못하고 있었다는 생각이 듭니다. 말을 들을 때도 그 말뜻을 생각했을 뿐, 말을 통해 사람을 알지는 못했고요. 팀원들 중에는 저에게 속마음을 전달하고 싶어서 말을 한 사람들도 분명히 있었던 것 같은데 제가 듣고 싶은 말만 가려서 들었던 것 같아요. 팀원들이 그동안 얼마나 답답하고 속이 터졌을까요? 이제와 돌이켜보면 참 많이 미안합니다.

공 부장　이제라도 그것을 깨달았으니 다행이야. 나는 팀장의 역할 중에서도 소통이 최우선이라고 생각해. 내 마음을 알아주는 사람과 진심으로 통하는 것을 느끼면 시키지 않아도 일은 알아서 열심히 하고 싶어지는 게 사람이야. 동서고금을 막론하고 소통하지 못하는 리더가 팀을 훌륭하게 이끄는 경우는 없어. 항우와 유방에 대해 알고 있지?

홍 팀장 개인적으로 보면 항우가 기량이 뛰어난데도 정작 천하 통일은 유방이 했지요.

공 부장 맞아. 항우는 그야말로 세상에 비교할 사람이 없을 정도로 뛰어난 장수였지. 그런데 왜 결국 유방에게 지고 말았을까?

홍 팀장 자신이 너무 잘나다 보니 부하들을 우습게보거나 주변에 인재가 없었던 탓이 아닐까요? 아무리 뛰어난 항우라고 해도 천하통일을 혼자 할 수는 없는 노릇이니까요.

공 부장 맞아. 반면에 유방은 대인관계의 귀재에 소통의 달인이기도 했지. 그래서 주변에 한신이나 장량 등 인재들이 끊이지 않았어. 함께하는 성공을 비전으로 제시했기 때문에 통일에 성공할 수 있었던 거야. 나 홀로 성공, 즉 '나'뿐인 성공은 '나쁜 성공'이야. 일시적으로 성과를 얻을지는 모르지만 결코 오래가지 않는 법이니까.

항우에 대해 이야기를 하다 보니 홍 팀장은 자신 역시 팀원들을 대하던 태도가 항우와 별다를 게 없었다는 것을 깨달았다. '남의 잘못은 낱낱이 보이는 반면 자신이 한 행동에 대해선 잘 모르는 게 인지상정인가.' 홍 팀장은 다시 마음을 가다듬었다.

그릇을 키우는 말

* "두 사람이 한마음이 되면 쇠도 자를 수 있다."

二人同心 其利斷金
이 인 동 심   기 리 단 금

— 「주역」 「계사전」 —

이 글은 『주역』에서 "한마음이 되어 나누는 말은 그 향기가 난초와 같다(동심지언 기취여란同心之言 其臭如蘭)"으로 이어진다. 바로 이 문장에서 아름답고 귀한 사귐을 뜻하는 '금란지교金蘭之交'의 사자성어가 비롯되었다. 두 사람이 힘을 합치면 단순히 두 사람의 힘의 합이 나오는 게 아니라 더 크고 놀라운 일을 이룰 수 있는 것은 각자의 장점이 시너지를 발휘하고 단점이 해소될 수 있기 때문이다. 맹자는 "천시는 지리만 못하고 지리는 인화만 못하다(천시불여지리 지리불여인화天時不如地利 地利不如人和)."라고 했다. 그 무엇보다 인화, 사람들이 서로 화합하는 힘이 강한 법이다.

02 위정이덕

저절로 별이 따르는 북극성 같은 리더가 돼라

위정이덕 비여북신 거기소이중성공지

爲政以德 譬如北辰 居其所而衆星共之

"덕으로 정치를 하는 것은 비유하자면
북극성은 제자리에 있고 모든 별이 그를 받들어 따르는 것과 같다."

– 『논어』 「위정」 –

분수에 맞는

합당한 역할을 하라

인문학 아카데미의 『논어』 공부는 꾸준히 이어졌다. 홍 팀장도 사람들 틈에 섞여 적극적으로 말하고 경청했다. 특히 사람의 말을 듣는 태도를 의식적으로 바꾸려고 노력했다. 얼마 전에 공 부장이 "경청이란 '기울일 경'과 '들을 청'으로 이루어진 글"이라고 강조했다. 즉 몸을 기울여 겸손하게 들어야 한다는 것이다. 그 말을 염두에 두고 겸손한 자세로 들으려고 하니 그 사람이 어떤 사람인지 더 잘 보였고, 그 사람을 알게 될수록 그가 하는 말의 의미가 더 잘 마음에 와 닿았다. 무엇보다도 상대의 말을 열심히 듣게 되자 그 사람과의 인간관계도 다르게 느껴졌다. 상대 역시 홍 팀장의 말을 열심히 들으려고 노력하는 것 같았고, 처음과는 달리 스스럼없이 다가와서 말을 거는 사람도 많아졌다. 무엇보다도 자신의 처지와 고충을 진솔하게 털어놓는 사람이 많아진 것 같아서 좋았다.

특히 최근에 아카데미에서 실무교육을 해보겠다고 나선 다른 팀 사람들이 합류해서 큰 힘이 되었다. 예전부터 공 부장과 이 일에 대해 논의를 해왔던 사람들이 소문을 듣고 모여든 것이다. 이들은 대리점주들이 가장 취약했던 마케팅, 고객관리, 회계 등을 맡아 교육했다.

홍 팀장 부장님, 사람들과 함께할수록 모두들 참 진솔한 분들이라는 것을 알게 됩니다. 처음 만났을 때의 인상과 아주 달라요. 그때는 실패에 찌든 패배자라고 생각했는데 알고 보니 다들 유쾌하시고 배짱도 있으시네요. 대화를 나눌수록 자신감도 되살아나시나 봅니다. 얼마 전에 합류한 실무 교육팀도 좋아해요. 몇 주 만에 완전히 다른 사람을 보는 것 같다며 아주 반응이 좋습니다. 우리 보고 어떤 마법을 썼냐고까지 하던데요?

공 부장 하하하. 우리가 한 게 뭐 있나, 그분들은 원래 그런 분들이셨어. 잠시 고난을 당해 꺾이고 휘어진 것뿐이지.

홍 팀장 이제는 정도 들어서 아카데미 종강할 땐 굉장히 아쉬울 것 같아요.

공 부장 만나면 헤어짐이 있는 법이지. 하지만 아직 우리가 만날 시간이 남아 있으니 그동안 충분히 함께 즐기면 되지. 오늘 이야기하는 것 보니까 홍 팀장도 이제 『논어』에 대한 내공이 제법 보이던데? 공부가 많이 무르익은 것 같아?

홍 팀장 아이고, 아니에요, 아닙니다. 내공이라고 하기에는 아직 갈 길이 많이 멀었어요. 그런데 말이 나온 김에 한 가지 묻고 싶은 게 있는데요. 지난번에 공자의 '인'에 대해 말하면서 '인'은 곧 '사랑'이라고 하셨잖아요? 그땐 그 말이 무슨 뜻인지 잘 와 닿지 않았었거든요. 그런데 인문학 아카데미를 하다 보니까 여기서 우리가 하고 있는 일이 '인'이 아닐까 하는 생각이 들었습니다.

공 부장 그거 반가운 말이군. 홍 팀장 말이 맞아.

홍 팀장 하지만 당시에 공자가 추구했던 이상적인 세상이 '사랑이 바탕이 되는 세상'인 것은 분명하지만, 전쟁과 혼란의 시대에 오직 사랑만을 유일한 덕목으로 삼아서 복잡한 모든 상황에 적용하기엔 어려움이 있지 않았을까요? 공자는 '인'을 주장하면서도 한편으로는 신분제를 옹호했잖습니까?

공 부장 일부 학자들은 그러한 이유들 때문에 공자를 비난하기도 하지. 그런데 아무리 위대한 철학이라고 해도, 당시 시대상에서 완벽하게 자유롭지는 못하다는 것을 감안해야 해. 그

렇다고 시대를 뛰어넘는 지혜가 있다는 점까지 부정해서는
안 되겠지.

공자는 사람과 사람과의 관계로부터 철학의 핵심인 '인'을
시작하고 있는데 그 기본은 '효'거든. 최소한 자기 부모를
잘 섬기는 사람이라면 당연히 다른 사람과의 관계도 잘해
나갈 수 있다고 본 거야. 공자 스스로도 홀어머니를 최선을
다해서 모셨고, 어머니가 젊은 나이에 죽자 충분한 예를 다
해 장례의식을 치렀지.

사람과 사람 사이 텅 빈 공간,
소통을 완성하는 적절한 거리 두기

공 부장 우리는 우리 시대 상황에 맞게, 우리의 관점에서 해석하고
배우고 받아들이는 게 중요하다고 생각해. 만약 글자 그대
로 받아들인다면 그것은 '죽은 사람의 찌꺼기'가 될 뿐이지.

홍 팀장 '죽은 사람의 찌꺼기'요?

공 부장 『장자』에 나오는 이야기야. 제나라 환공과 수레를 만드는
장인 윤편에 관한 내용이지. 책을 읽고 있는 환공을 보고 윤
편이 물었어. "그 책은 무슨 책입니까?" 그러니까 환공이 말
하지. "이 책에는 현인의 말씀이 있다"고. 이 말을 듣고 윤편

은 이렇게 말해. "죽은 사람이 남긴 찌꺼기군요." 당황한 환공이 다시 물었어. "그 말이 무슨 뜻인가?" 그때 윤편이 수레 만드는 기술을 예로 들면서 한 말이 뭐냐 하면, "나는 수레바퀴를 만드는 것을 내 아들에게도 완전히 전수할 수 없습니다. 오랜 경험이 빚어내는 그걸 단순히 글로 가르쳐줄 수는 없는 것입니다. 현인의 지식도 마찬가지입니다. 지식은 현인의 죽음과 함께 죽는 것이고 책에는 그 찌꺼기가 있을 뿐입니다"라는 이야기를 하지. 윤편은 자신의 수레 만드는 기술을 예로 들며 말해. 수레바퀴와 수레 살을 맞추는 일도 단순히 글로 해서는 아들에게도 가르칠 수 없다고 하면서 오랜 경험이 빚어내는 영감이 있어야 정확하게 맞출 수 있다고 말이야.

아무리 좋은 책이라고 해도 그것을 단순히 지식으로만 받아들여서는 그 속에서 아무것도 얻을 수 없다는 뜻이지. 수레 장인의 깊은 내공이 느껴지지 않아? 여기에 나는 하나 더 덧붙이고 싶어. 사람을 만날 때 우리가 어떻게 소통해야 하는가를 한번 생각해보자고. 바퀴가 잘 굴러가는 이유는 무엇 때문일까?

홍 팀장   그야 둥글기 때문이 아닙니까? 모난 곳이 없으니 마찰이 적고, 그래서 쉽게 움직이는 것이겠지요. 또 한 가지 이유는 바큇살이 골고루 퍼져 있어서 한쪽으로 치우치지 않게 힘

사람을 얻고 싶으면 자발성을 이끌어내라

의 균형을 잡아주기 때문입니다. 옛날의 바퀴는 오늘날 자전거 바퀴처럼 한 가운데에서 주변으로 살을 만들어 이어 붙였을 테니까요.

공 부장 잘 알고 있군. 그렇다면 바퀴가 바퀴일 수 있는 이유는 무엇일까?

홍 팀장 네?

공 부장 바퀴가 둥근 모양을 유지할 수 있고, 또 바큇살이 휘어지지 않고 힘이 골고루 분배되는 근원적인 이유 말야.

홍 팀장 ……잘 모르겠습니다.

공 부장 눈에 보이는 것에 있는 게 아니라 눈에 보이지 않는 것에 있어. 바로 바큇살과 바큇살 사이의 공간이지. 텅 빈 공간이 없다면 어떨까? 나무를 그저 둥글게 깎아 수레를 끌게 했다가는 무게에 짓눌려 오래가지 못하겠지.

오늘날 타이어도 마찬가지야. 타이어 속을 고무로 꽉 채운다면 차의 무게를 감당하지 못할 거야. 타이어 안의 보이지 않는 공기가 타이어에 탄력성을 주기 때문에 무거운 쇳덩이를 지탱할 수 있는 거야. 소통을 하기 위해선 사람과 사람 사이에도 바로 이런 공기가 필요해. 눈에 보이지 않지만 반드시 필요한 것이지.

홍 팀장 그게 무엇입니까?

힘으로 제압 마라,
존중하여 마음을 꺾어라

공 부장 스스로를 낮추고 상대를 높이는 것, 즉 존중이야. 『논어』에
이런 말이 있지. "덕으로 정치를 하는 것은 비유하자면 북극
성은 제자리에 있고 모든 별이 그를 받들어 따르는 것과 같
다." 사람을 얻고 싶으면 복종을 강요할 게 아니라 자발성을
이끌어내야 해. 힘으로 지배하면 처음엔 말을 듣는 척하지
만 반발만 크게 살 뿐이야.

홍 팀장 네. 확실히 맞는 말입니다. 이 부장이 억누르려고 하면 할
수록 그의 수하에 들어가기는커녕 온힘을 다해서 저항하고
싶거든요.

공 부장 사람을 힘으로 억누르려고 한다면 역시 힘으로 저항하게
되지. 만약 그 억압이 불의하다고 생각되면 더더욱 그래. 그
게 인지상정이야. 맹자가 말했던 사람의 선한 본성 중에서
'악을 미워하는 마음'인 수오지심, 즉 의의 덕목이지. 그래서
사람은 일시적으로는 꺾이는 것처럼 보여도 마음까지 꺾
을 수는 없는 법이야. 하지만 상대를 진심으로 존중하면 그
도 나를 존중하게 되어 있어. 부모에 대한 효, 팀원들에 대
한 존중, 타인에 대한 사랑 등 이 모든 것이 사실은 다른 게
아니야. 인간에 대한 기본적으로 가져야 하는 마음인 '인'에

수렴되는 것이지.

홍 팀장   결국 다시 '인'으로 돌아올 수밖에 없겠군요. 그럼 '인'을 어떻게 적용해야 할까요? 실천하지 않으면 의미가 없지 않습니까? 우리가 누군가를 존중하는 것도 행동으로 보일 때 비로소 드러나니까요.

공 부장   훌륭한 생각이야. 공부를 하는 이유도 삶에서 실천하기 위해서지. 무엇보다도 가장 필요한 것은 공부를 통해 나의 내면을 충실히 하는 일이라고 할 수 있어. 나의 내면을 바로 세운다면 자연스럽게 상대를 존중하는 정신이 나의 삶과 행동으로 드러나게 되거든.

누군가를 존중하는 것은 내면에서부터 본성처럼 체질화되어야 해. 나의 내면이 갖추어져 있지 않은 상황에서 노력으로 하려고 하면 이해타산이나 가식으로 흐를 수도 있어. 설사 가식이 아니더라도 나의 기분이나 감정, 혹은 상황의 변화에 따라 쉽게 변하게 되지. 만약 그렇게 된다면 존중으로 상대방의 마음을 얻기는커녕 마음을 떠나게 만들지 않을까?

홍 팀장   결국 사람들이 받들어 따르는 북극성이 아니라 사람들과 멀어지는 떠돌이별이 되고 말겠군요. 그런데 말예요, 부장님이 이야기하시면 『논어』가 굉장히 짜임새 있는 책으로 느껴져요. 어떤 이야기를 해도 앞뒤가 딱딱 맞게 말씀하시거든요.

그런데 부끄럽지만 저는 아직도 도무지 그 구조가 보이질 않아요. 구절을 하나씩 떼서 보면 의미 있는 말 같지만 전체적으로 보면 관련 없고 맥락 없는 내용이 에피소드처럼 나열되어 있는 것처럼 보이거든요. 앞뒤 맥락도 없이 공자가 한마디씩 한 것처럼 보일 때도 있어요.

공 부장 『논어』는 탄탄하게 구조가 짜인 형식을 갖춘 건 분명 아닐지도 몰라. 하지만 홍 팀장도 『논어』의 흐름을 알고 나면 저변에 한결같이 흐르고 있는 정신을 발견할 수 있을 거야. 바로 인간에 대한 믿음, 인간에 대한 존중이야. 아마 그 정신이 살아 있기 때문에 오늘날까지 고전으로 손꼽히는 책이 된 게 아닐까?

밤늦게 집으로 돌아오면서 홍 팀장은 팀원들 얼굴이 한 명 한 명 떠올랐다. 지치고 힘들 때는 무거운 짐처럼 여겨졌는데 지금은 솔직히 그때가 그리웠다. 한때는 가장 어려울 때 떠나버린 그들이 원망스러웠지만 곰곰이 생각해보면 마치 떠돌이별처럼 행동하며 그들을 떠나보낸 것은 나 자신이라는 후회가 몰려왔다. 하지만 지금 무엇보다도 후회스러운 것은 가족의 일이었다. 지금 가장 보고 싶은 사람들도 역시 아내와 아이들이었다.

홍 팀장은 휴대전화를 꺼내 번호를 눌렀다. 아내에게 거는 전화였다. 당장 내일이라도 만나자고 할 참이었다. 존중하는 마음으로 아내를 대하면서 진솔한 마음을 전달할 용기가 이제야 생기는 것 같았다.

03 기소불욕 물시어인
너 자신부터 극복하라

기소불욕 물시어인

己所不欲勿施於人

"자기가 하기 싫은 일은 남에게도 시키지 마라."

- 『논어』 「위령공」 -

제대로 일하라,
일의 본질에 관통하라!

　몇 주 동안 홍 팀장은 구름 위를 걸어 다니는 것 같은 기분을 느꼈다. 처음엔 냉랭하던 아내의 태도가 조금씩 변하기 시작한 것이다. 지속적으로 일관되게 진심을 전달하고자 했던 노력이 결실을 맺고 있었다. 얼어붙은 아내의 마음이 아직은 다 풀리지 않았지만 매일 5분이라도 통화를 하려고 노력했다. 연락조차 끊고 있던 예전에 비하면 괄목할 만한 변화였다. 조만간 아내와 아이들과 다시 만날 수 있다는 희망이 피어나고 있었다.

　자신을 이해해주지 않는다고 아내 탓만 했는데, 관계에서 온전히 한 사람만이 잘못했다고 볼 수는 없다는 것을 깨달았다. 적어도 절반 이상은 자신에게도 책임이 있었다. 관계라는 것은 나와 상대가 따로 떨어져서는 성립할 수 없는 것이기 때문이었다. 만약 문제가 생기기 전에 매일 5분씩 통화하고, 집안일에 관심을 가졌다면 애초에 이런 일은 벌어지지 않았을 것이다.

누군가를 만나 인연을 맺는 일은 각자 마주 보고 서서 한쪽 끈을 잡고 있는 것과 같았다. 한쪽이 흔들리면 다른 쪽도 흔들리기 마련이었다. 누가 먼저 흔들었느냐를 따지는 일은 닭이 먼저냐, 달걀이 먼저냐를 따지는 것과 같이 어리석은 일일 터였다.

홍 팀장 『논어』를 자꾸 읽다 보니 공자야말로 어떤 상황에서도 막힘이 없는 소통의 대가였다는 생각이 듭니다. 부장님 말씀대로 『논어』의 흐름을 읽으려고 노력해봤어요. 이야기들이 따로 따로 떨어져 있는 것 같았는데 지금은 묘하게 이어져 있다는 느낌도 받아요.

공 부장 그게 바로 『논어』의 특징이기도 하지. 책상 앞에 앉아 생각만으로 쓰인 글이 아니거든. 예전에도 말했지만 『논어』는 공자의 제자들이 스승의 언행을 기록한 글이야. 현장에서 있었던 일을 기록한 것이나 다름없지. 실제 상황에서 일어난 일이기 때문에 생생하게 다가오고 그만큼 힘을 갖는 것 아닐까?

홍 팀장 저희가 일을 할 때도 '답은 현장에 있다'고 많이 말하잖아요. 그것과도 일맥상통하네요.

공 부장 그렇다고 볼 수 있지. 팀장이라고 사무실에서만 앉아서 지시만 내리면 일의 핵심을 보지 못하는 경우가 생겨. 이것은 임원이 되거나 경영자가 되어서도 마찬가지야.

위대한 기업들이라고 불렸던 세상의 많은 기업들이 갑자기 몰락한 이유가 뭘까? 자기가 최고라고 생각하며 현실의 변화를 제대로 보지 못했기 때문이야. 언제나 현장에서 팩트를 확인하면서 그것을 바탕으로 핵심을 파악해야 일의 근간을 놓치지 않을 수 있어. 사람하고 소통하듯이 일하고도 소통이 필요한 법이야.

홍 팀장 일과 소통한다고요?

공 부장 물론이지. 우리가 일을 할 때 뭔가 손에 딱 잡히는 것이 있는 것은 아니잖아? 하지만 분명히 소통하고 있어. 예를 들어 홍 팀장은 어떤 사람하고 가까이 지내고 싶지?

홍 팀장 대화가 잘 통하고 마음을 잘 알아주는 사람이요.

공 부장 그렇다면 대화가 잘 통하고 마음을 알아준다는 건 어떤 의미일까?

홍 팀장 상대를 이해하려는 태도가 있다는 뜻입니다.

공 부장 나도 그래. 그런 사람은 오랫동안 만나고 싶지. 우리가 어떤 사람을 좋아하듯 일도 그런 마음으로 좋아해야 해. 단순

히 주어진 업무라고 생각하면 겉만 보고 지나가게 돼. 사람
도 그렇잖아? 철저하게 속내를 감추고 비즈니스 파트너로
만 대하는 사람을 만나면 왠지 모르게 마음이 편하지가 않
지. 하지만 일로 만나도 마음이 통한다고 느끼는 사람이 있
어. 그런 사람과는 일을 같이 할 때도 즐겁고, 앞으로 함께
더 큰일을 도모할 수 있게 되고.

홍 팀장 그래도 일과 사람은 다르잖아요.

공 부장 근본적으로 소통이 필요하다는 점에선 같다고 볼 수 있어.
일에도 사람에도 '참된 만남'이 필요해. 그게 바로 일을 제
대로 한다는 의미지. 홍 팀장은 일이 요구하는 본질적인 핵
심을 통과했다고 말할 수 있어?

소통의 첫 번째 관문,
자신과의 관계 맺기

홍 팀장 일의 본질, 일의 핵심이라…… 인문학 아카데미를 하면서
일과 소통하는 게 뭔지 조금은 배우고 있는 것 같아요. 예전
에는 성과, 효율, 매출 같은 걸으로 드러나는 숫자에만 매달
렸어요. 그게 제 능력과 직결된다고 믿었거든요. 그땐 일을
왜 하는지 의미를 찾을 수도 없었고, 지겹고 스트레스가 쌓

이기만 했어요. 연봉이 오르면, 휴가가 늘어나면, 승진이 되면, 나를 괴롭히는 상사가 사라지면…… 막연하게 외부 요인이 바뀌면 문제가 해결될 것마냥 하루하루 살았던 것 같아요. 문제는 제 자신이었는데 말이죠…….

공 부장 그런데 지금은 변화가 생겼어?

홍 팀장 네. 일 자체가 좋아졌어요. 주체적으로 움직이는 기분이랄까, 이제야 뭔가 일할 맛이 납니다.

공 부장 하하하. 그거 반가운 소리군. 일할 맛이 나고, 사람 만날 맛이 나야, 사는 맛이 나는 법이지.

홍 팀장 소통을 중요하게 여겨야 한다고 머리로는 알면서도 팀원들하고 통하지 못했던 것이 후회가 됩니다. 지금이라면 다르게 해볼 수 있을 것 같아요.

공 부장 인생에서 내가 해결하지 못한 일은 숙제처럼 다시 반복해서 돌아오게 되어 있어. 시간이 지나 똑같은 문제를 맞닥뜨렸을 때 성숙한 내가 되어 해결할 수 있어야겠지. 더 이상 후회가 반복되지 않도록. 홍 팀장이 풀지 못했던 일도 조만간 다시 만나게 될 날이 올 테니 기다려봐. 그런데 팀으로 복귀해서 팀원들을 다시 만나면 어떤 팀장이 되고 싶지?

홍 팀장 말보다 행동으로 움직이는 팀장이 되고 싶습니다. 팀원들이 할 일을 제가 다 짊어지지 않고 그들이 자발적으로 잘할 수 있도록 지원하고 싶고요.

팀장은 앞에서 끌어가는 게 아니라 가운데에서 중심을 잡아야 한다고 하셨잖아요. 원이 중심에서부터 뻗어나가듯, 저 또한 수평적인 관점으로 팀원들을 바라보면서 무게중심을 잡겠습니다. 팀원들과 함께 성장하면 더 바랄 것이 없을 것 같고요.

공 부장 듣기만 해도 마음이 좋네. 그런 팀장이라면 팀원들도 기꺼이 헌신할 거야. 소통을 잘한다는 건 관계를 중요하게 여긴다는 거야. 좀 더 이야기하자면 우리가 관계를 맺는 모든 것들과 소통이 필요하다는 뜻이지.

홍 팀장 일, 사람, 세상과의 소통 말씀이시군요.

공 부장 무엇보다도 자기 스스로와 소통하는 것이 가장 중요해. 의외로 사람들은 자기 자신에게조차 솔직하지 못할 때가 많아. 스스로를 속이는 자기기만이지.

행복한 사람은 자신이 중요하게 여기는 것들과 관계를 잘 맺는 사람이야. 그중에서 첫째는 바로 자기 자신과의 관계를 바로 세우는 일이야. 자기를 알고, 자기를 사랑하는 일이 바로 그렇지. 공자를 비롯한 동서양의 많은 철학자들이 끊임없이 추구했던 덕목이지.

홍 팀장 이번 경험을 통해서 제가 배워야 하는 가장 중요한 것이 소통이라는 것을 깨달은 것만 해도 커다란 소득입니다. 그런데 기본적으로 소통을 잘하려면 어떤 태도를 갖는 게 좋을까요?

공 부장 '인'을 꾸준히 실천하면 되지 않을까?

홍 팀장 하하하. '인'으로 귀결되는군요.

공 부장 안연이 공자에게 '인'을 묻자 공자는 이렇게 대답을 했어. "극기복례니라. 자기를 이기고 예로 돌아가는 것이 '인'이다. 하루만이라도 자기를 이겨내고 '인'을 실천한다면 천하가 '인'에 귀의할 것이다. '인'을 실천하는 것이 자신에게 달린 것이지 다른 사람에게 달린 것이겠느냐?"
안연은 여기서 그치지 않고 다시 구체적인 방법을 물었어. 그러자 공자는 이렇게 대답해주었어. "예가 아니면 보지 말고, 예가 아니면 듣지 말고, 예가 아니면 말하지 말고, 예가 아니면 움직이지 말아라." 모든 행동은 예를 따라야 한다는 말로, 예를 통하지 않고는 결코 인을 이룰 수 없다는 말이지.

홍 팀장 아무리 좋은 덕목이라도 '예'로 뒷받침하지 않으면 바람직하지 않다는 뜻이군요.

공 부장 「태백」편에 실려 있는 말이 그것을 잘 말해주고 있어. "공손에 예가 없으면 헛수고가 되고, 신중에 예가 없으면 두려워하게 되고, 용기에 예가 없으면 질서가 무너지고, 정직에 예가 없으면 박절하게 된다."*

홍 팀장 그런데 극기복례에서 '복례'는 예로 돌아간다는 뜻이고, '극기'는 무엇이죠?

공 부장 감정이나 욕구를 이성으로 이기는 것, 그것이 극기야. 이 부장의 멱살을 잡고 싶은 것을 억누르고 그 분노를 인문학 아카데미에 최선을 다함으로써 그들에게 희망의 불씨를 지피는 것으로 승화시키는 것이 극기가 아닐까?

홍 팀장 이거 뭔가 찔리는데요. 마음속으로는 하루에도 몇 번씩 이부장 멱살 쥐고 흔듭니다.

공 부장 하하하. 감정이나 욕구 자체를 막을 수는 없어. 다만 행동으로 옮기지는 않았으니까 극기를 했다고 볼 수 있지. 그런데 극기란 단순히 욕구나 감정을 억누르고 어려움을 이겨내는 데서 그치지 않아. 예전에도 한 번 이야기한 적이 있는데 기억나?

홍 팀장 그게…… 잘 기억이…… 언제 말씀하셨나요?

공 부장 예전에 내가 어떠한 어려움에 처하거나 곤란한 처지에 놓이면 반드시 해야 할 일이 있다고 말했던 적이 있었지? 그럴 땐 먼저 스스로를 돌아보고 깊이 성찰하는 자세가 꼭 필요하다고.

사람들은 흔히 어려운 상황에 처하면 먼저 환경을 원망하고, 다른 사람의 탓으로 돌리려고 하잖아. 혹은 아무런 생각도 없이 무턱대고 그것을 이겨내려고 하는 경우도 많고 말이야. 그리고는 그것을 극기라고 표현하는데 그것은 진정한 극기가 아니라 무모한 용기에 불과해. 마치 장님이 앞이 보이지 않으니까 손에 쥐고 있는 지팡이를 마구 휘두르는 것과 다름이 없는 행동이지.

홍 팀장 아, 여기로 쫓겨나다시피 왔을 때 부장님께서 처음 해주신 말씀, 기억납니다. 곤이불학. 그때를 생각하면 너무 부끄럽네요.

리더가 갖추어야 할 진정한 덕목,
충과 서

공 부장 홍 팀장도 그때와 많이 달라졌지. 지금 홍 팀장의 모습이야말로 성장했다는 증거라고 생각해. 아, 혹시 『논어』「이인」편을 읽어봤어?

홍 팀장 네. 읽었습니다.

공 부장 거기에서 인상에 남는 대목이 뭐였지?

홍 팀장 공자가 수제자 증자를 통해 가르쳤던 말이 생각납니다. 공자가 제자 증자에게 '나의 도는 하나로 통한다'고 말하자 다른 제자들은 아무도 그 뜻을 알지 못했지요. 그때 수제자였던 증자는 '스승님의 도는 충忠과 서恕일 뿐입니다'라고 대답합니다.

공 부장 『논어』「위령공」에도 비슷한 이야기가 나오는데, 자공이 '한 마디 말로 평생을 실천할 만한 것이 있습니까?'라고 묻자 공자는 이렇게 대답했지. "그것은 바로 '서'다. 자기가 원하지 않는 것을 남에게 하지 않는 것이다."** 이 개념은 서양 문화에서도 반드시 지켜야 할 황금률로 소중히 지켜 내려오는 금언이라고 할 수 있어.

홍 팀장 성경에 있는 '내가 대접받고 싶은 대로 남을 대접하라'는 구절이 떠오르네요.

공 부장 맞아. 좀 더 적극적인 표현이라고 할 수 있지. '하지 말라'가 아니라 '하라'이니까. 원문으로는 '기소불욕, 물시어인'이라고 하는데, 사실 고전을 꼭 원문으로 알고 있을 필요는 없지만 이런 좋은 글들은 원문으로 알고 있으면 도움이 될 거야. 다른 데서 활용할 때도 유용하고.

홍 팀장 그러니까 '서'는 한마디로 다른 사람을 배려하라는 것이군요?

공 부장 그렇지. '서'는 다른 사람과 함께 공감하고, 배려하라는 가르침이라고 할 수 있어. 다른 사람과 함께 느끼게 되면 그 사람을 이해할 수 있고, 그렇게 되면 그 사람이 원하는 대로 대접할 수 있으니까.
이 말의 뜻은 한자를 보면 잘 알 수 있는데, '서恕'는 '같을 여如'와 '마음 심心'으로 구성되어 있어. 즉, 마음을 같이한다는 뜻이야. 오늘날의 관점에서 보면 '공감'으로 볼 수 있다고 생각해. 공감이야말로 모든 인간관계의 핵심이고 소통의 뿌리가 되는 핵심 중의 핵심이라고 할 수 있으니까.

홍 팀장 다른 사람의 마음을 어떻게 알 수 있습니까? 그 마음을 알아야 공감도 할 수 있을 것 같은데요.

공 부장 오죽하면 '열 길 물속은 알아도 한 길 마음속은 모른다'는 말이 나왔겠어. 그래서 평소에도 상대의 입장에서 생각하려고 항상 노력하는 습관을 키워야 해. 하지만 실천하기가 정말 어렵다는 것을 알기 때문에 여러 고전에는 그러한 태도를 독려하는 말들이 실려 있지.

홍 팀장 어떤 말들이 있나요?

공 부장 '혈구지도絜矩之道'라는 말이 있어. 『사서』 중의 하나인 『대학』에 있는 말로 '내 마음의 잣대로 다른 사람의 처지를 헤아려라'는 뜻이야. 말하자면 내가 그런 상황이 되었을 때 어떤 마음일까를 생각해서 다른 사람의 입장을 생각하라는 것이지. 또 '내 처지로 미루어 다른 사람을 생각한다'는 추기급인推己及人도 마찬가지 의미를 담고 있어. 많은 고전에서 같은 가르침을 주는 건 그만큼 사람들이 지키기 어렵기 때문이겠지?

홍 팀장 아, '역지사지易地思之'도 있지요! '다른 사람의 자리나 처한 상황에 자신을 놓아보라'는 의미니까요. 그런데, 부장님.

'인'을 실천하는 말 중에서 '충'이라는 말이 있잖아요? 이건
무슨 의미인가요?

공 부장 '서'가 다른 사람과의 관계에서 지켜야 할 핵심을 말했다면
'충'은 자기 자신에 관한 가르침이라고 할 수 있어. 이 말도
한자로 풀어보면 쉽게 그 뜻을 알 수 있는데, '충忠'은 '가운
데 중中'과 '마음 심心'으로 이루어져 있지. 아까 '서'를 해석
하던 방법으로 풀어보면 어떻게 되지?

홍 팀장 마음의 가운데 혹은 마음의 중심이 되겠군요.

공 부장 마음의 가운데면 마음속이 되겠군. 혹은 '마음의 중심을 바
로 세우다'도 되겠고 말이야. 이렇게 해석해보면 '서'가 다
른 사람과의 관계를 가르쳤다면 '충'은 스스로를 정립하라
는 가르침이지. 유교의 정통파 후계자라고 할 수 있는 성리
학의 집대성자 주자는 '충'을 일러 '스스로 정성을 다하는
것'이라고 해석했어. 스스로를 성찰하고 온 정성을 다해 자
신을 바로 세워가라는 뜻이야. '서'는 다른 사람을 배려하는
일에 최선을 다하는 것일 테고.

홍 팀장 아까 부장님께서 공자는 자공에게 말하길 자신의 도는 오
직 '서' 하나라고 했다고 하지 않으셨습니까? 그런데 이번에
는 '충'과 '서'라니, 증자가 잘못 해석한 것인가요?

공 부장 공자가 자공에게 했던 말에 증자는 '충'이라는 단어를 하나
더 덧붙였다고 할 수 있어. 하지만 이 둘은 전혀 별개의 의

미를 지닌 것은 아니야. 다른 사람을 배려하고 존중하고 공감할 줄 아는 사람은 어떤 사람일까?

홍 팀장 바르고 훌륭한 사람이지요.

공 부장 그렇지. 스스로를 올바르게 하고 가꾸어가는 사람은 결국 자신도 완성해가는 것이지만, 다른 사람에 대한 배려와 존중도 반드시 지켜나가려 하지. 반대로 스스로를 제대로 가꾸지 못한 사람은 다른 사람을 배려할 수도 없을 테고. '충'과 '서'는 마치 동전의 양면과 같다고 생각해. 한마디로 말해 스스로를 가꾸고 완성해감으로써 다른 사람을 배려하는 거야. 이것이야말로 리더가 갖춰야 할 진정한 덕목이지 않을까?

홍 팀장 그런데 지위가 높고 사회적으로 성공한 지도층이 남에게는 함부로 대하는 경우도 많이 있잖습니까.

공 부장 그 사람은 능력이 있어서 높은 지위에는 올랐을지는 모르지만 자신을 올바르게 바로 세우고 인격적으로 훌륭하게 되는 '충'은 가꾸지 못한 사람이라고 할 수 있어. 이런 사람들은 지위가 높아질수록 겸손해지는 것이 아니라 교만해지고, 아랫사람을 존중하고 배려하기보다는 자신의 부나 권력을 이용해서 억누르려고 하지.

홍 팀장 맞아요. 요즘은 능력이 있는 사람을 훌륭한 사람이라고 생각하는 잘못된 사고가 만연하죠…… 능력이나 성공을 인간의 품격과 동일시해서는 안 되는데 말입니다.

공 부장 무엇보다도 문제는 이들 스스로가 자신이 훌륭하다고 생각하고 자신이 하는 행동을 무조건 옳다고 생각하는 데 있어. 소위 말하는 '갑질'이 바로 자신의 권력과 성공을 과시하려는 이런 사람들이 하는 행태라고 할 수 있겠지.

홍 팀장 한 번씩 뉴스에 이런 사람들 이야기가 뜨면 정말 화를 참기가 어렵더라고요. 이제야 제대로 이해가 되네요. 그러니까 '충'과 '서'는 반드시 함께 이루어가는 것이고, 그중 어느 한 가지가 잘못되면 결국 두 가지 모두를 이루지 못하는 것이 되겠군요. 결국 '충과 서'를 함께 말하든 '서'만을 말하든 전혀 상관이 없네요. 이 둘을 갖추게 되면 개인과 사회가 함께 성장하게 되니까 공자가 말했던 '인'의 세상이 이루어질 수 있겠군요.

공 부장 공자가 추구했던 '인'의 세상은 개인의 완성으로부터 시작하는 것이라고 할 수 있어. 개인에서 시작해서 가족과 사회로 퍼져 나가고, 세상으로 퍼져 나간다면 이상적인 세상이 이루어질 수 있다고 공자는 보았지.

홍 팀장 『논어』 정신이 퍼져 나가려면 지금 여기, 바로 우리가 먼저 변화하도록 노력해야겠네요. 2500년의 정신을 부장님과 제가 실천하고 있군요. 함께 호흡하면서!

공 부장 하하. 그렇지. 우리가 먼저 변하고 우리 조직이 변하고, 이런

노력을 하는 사람들이 모이고 늘어나면서 우리 사회로도
확장해나갈 수 있을 테니까.

그릇을 키우는 말

* "공손에 예가 없으면 헛수고가 되고, 신중에 예가 없으면 두려워하게 되고, 용기에
예가 없으면 질서가 무너지고, 정직에 예가 없으면 박절하게 된다."

恭而無禮則勞 愼而無禮則葸 勇而無禮則亂 直而無禮則絞
공 이 무 례 즉 노   신 이 무 례 즉 사   용 이 무 례 즉 난   직 이 무 례 즉 교
- 「논어」 「태백」 2 -

공손과 신중, 용기와 정직은 모두 지켜야 하는 바른 덕목을 말한다. 하지만 이런
좋은 덕목도 반드시 지켜야 하는 한계와 정도가 있는데 그것을 정해주는 것이
바로 '예'라고 할 수 있다. 공손이 지나치게 되면 비굴해지기 때문에 좋은 결과를
얻지 못하고 헛된 일이 된다. 신중함 역시 지나치면 두려움이 되고, 용감함이 지
나친 사람이 있으면 무질서해진다. 마찬가지로 정직함 역시 반드시 예를 기반으
로 해야 하며 정도를 지나치면 경직된 원칙주의자가 될 수도 있다. 법과 원칙은
당연히 지켜야 하지만 이것이 사람 위에 군림하는 것은 아니다.

** "그것은 바로 '서'다. 자기가 원하지 않는 것을 남에게 하지 않는 것이다."

其恕乎 己所不欲 勿施於人
기 서 호   기 소 불 욕   물 시 어 인
- 「논어」 「위령공」 23 -

자공이 "남이 저에게 하지 않았으면 하는 일을, 저 역시 남에게 하지 않으려고 합
니다"라고 하자 공자는 이렇게 대답했다. "자공아, 그것은 네가 해낼 수 있는 일

이 아니다." 자공이 비록 공자에게 군자로 인정받기에는 부족하다고 평가받았지만 공자의 제자 중에서 현명한 제자에 속한다. 그런 제자인 자공에게조차 공자는 그 일을 해내기 어렵다고 했다. 다른 사람을 배려하고 상대방의 입장에서 생각하는 것, 결코 쉬운 일이 아니다. 사람에 대한 통찰과 인문학적인 상상력이 필요하다.

04 군자화이부동
원수도 없지만 친구도 없는 리더

군자화이부동 소인동이불화

君子和而不同 小人同而不和

"군자는 화합을 추구하되 같음을 강요하지 않고,
소인은 같음을 강요하되 화합을 추구하지 않는다."

– 『논어』「자로」 –

지금, 여기 눈앞에 있는 사람이
귀인이다

홍 팀장과 공 부장이 발로 뛰어 노력한 결과 인문학 아카데미는 점점 많은 사람들이 모여 들었다. 처음 시작할 때의 우려를 말끔히 씻고 회를 거듭할수록 사람들이 늘어났다. 그들은 채무를 갚는 일에도 적극적으로 협조했다. 아직 모든 사람들이 열성을 보이는 것은 아니었지만 이 정도만 해도 고무적인 일이었다. 이 작은 성공이 조금씩 회자되더니 지난번에는 전략본부 직원들도 몇 명 찾아와 듣고 갔다. 회사에서도 주목하고 있다는 뜻이었다. 악성채무 대리점뿐 아니라 일반 대리점을 대상으로 시행하면 좋겠다는 의견을 제시하는 사람도 있었다. 하지만 한 가지 마음에 걸리는 일이 남아 있었다. 상급부서라고 할 수 있는 인사부에서는 아무런 언급이 없었다. 특히 이 부장의 움직임이 없는 것이 불안했다.

홍 팀장의 걱정과는 달리 공 부장은 전혀 미동이 없었다. 모든 일이 잘되고 있는데 지레 걱정할 필요가 없지 않느냐고 오히려 홍 팀장을 다독였다. 공 부장의 격려에 힘입어 홍 팀장 역시 지금은 인문학 아카데미에 집중해야 할 때라고 마음을 다잡을 수 있었다.

'맞아, 지금 여기서 최선을 다하면 되는 거야. 지난 일을 후회하거나, 앞으로 닥칠 일을 걱정하며 시간을 낭비할 필요가 없지. 내가 가진 시간은 지금 현재밖에 없으니까.'

홍 팀장 부장님, 인문학 아카데미를 좀 더 많은 사람들에게 알리고 싶다는 생각이 듭니다. 일시적 프로젝트로 끝내기엔 너무 아깝기도 하고요.

공 부장 나도 같은 생각이야. 홍 팀장이 이젠 나보다도 『논어』를 더 아끼는 것 같은데?

홍 팀장 생각해보면 변화라는 게 참 어렵기도 하지만 쉽기도 하네요. 부장님께서 처음 『논어』를 읽으라고 권해주셨을 땐 이해가 잘 안 됐습니다. 제가 어떤 처지에 놓여 있는지 빤히 아시는 분이, 가슴에서 천불이 나는 제게 밑도 끝도 없이 『논어』를 읽자고 하시니 솔직히 어이가 없었습니다.

공 부장 그래도 믿고 읽으니 좀 어때?

홍 팀장 너무나 잘했다고 생각합니다. 그때 부장님과 『논어』가 없었다면 어땠을지 생각도 하기 싫습니다. 매일 아침 지옥으로 출근하는 심정이었을 겁니다.

공 부장 지금은 달라졌어?

홍 팀장 네. 악성채무자들도 협조적이고, 회사에서도 긍정적으로 보고 있는 것 같고요. 조만간 저희에게도 변화가 생기지 않을까요?

공 부장 다시 예전 팀으로 돌아가고 싶어?

홍 팀장 솔직히 말하면…… 유통업무가 제 본업이라는 생각이 들기는 합니다. 회사의 구조적인 문제도 눈에 보이고 어떻게 그것을 해결할 수 있을지 생각도 많이 하게 되고요. 제가 생각의 눈이 조금은 트였나 봐요. 하지만 일단은 마음을 비우고 지금 여기에 최선을 다하고 싶습니다. 바로 지금이 가장 중요한 때라는 것을 이젠 알게 되었거든요.

공 부장 맞아. 우리에게 주어진 시간은 늘 지금이 전부이고, 우리가 만나는 귀인은 늘 눈앞에 있는 사람이지. 현재에 최선을 다하는 것이 미래를 변화시키는 기본이라고 생각해.

홍 팀장 네. 제가 소통에 서툴렀던 것도 지금 눈앞에 서 있는 사람들에 초점을 맞추지 못해서였던 것 같습니다. 늘 '어딘가 다른 장소, 다른 사람들을 만나면 내 인생이 더 나아지지 않을

까?'라고 생각하며 제가 가진 것은 보잘것없다는 불평만 하
고 있었거든요.

공 부장 이렇게 변한 모습을 보면 놀랄 사람이 많겠는데? 눈빛부터
달라졌으니까.

홍 팀장 그렇지 않아도 아내가 깜짝 놀라더라고요. 조만간 다시 합
칠 것 같아요. 아이들도 좋아하고요. 저 때문에 가족을 너무
고생시켰습니다.

공 부장 고생은 했지만 덕분에 관계가 더욱 끈끈해지지 않았어? 부
부관계도 기초가 잘 서 있으면 시련을 겪을수록 동지애가
생기는 법이지.

홍 팀장 아내와 많은 대화를 나눴습니다. 참 오랜만에 속 깊은 이야
기를 한 것 같아요.

공 부장 서로를 진심으로 위하고 이해하면서 나누는 대화는 튼튼한
끈처럼 사람을 이어주지. 잘했네, 참 잘했어.

적을 만드는 것을 두려워하면
자신만의 원칙을 세우기 힘들다

홍 팀장 가족과의 관계가 안정되어 가니 예전 팀원들 생각도 많이
나더라고요. 제가 좀 더 좋은 리더가 되어서 그들과 호흡을

맞췄어야 하는데 혼자 앞서가려고 하다 보니 불화가 생길 수밖에 없었던 걸 뒤늦게 알게 되었고요.

공 부장 그래서 소통이 중요해. 팀장 혼자 팀을 끌어가는 것은 아니지만 리더가 어떤 사람인가에 따라 팀도 달라지니까.

홍 팀장 어떤 리더가 되어야 할까요?

공 부장 사람마다 개성이 다르니 하나의 모델만 있다고 보긴 어렵겠지. 다만 모든 사람에게 칭찬받는 리더는 훌륭한 리더가 되기는 어렵다고 생각해.

홍 팀장 일 잘하고 인품까지 좋으면 모두 칭찬하지 않습니까?

공 부장 좋은 리더는 칭찬과 인정에 연연하는 사람이 아니라 때로는 궂은일도 나서서 도맡아 하고, 팀원들과의 갈등도 피하지 않으면서 싫은 일도 시킬 수 있어야 해. 얼마나 많은 사람들이 좋아하는지가 앞으로 할 일의 기준이 되어서는 안 돼. 중요한 것은 협력을 통해 나오는 결과의 수준이거든. 『논어』에도 이런 말이 있어. "군자는 화합을 추구하되 같음을 강요하지 않고, 소인은 같음을 강요하되 화합을 추구하지 않는다." 소통하는 리더가 된다는 것은 듣는 귀를 열어두라는 뜻이지 모든 이들이 똑같이 만족하도록 일을 하라는 뜻이 아냐.

홍 팀장 칭찬에 눈멀지 않고 갈 길을 제대로 가라는 말이 무슨 뜻인지 알겠는데 한편으로 생각하면 독단이나 독선에 빠질 위

칭찬에 눈멀지 않고
갈 길을 제대로 가라

험은 없을까 싶기도 해요. 반대로 나는 공평하게 한다고 하는데 아랫사람들의 눈치나 본다고 위에서 쓴소리를 듣게 될 수도 있을 것 같고요.

공 부장 일을 하다 보면 호평도 받고 혹평도 받는 법이야. 인기에 연연하게 되면 자신도 모르게 호감을 주는 일에 정신이 팔리게 돼. 존경받는 팀장이 되는 것과 호감을 사는 팀장이 되는 것은 다른 일이거든.

홍 팀장 공자 같은 성인은 주위에서 받들어주기 때문에 미움받는다는 게 어떤 마음인지 모를 것 같기도 한데요.

공 부장 공자가 모든 사람들에게 칭찬만 받았을까? 그를 미워하는 사람들도 많았어. 그는 '인'의 길을 따랐을 뿐 인기를 바라지 않았기 때문이야. 하지만 그는 그를 따르는 제자 한 사람 한 사람을 누구보다 잘 알고 있었어. 부드럽게 방향을 제시하고 잘못하면 따끔하게 야단치기도 했지만 바른 길을 벗어나지 않는 한 어느 누구도 버리지 않았지.

인간으로서 갖추어야 할 보편적인 성품을 기르게 하면서도 각자가 지닌 역량을 최대한 살려 자신이 가장 실력을 발휘할 수 있는 분야에서 자신답게 살 수 있는 길을 권했어. 하늘에 태양만 있으면 얼마나 단조롭겠어? 달도 있고 별도 있고 구름도 있으니 아름다운 거야.

말을 마치며 공 부장은 '성인지미 불성인지악成人之美 不成人之惡'이라는 말을 해주었다. '남의 좋은 점은 키워주고 나쁜 점을 감추어 준다'는 뜻이다. 홍 팀장은 자신의 역할에 대해 다시금 생각해보았다. 팀에서 리더의 역할은 자신이 신봉하는 기준을 일방적으로 제시하는 것이 아니라 그들에게 있는 다양성을 인정하면서 개성이 빛날 수 있는 장場을 만들어주는 것이 아닐까.

홍 팀장은 '수신제가치국평천하修身齊家治國平天下'를 떠올렸다. 자신을 돌아보고 가정을 평안하게 한 후 나라를 다스리고 천하를 평화롭게 한다는 뜻으로 알고 있었지만 진정한 소통이 무엇인지 생각하면서부터 이 말이 새로운 의미로 다가왔다.

행복한 삶을 살기 위해선 소명의식을 갖고 투신할 수 있는 일과 진정으로 마음을 나누며 관계에 헌신할 수 있는 사람 둘 다 중요했다. 그러기 위해서라도 자신은 물론 가족 그리고 조직 구성원들과 진심으로 소통하는 일을 배워야 할 터였다. 더 크고 넓은 시각으로 세상과 소통하기 위해.

05 견리사의
이익을 추구하기 전에 의로운지 먼저 생각하라

> ### 견리사의 견위수명
> 見利思義 見危授命
> "이익이 되는 일을 보거든 먼저 그것이 의로운지를 생각하라.
> 위태로운 일을 보거든 목숨을 걸어라."
> - 『논어』「헌문」-

과거와 소통하며 미래를 열어가라,

현재에 발을 단단히 딛고!

　인문학 아카데미도 어느새 마지막 시간을 맞이하고 있었다. 석
달 동안 매주 모여 이야기를 하다 보니 정이 들었고, 정이 깊어갈수
록 대화도 점점 더 풍성해졌다. 악성채무자로 불리던 이들이 서로
를 선생님으로 칭하며 『논어』에 대해 이야기하는 모습은 어떤 상황
에서도 인간은 성장하고 변할 수 있다는 믿음을 주었다.

　그들은 공자와 '인'과 '서'와 '충'에 대해 의견을 주고받았지만 사
실은 『논어』를 통해 자신의 이야기를 하고 있었다. 내 이야기를 진
지하게 들어주는 사람들이 있다는 것만으로도 그동안 마음에 맺힌

응어리가 조금씩 풀리는 듯했다.

홍 팀장이 현장에서 직접 소통의 힘을 이토록 강하게 느낀 것은 처음이었다. 『논어』뿐만 아니라 다른 인문학 책들도 함께 읽고 싶었다. 새롭게 열리는 가능성 속에서 이 프로젝트를 전사 차원으로, 회사를 넘어 지역사회로 널리 알리고 싶다는 소망이 자라기 시작했다. 개인의 차원을 넘어 더 큰 세상을 향해 소통하고 싶다는 뜨거운 열망이었다.

홍 팀장 이번에 함께 『논어』를 읽으면서 사람들과 더욱 깊게 소통할 수 있다는 확신이 생겼습니다. 그리고 단순히 누군가와 말이 통하는 것이 소통의 전부가 아니라는 것도 깨달았습니다. 소통은 훨씬 크고 넓은 의미인 것 같아요. 말은 많이 주고받았지만 가까워질 수 없었던 관계가 많았어요.

공 부장 맞아. 말로 주고받는 것이 소통의 전부는 아니지. 그걸 알게 된 것도 아주 훌륭한 일이야. 그만큼 홍 팀장의 시야가 확장된 것이니까. 거대한 문제도 결국 출발은 사람과 사람 사이의 소통에서부터 시작되어야 해.

그런 점에서 인문학은 어떻게 세상과 소통할 것인가를 배울 수 있는 좋은 공부지. 생존이 위협을 받는 순간에 인문학 공부라니, 속 편한 소리라고 생각하는 사람도 있겠지. 그런데 이렇게 한번 생각해보면 달라질 수 있어. 이 세상에서 가장 중요한 사람은 과연 누굴까?

홍 팀장 자기 자신이죠.

공 부장 그렇지. 우리는 누구나 자신을 가장 중요하게 여기면서 살아가. 자기가 없으면 가족도, 다른 사람들도, 이 세상도 아무 의미가 없을 테니까. 그래서 인문학은 자기 자신을 공부하는 것부터 시작해야 해. 우리가 살아가는 의미, 우리가 이 세상에서 추구하는 가치, 이런 것들을 공부함으로써 우리 삶이 얼마나 소중한지를 알게 되는 거야.

홍 팀장 맞아요. 그런데 일반적으로 인문학이 경제적인 활동이나 부의 창출과는 직접적으로 관계없는 학문이라고 생각하는 것 같아요. 심지어 어떤 사람들은 인문학이 경제활동을 천박하게 여기는 학문이라고 오해하기도 하잖아요?

공 부장 하지만 인문학의 시조라고 할 수 있는 고대 철학자들은 부를 위한 활동을 무조건 부정하지는 않았어.

홍 팀장 우리나라에서는 상업에 종사하거나 부를 쌓는 일을 천대시하는 풍조가 있지 않았습니까. 조선시대의 신분계급인 사농공상만 해도 경제적 활동을 위해 장사를 하는 상인들은 농업이나 공업에 종사하는 사람보다 더 낮은 하급 계층으로 취급받았고요.

공 부장 바로 그 점 때문에 인문학이 왜곡되는 거야. 조선시대의 소위 사대부 계층들이 유학의 경전을 마음대로 해석함으로써 생겨난 오해인데, 실제로 그들이 최고의 성인으로 추앙했던 공자는 상업에 대해 부정적으로 말하지는 않았어. 특히 공자는 백성을 다스리는 데 가장 필요한 일이 백성들을 잘살게 만드는 것이라는 철칙을 가지고 있었어. 위나라를 여행할 때 제자 염유에게 '백성이 많으면 먼저 그들을 잘살게 만들어야 하며, 그다음에는 가르쳐야 한다'고 말했던 것에서 공자의 생각을 잘 알 수 있지.

홍 팀장 부장님 말씀을 듣다 보니 이 말도 기억이 나요. "나는 어린 시절 가난했기 때문에 힘들고 천한 일을 많이 했다."

공 부장 맞아. 또 이런 말도 했어. '만약 부가 구해서 얻을 수 있는 것이라면 말채찍을 잡는 천한 일이라도 하겠다'*고. 부에 대한 공자의 이런 언급들을 보면 공자가 결코 부를 추구하는 일 자체를 부인하지는 않았다는 것을 알 수 있지. 단지 부자가 되기 위한 수단과 절차가 정의로워야 한다고 강조했던 거야. 그것을 잘 말해주는 말이 바로 '견리사의見利思義'인데, '이익이 되는 일을 보거든 먼저 그것이 의로운지를 생각하라'**는 뜻이지. 부자가 되기 위해 수단과 방법을 가리지 않는 것이 아니라 먼저 그것이 의로운 방법인지를 생각해야 해.

똑같은 걸 보더라도

다르게 생각하는 비결

홍 팀장 다른 고전에서도 부에 대해 다룬 것들이 있나요?

공 부장 공자가 부에 대해서 부정적인 생각을 하지 않았던 것처럼
다른 고전들 역시 부에 대해 배타적인 자세를 취하지는 않
았어. 하지만 부에 집착하면서 그 자체를 목적으로 탐욕을
부리는 일만은 경계했지. 그래서 『춘추좌전春秋左傳』과 같
은 고전에는 '착한 사람의 부는 상이요, 악인의 부는 재앙이
다'***라는 구절이 실려 있기도 해.

중국, 아니 전 세계에서 최고의 역사책으로 꼽히는 『사기』
「화식열전貨殖列傳」에는 범려, 백규 등 중국 고대 부자들의
이야기를 한데 모아서 소개하기도 했지. 그리고 사마천은
이들을 '소봉' 즉 '무관의 제왕'이라고 하며 제후들과 같은
반열에 두기도 했어. 이것을 보면 우리 조선 시대 선비들의
생각이 얼마나 짧고 무지했는지 잘 알 수 있지.

홍 팀장 그런데 『사기』에는 부자가 되는 방법도 실려 있나요?

공 부장 「화식열전」에 어떻게 하면 부자가 될 수 있는지에 관해 나
와 있지. 마치 오늘날의 경제학이나 경영학 서적처럼 부자
가 될 수 있는 방법을 이론적으로, 또 실천적으로 상세하게
알려주고 있어. 「화식열전」에 실려 있는 '부자가 되는 큰 법

칙, 대경'에는 이런 말이 실려 있어. "가진 것이 없을 때는 몸으로 노력하라." 즉, '무재작력無財作力'인데, 무일푼인 사람은 노력을 해서 돈을 벌라는 말이지.

홍 팀장　그때 가장 필요한 것이 근검절약의 정신이라고 할 수 있겠군요?

공 부장　그렇지. 그다음 나오는 말이 "조금 모으면 지혜를 쓰라" 즉 '소유투지小有鬪智'야. 근면을 바탕으로 종잣돈을 모았다면 그다음은 머리를 써야 한다는 말이지. 이때 필요한 것이 무엇일까? 바로 공부야. 그다음 세 번째는 "부자가 되었다면 시기를 이용하라." 즉 '기요쟁시旣饒爭時'야. 지금도 마찬가지지만 그 당시 중국의 부자들은 시기를 이용해서 큰돈을 버는 경우가 많았어. 이때 필요한 것은 무엇일까?

홍 팀장　공부 다음으로…….

공 부장　인문학 공부를 통해서 얻을 수 있는 통찰력이지. 똑같은 것을 보더라도 남들과 다른 생각을 하고, 겉에 보이는 것뿐만 아니라 내면에 감춰진 것을 보고, 그것들을 기반으로 앞날을 예측하는 통찰력이 바로 부자가 되는 지름길이야. 이것만 봐도 부자가 되려면 인문고전 공부가 필요하다는 사실을 잘 알 수 있겠지?

홍 팀장　동양 인문학은 이해가 좀 되는데 서양의 경우는 어떻습니까? 서양은 동양과는 달리 학문에 대한 분류가 명확하잖습

니까. 경제학이나 경영학 같은 과목도 있으니 인문학은 더
더욱 부나 경제와는 상관이 없는 학문이라고 생각하진 않
습니까?

공부장   내가 아는 선에서 이야기를 해볼게. "배고픈 소크라테스가
될 것인가, 배부른 돼지가 될 것인가?"라는 유명한 말이 있
잖아. 그 소크라테스의 제자가 아리스토텔레스인데 서양 모
든 학문의 아버지라고 불릴 정도로 고대 학문의 체계를 세
운 사람이야. 분야를 가리지 않을 정도로 수많은 책을 저술
하기도 했지.

홍팀장   아, 아리스토텔레스라면 '이코노미economy'의 어원인 '에코
노미아economia'를 가장 먼저 사용한 사람이죠.

공부장   맞아. 아리스토텔레스는 오로지 개인이나 국가의 생존을 유
지할 정도의 생필품을 구하는 것만 자연스러운 경제활동이
라고 정의했고, 그것을 넘어서서 오직 돈을 버는 데 목적을
두는 것을 부자연스럽다고 생각했어. 그리고 돈이 돈을 버
는 것 즉, 고리대금업을 그중에서도 가장 부자연스럽고 바
람직하지 못하다고 비난을 했지.

오늘날의 개념으로 생각해보면 아리스토텔레스는 부를 축
적하는 경제학에는 관심도 없었고 그 자체를 바람직하지
않게 보았다고도 할 수 있겠지. 그리고 이러한 아리스토텔
레스의 생각이 결국 고대 서양의 근본을 이루는 경제관이

라고 봐도 무방해.

홍 팀장 그런데 오늘날의 경제학은 서양에서 탄생했잖습니까? 동양보다 오히려 더 부에 배타적이었던 서양에서 경제학이나 경영학이 어떻게 발전할 수 있었을까요?

공 부장 근대 경제학의 아버지로 불리는 애덤 스미스를 알고 있지?

홍 팀장 네.『국부론』을 쓴 분이죠. 오늘날의 경제학이 첫발을 내딛게 되었다고 하는.

공 부장 맞아. 애덤 스미스는『국부론』을 쓰기 전에『도덕감정론』이라는 도덕철학책을 썼어. 그런데 도덕철학에 정통한 철학자가 경제학에 관한 책, 그것도 근대 경제학에 첫발을 딛는 경제학 책을 어떻게 쓸 수 있었을까?

홍 팀장 …….

공 부장 애덤 스미스는 아마 국가의 부흥과 그 구성원들인 개인들의 경제적 안정과 행복을 위해서『국부론』을 저술했을 거야. 결국 사람을 공부하고, 사람의 올바른 삶과 행복한 삶을 연구했던 철학자로서 그 당시 피폐했던 국민의 삶을 안타까워하는 마음으로 자신의 이론을 정립해서 책으로 낸 거지.

홍 팀장 대학 전공 수업 때 과제로 읽은『국부론』이 생각나네요. 내용은 거의 잊었지만. 하하. 그나저나, 경제학이나 경영학이 서양에서 먼저 발달한 이유는 뭘까요?

공 부장 오늘날의 경제학의 뿌리는 바로 인문학에 있다는 것이 그
　　　　해답을 말해주는 게 아닐까? 서양 경제학의 뿌리는 바로 사
　　　　람과 세상에 대한 통찰력을 지닌 철학자들로부터 비롯되었
　　　　어. 서양의 인문고전은 르네상스를 거쳐 수많은 철학자들이
　　　　탄생함으로써 크게 발전했고, 그 과정에서 경제학이라는 사
　　　　람의 삶을 윤택하게 만들어줄 학문이 탄생한 거야.

　　　　그래서 경제학자들을 두고 '세속의 철학자들'이라고 부르기
　　　　도 했어. 같은 제목의 책에는 이런 말도 실려 있어. "그들은
　　　　철학 체계 속에 모든 인간 행위 가운데 가장 세속적인 부분,
　　　　즉 부를 향한 욕구를 포함시키려는 시도를 했다. 아마 가장
　　　　우아한 철학은 아닐지라도 이보다 더 흥미롭고 중요한 철
　　　　학은 없을 것이다."

홍 팀장 그러면 동양 인문학과 서양 인문학 중에서 어느 것부터 먼
　　　　저 공부하는 게 좋을까요?

공 부장 고대 서양철학이 논리적 체계와 이성적 사고를 중시하는
　　　　만큼 학문 분야도 세분화되어 있지만 동양은 역사와 문학,
　　　　철학이 한데 어우러져서 통합적인 학문으로 발달했어. 논리
　　　　적이고 합리적인 서양 철학에 비해 동양은 직관적이고 실
　　　　천적인 데 치우쳐 있기도 하지.

　　　　사람에 따라서 서양의 인문학에 정통성이 있다고 주장하는
　　　　사람들도 있지만 나는 그렇게 생각하지는 않아. 개인적인

생각이기는 하지만 우리의 사고나 문화 정서상 서양철학보다는 동양철학이 접근하기 쉽고, 삶에 적용하기 쉽다고 생각하기 때문에 동양철학을 먼저 공부를 하는 것이 바람직하다고 생각해.

홍 팀장 어쨌든 인문학을 공부하면 부자가 될 수 있다는 말은 확 끌리긴 하네요.

공 부장 그럼 홍 팀장은 돈과 소통해야겠는데? 하지만 중요한 것은 자기 인생의 의미와 가치를 알고 그 삶을 충실하게 사는 것이 행복한 인생이라는 사실은 잊어서는 안 된다는 거야. 그 삶의 의미와 가치를 알게 해주는 것이 바로 인문학 공부고 말이야.

공자는 도와 덕으로 통치되는 이상적인 사회를 만들기 위해 노력했어. 그것을 위해 각 개인들이 자신의 신분과 계층에 걸맞게 행동함으로써 사회의 질서를 유지해야 한다고 생각했고. 개인에게 맡겨진 규범이 바로 자신의 본성에 있는 '인'의 덕목을 회복하는 것이었으니까. 그것을 이루기 위해서는 공부와 수양이 필요한데, 공부와 수양에 대해서 공자는 어떤 욕심이나 이기적인 목적이 아닌 순수한 자기완성의 자세를 요구했어. 공자가 『논어』에서 '아침에 도를 깨치면 저녁에 죽어도 좋다'고 했던 말이 바로 그것을 잘 나타내주고 있지. 당시 이런 사상을 대표하는 사람들이 바로 도가, 즉 노자와 장자로 대표되는 사람들이야. 이들은 스스로 자연으로 돌아감으로써 자신의 이상을 실천했다고 볼 수 있어.

하지만 공자는 자연이 아니라 사람들 사이로 들어왔어. 공부와 수양을 통해 스스로를 완성하고, 다른 사람들과의 올바른 관계를 유지할 때 도덕으로 다스려지는 세상이 될 수 있다고 생각했기 때문이야.

홍 팀장 공부와 수양을 위해서는 순수한 자기목적성을 강조했지만 그것을 실천하기 위해서는 현실 참여적인 자세를 견지해야 한다는 것을 항상 강조했다는 거죠?

공 부장 그렇지. 제자인 자공이 "백성에게 은혜를 베풀고 많은 사람을 구제할 수 있는 사람은 인한 사람이라고 할 수 있습니까?"라고 묻자 공자는 이렇게 대답했어. "인한 사람을 넘어 성인의 경지에 이른 사람이다. 인이란 자신이 서고자 할 때 남부터 서게 하고, 자신이 뜻을 이루고 싶을 때 남부터 뜻을 이루게 해주는 것이다. 내가 원하는 것을 미루어 다른 사람이 원하는 것을 이해하는 것이 바로 인의 실천방법이다." 공자는 사람과의 관계에서 실천하지 않는 '인'은 공허한 말장난에 지나지 않는다는 것을 지적한 셈이지.

자리의 무게에 걸맞은
책임을 져라

홍 팀장   그래도 사람들은 현실적인 일에 인문학의 도움을 받기를 바랄 것 같습니다.

공 부장   예를 들면 부자가 되는 일 말이지? 동서양의 큰 부자들은 인문학에 심취한 사람들이 많았어.

홍 팀장   네. 스티브 잡스, 빌 게이츠를 비롯해서 고 이병철 회장이나 중국의 갑부 리자청 등도 동서양 인문고전을 통해서 부자가 되는 길을 찾을 수 있었다고 말씀해주셨죠. 하지만 역으로 생각하면, 인문학을 공부했던 사람들이 모두 부자가 된 것은 아니잖습니까. 그렇다면 부자가 되기 위해 꼭 인문학을 공부할 필요는 없지 않을까요?

공 부장   인문학을 공부하면 반드시 부자가 된다는 생각은 오산이야. 혹시 그렇게 주장하는 사람이 있다면 인문학으로 장사를 하려는 사람일 테지. 하지만 확실한 것 한 가지는 인문학을 공부함으로써 사람에 대한 통찰력을 얻게 되고, 그 첫걸음으로 스스로를 알게 되고 이를 통해 자신의 인생관과 가치관이 확립된다는 것은 분명해.

     그리고 이런 사람들은 어떤 분야로 진출하든지 자신의 길을 분명히 인식하고 가치 있는 삶을 살기 위해 노력하겠지.

바로 이들이 분명한 철학과 바른 의식을 지닌 부자, 올바른 인성을 지닌 리더가 될 거야. 물론 인문학이 줄 수 있는 것은 그 외에도 많이 있지만, 이것이 인문학이 우리에게 줄 수 있는 것들 중에서 가장 의미 있는 것인 동시에, 우리가 인생에서 추구하는 것 중에서 가장 가치 있는 것이라고 생각해.

홍 팀장 인문학을 통해 가치 있는 삶을 사는 것은 좋지만 세상은 그렇지 않잖아요. 특히 권력자 중에 불의한 사람이 있다면 어떻게 대처해야 하나요?

공 부장 그 대답을 하려면 공자의 후계자였던 맹자를 불러내야겠군. 맹자는 큰 줄기는 공자와 같았지만 '인의'로 다스려지는 세상을 추구했어. '인'이 중요하기는 하지만 반드시 '의'를 바탕으로 삼아야 한다는 거지. 그래서 공자는 의롭든 의롭지 않든 군주의 권위를 인정했지만, 맹자는 의롭지 않은 군주는 군주로서의 자격이 없기 때문에 물러나게 해야 한다고 강조했고. 그 바탕에는 나라의 주인은 백성이라는 민본주의적인 생각이 깔려 있었던 거야.

『맹자』「진심상盡心 上」에 이렇게 실려 있어. "그러므로 많은 백성의 마음을 얻으면 천자가 되고, 천자의 마음을 얻으면 제후가 되고, 제후의 마음을 얻으면 대부가 된다. 제후가 사직을 위태롭게 한다면 그 제후를 바꾸어 세운다. 살찐 짐승과 깨끗한 곡식으로 때맞추어 제사를 지내도 가뭄이 들고 홍수가 넘치면 사직을 바꾸어 세운다."

맹자는 심지어 가뭄이나 홍수와 같은 자연재해에도 나라가 책임을 져야 한다고 주장했어. 어때? 자신의 책임이 명백하게 드러나는데도 남의 탓만 하며 권력에 집착하는 사람들과는 다르지 않아?

홍 팀장 네. 예나 지금이나 자격을 갖추지 못한 사람이 높은 지위에 올라 사욕만 채우는 경우가 너무 많은 것 같아요. 자리의 무게에 합당한 책임과 평가가 이뤄져야 할 텐데요.

공 부장 그러게 말이야. 넓은 세상으로 나가 시대와 호흡하기는커녕 타인은 물론 자신하고도 제대로 소통하지 못하는 이들의 슬픈 자화상처럼 보여. 우리 또한 반면교사反面敎師로 삼아야 하겠지.

돌아오는 길에 상쾌한 바람이 불었다. 홍 팀장은 몇 번이고 깊은 숨을 쉬었다. 숨을 들이쉬고 내시며 천천히 호흡을 할 때마다 세상과 만나는 기분이 들었다. 작은 개인에 머물러 있던 마음이 거인처럼 확장되면서 세상이 품안 가득 들어왔다. 새로운 일이 시작될 것 같은 예감이 들었다.

그릇을 키우는 말

* "부가 구해서 얻을 수 있는 것이라면 비록 마부와 같은 천한 일이라도 나는 하겠다."

富而可求也 雖執鞭之士 吾亦爲之
부 이 가 구 아   수 집 편 지 사   오 역 위 지
― 『논어』 「술이」 11 ―

이 구절만 보면 "돈을 벌 수만 있다면 수단방법을 가리지 않겠다"는 뜻으로 공자가 말했다고 오해할 수도 있을 것이다. 예를 들면 '개처럼 벌어서 정승처럼 써라'는 우리 속담처럼 생각할 수도 있다. 하지만 그다음 구절을 보면 공자의 분명한 뜻을 알 수 있다. "하지만 추구해서 얻을 수 없는 것이라면, 나는 내가 좋아하는 것을 하겠다(여불가구, 종오소호如不可求, 從吾所好)." 이 구절에서 방점은 뒤의 구절에 찍혀 있다. 만약 인생의 목표를 '부'에 둔다면 어떤 천한 일도 해야 할 것이다. 하지만 내 삶의 의미가 부보다 더 귀한 것, 사랑과 배려의 삶에 있다면 당연히 그것을 추구하는 것이 옳다.

....

** "이익이 되는 일을 보거든 먼저 그것이 의로운지를 생각하라."

見利思義 見危授命
견 리 사 의   견 위 수 명
― 『논어』 「헌문」 13 ―

자로가 '완성된 인간은 어떤 사람'인지를 묻자 공자가 대답한 말에 있다. "이익이 될 일을 보면 의로운지를 생각하고, 나라가 위태로운 것을 보면 목숨을 바치며, 오랜 약속일지라도 자신의 말을 지킨다면 역시 완성된 사람이라고 할 수 있다." 견리사의에서 리利는 돈, 권세, 명예 등 이 세상의 성공을 말한다. 공자는 이것을 포기하라고는 하지 않았다. 단지 기회가 왔을 때 그것이 의로운 방법인지를 생각하라는 것이다. 또한 그것을 위해 수단과 방법을 가리지 않는 것을 경계했다. 완성된 사람이란 성공한 사람이 아니라 성공이 의롭지 않을 때 과감히 포기할 수

있는 사람이다. '견리사의 견의수명'은 안중근 의사의 좌우명이기도 했다.

....

*** "착한 사람의 부는 상이요, 악인의 부는 재앙이다."

善人富謂之賞 淫人富謂之殃

선 인 부 위 지 상   음 인 부 위 지 앙

－『춘추좌전』－

순자는 "부자가 되고 싶은가? 치욕을 참고, 목숨을 걸고, 친구를 버리고, 의로움을 버려라"고 말했다. 부자가 되는 방법을 역설적으로 이야기하고 있는 이 말이 위의 구절을 잘 말해주고 있다. 이렇게 사는 삶이 결코 행복하지 않을 것이고, 결국 재앙이 될 것이기 때문이다. 그리스 철학자 에피쿠로스Epicurus가 "부유해진다는 것은 걱정 근심의 감소가 아니라 걱정 근심의 변화일 뿐이다"라고 말했던 것처럼 부자가 될수록 새로운 걱정거리로 골머리를 싸매게 된다. 쌓아둔 돈을 지켜야 하고, 더 많은 돈을 얻고 싶은 욕심에 마음 편할 날이 없다. 결국 평생 돈을 좇는 삶은 참으로 허망하게 끝나고 만다. 정말 안타까운 것은 평생 부를 좇는 허망한 삶을 살면서도 자신의 삶이 얼마나 허무한지 모르고 사는 사람들이다.

공자,
공부를 말하다

질문으로 배움을 청하라

『장자』「달생」편에는 공자에 관한 재미있는 일화가 실려 있다.

공자가 초나라에서 숲길을 지나다가 노인이 매미를 잡는 것을 보았는데, 매미를 어찌나 잘 잡던지 마치 땅에서 줍듯 하고 있었다. 공자가 물었다. "노인께서는 어떻게 이렇게 매미를 잘 잡을 수 있습니까? 무슨 비결이라도 있습니까?" 노인이 대답했다. "대나무 장대 위에 알을 두 개를 올려놓고 땅에 떨어지지 않도록 연습을 합니다. 그다음 세 개를 올려놓고 연습하고 마지막으로 다섯 개가 땅에 떨어

246

지지 않을 때까지 연습합니다. 이 연습을 하고 매미를 잡으니 손으로 물건을 줍는 것처럼 쉬웠습니다. 지금 제 마음속에 오직 생각하는 것과 보는 것은 모두 매미의 얇은 날개뿐입니다. 제 마음은 다른 것에 빼앗기지도 않았고 한쪽으로 기울지도 않았습니다. 이렇게 하는데 어찌 매미를 잡지 못하겠습니까?" 이 말을 듣고 공자가 말했다. "오로지 마음을 집중하면, 가장 높은 경지인 신명神明에 도달할 수 있다."

『공자가어孔子家語』에는 이런 이야기가 실려 있다.

공자가 참새를 잡는 사람을 보았는데, 그가 잡은 것은 모두 어린 새들이었다. 공자가 물었다. "어떻게 큰 새는 한 마리도 잡지 못했습니까?" 그러자 참새 사냥꾼이 대답했다. "큰 새는 잘 놀라 도망가기 때문에 잡기가 어렵고, 작은 새는 먹이를 탐내기 때문에 잡기가 쉽습니다. 만약 어린 새가 큰 새를 따라가면 잡기 어려워집니다." 대답을 듣고 공자가 제자들을 가르쳤다. "겁이 많아서 잘 놀라기만 해도 해를 멀리할 수 있지만, 먹이를 탐하면 환난이 다가오는 것을 모르게 된다. 이것은 모두 마음에 달려 있다. 그러므로 군자는 따르는 것을 신중하게 한다. 어른이 염려하는 것을 따르면 몸을 온전히 할 수 있지만, 어린 것의 우매함을 따랐다가는 망할 수밖에 없다."

공자는 끊임없는 '훈련'과 오직 매미만을 생각하는 '집중'을 통해 가장 높은 경지인 '신의 경지'에 도달할 수 있다는 것을 매미 잡는 노인으로부터 배웠다. 새 사냥꾼을 통해서는 '군자는 처신을 신중하게 해야 다가올 수 있는 환난을 피할 수 있다'는 것을 배웠다. 공자는 이처럼 세상의 모든 것들에 호기심을 가지고 배움의 기회로 삼았다. 상대가 누구든 간에 신분의 귀천에 관계없이 공자는 질문을 통해 배움을 청했고, 자신이 배운 것을 현장에서 제자들에게 전해주었다. 오늘날로 치면 가장 효과적인 현장 교육이라고 할 수 있을 것이다. 공자는 이처럼 삶의 모든 순간을 배움의 기회로 삼았다. 공자에게는 삶이 곧 배움이고 배움이 곧 삶이었다.

평생을 학문에 몰입할 수 있었던 힘, 즐거움

"배우고 때때로 그것을 익히면 또한 기쁘지 않은가? 벗이 먼 곳에서 찾아오면 또한 즐겁지 않은가? 남이 알아주지 않아도 성내지 않는다면 또한 군자답지 않은가?" 『논어』를 펼치면 가장 먼저 실려 있는 이 구절은 고전과 친하지 않아도 들어본 적이 있을 것이다. 여기서 군자의 세 가지 요건을 알 수 있다. 맨 마지막 문장에 '또한 군자답지 않은가?'라는 말은 앞의 두 문장도 역시 군자의 모습이라는 것을 말해준다. 기쁘게 배우고 익히는 것이 공자가 항상 되고자 했던 군자의 모습인 것이다.

공자는 15세에 학문에 뜻을 두었고, 73세의 나이에 고향인 노나라에서 일생을 마칠 때까지 학문에 매진했다. 때로는 관직에 몸을 담았고, 때로는 뜻을 펼칠 곳을 찾기 위해 방랑생활도 했지만 어느 순간에도 배움을 포기했던 적이 없었다. 13년간의 방랑생활을 끝낸 후 노나라에 돌아와서 공자는 6경六經: 시詩, 서書, 예禮, 악樂, 역易, 춘추春秋을 편찬하며 제자들을 가르쳤다. 『논어』의 「술이」 편을 보면 "나는 태어나면서부터 알았던 사람(생이지지자生而知之者)이 아니라, 옛것을 좋아하여 부지런히 그것을 추구한 사람이다"라고 공자는 말했다. '생이지지자'는 배우지 않고도 세상의 이치와 도리를 아는 천재의 경지 즉 성인聖人을 말한다. 이 말은 한편으로는 공자의 겸손함을 말해주지만 공자 학문의 경지는 고전을 좋아하고, 그것을 추구하는 데 노력을 아끼지 않았던 결과의 산물임을 말해주고 있다. 이 문장의 바로 위에는 또 이런 내용이 실려 있다.

초나라의 대부 섭공이 제자 자로에게 공자에 대해 묻자 자로가 대답하지 않았다. 이 말을 들은 공자는 "너는 어째서 '그는 무언가에 의욕이 생기면 먹는 것도 잊고, 도를 즐기느라 근심도 잊어 늙음이 다가오는 것도 알지 못한다'고 말하지 않았느냐?"고 꾸짖었다. 이를 통해 공자가 평생을 학문에 몰입할 수 있었던 힘이 바로 '즐거움'이라는 사실을 알 수 있다. 역시 우리가 잘 아는 문장인 "아는 것은 그것을 좋아하는 것만 못하고 좋아하는 것은 즐기는 것만 못하다는 말도 같은 의미이다.

　소크라테스는 델포이 신전의 신탁을 통해 세상에서 가장 현명한
사람이라고 인정을 받았다. 그 이유가 바로 '스스로 아는 것이 없다
는 사실을 알았기 때문'이다. 소크라테스는 아테네에서 소위 현명
하다고 내세우는 사람들을 찾아가 그들이 실상은 아무것도 아는 것
이 없다는 사실을 '산파술'이라는 대화법을 통해 깨닫게 한다. 그때
소크라테스가 했던 말이 '너 자신을 알라'다. 델포이 신전에 쓰여 있
다는 이 말은 실제로는 '너 자신이 얼마나 무식한지를 알라'일 것이
다. 그때보다 약 100년 전 중국의 공자도 스스로 '아는 것이 없다'
는 것을 인정하고 배움을 절실하게 추구했다. 인류 역사상 가장 지
혜로운 인물로 꼽히는 두 사람의 학문은 '나는 아는 것이 없다'는
겸손에서 비롯된 것이다.

　『논어』의 「위정」 편에는 공자가 제자 자로에게 앎知에 대해 가르
침을 주는 문장이 나온다.

　"유야, 너에게 안다는 것을 가르쳐주마. 아는 것은 안다고 하고 모
르는 것을 모른다고 하는 것, 이것이 바로 아는 것이다."

　자로는 한량 출신의 제자로 직설적이며 거친 성격을 가지고 있었
다. 신중하지 못하고 나서는 성격으로 말미암아 공자의 걱정을 사
고 있었는데, 공자는 여기서 진정한 지식이 무엇인지 가르치고 있
다. 진정한 앎이란 알량한 지식의 과시가 아니라, 자신의 부족함을

솔직하게 인정하는 것임을 말이다. 공자는 제자에게 뿐만 아니라 스스로도 항상 학문에 있어서는 부족함을 인정하고 겸손한 자세를 취했다.

"내가 아는 것이 있는가? 나는 아는 것이 없다"는 「자한」 편에서의 말도 지나칠 정도로 겸손한 공자의 모습을 보여주고 있다. 하지만 이러한 겸손한 자세가 평생을 두고 학문을 추구했던 공자의 학문에 동력이 되고 있는 것은 분명하다. 자신이 원하는 인물이 되기에 스스로 부족하다고 절감하는 사람은 그 차이를 메우기 위해 노력한다. 「태백」 편의 "배울 때는 미치지 못할까 안타까워해야 하며, 그것을 잃지 않을까 두려워해야 한다."는 말 역시 배움에 겸손한 공자의 절박함을 말하고 있는 문장이다. 겸손이 절박함을 낳고, 절박함이 공부에 대한 열정을 불러일으킨다.

폭넓은 공부가 진짜 공부다

『논어』에는 그릇 이야기가 실려 있는데 공자는 '군자불기'라고 했다. '군자는 고정된 그릇이 아니다'라고 해석이 되는데 '군자는 하나의 틀로 정해져 있는 사람이 아니라 다양한 능력과 재주를 갖춘 사람'이라는 뜻이다. 그릇은 그 모양이 정해져 있기 때문에 한 가지 모양으로밖에는 나타내지 못한다. 공자는 그릇과 같이 고정된 사람이 아니라 다양하고 폭넓은 관점을 가진 융합과 통합의 인재가 최고의 인재라고 말한다.

이 말에 걸맞게 공자는 스스로 다양한 분야에서 능력과 학문을 겸비했다. 마부와 같은 천한 일에서부터 당대 최고의 학문에 이르기까지 그 폭넓음을 가늠하기 힘들 정도다. 20세 무렵에는 노나라의 실권자였던 계씨 가문에서 회계와 목장지기 일을 하기도 했다. 실제로 공자는 자신이 비천한 일을 했던 것을 숨기지 않았고, 그러한 경험을 통해 다재다능하게 되었다고 말하기도 했다. 다음은 「자한」 편에 실려 있는 구절이다.

태재가 공자의 제자 자공에게 "공자는 성인이신가? 어찌 그리 다재다능한가?"라고 묻자, 공자는 그 말을 듣고 이렇게 대답했다. "나는 젊었을 때 천하게 살았기 때문에 비천한 일에도 능할 수 있었다." 같은 구절에서 공자의 제자 노 역시 이렇게 말한다. "선생님께서 말하시기를 '나는 관직에 등용되지 않았기 때문에 여러 가지 재주를 몸에 익힐 수 있었다'고 했다." 실제로 공자는 『논어』에서 비천한 직업에 대해 거부감을 가지지 않는다는 것을 여러 차례 강조했다.

자공이 "아름다운 옥이 있다면 어떻게 하실 겁니까?"라고 묻자 공자는 "당연히 팔아야지. 나는 상인을 기다리는 사람이네"라고 말했다. 이 말은 '재능이 있다면 감춰둘 것이 아니라 세상에 유익한 일에 사용해야 한다는 뜻'이지만, 이 말에서 공자는 '상업'이나 '상인'에 대해 결코 거부감을 갖고 있지 않다는 것을 알 수 있다.

공자의 학문에서 특기할 점은 예술적인 폭넓음이다. 공자는 특히 시와 음악을 좋아했고 단순한 정서 함양이나 취미의 수준이 아닌, 성취해야 할 중요한 학문의 하나로 간주했다. 「태백」편에 있는 "시를 통해 순수한 감성을 일으키고, 예를 통해 도리에 맞게 살아가고, 음악을 통해 인격을 완성한다"는 말은 공자가 강조했던 예에 못지않게 시와 음악이 군자로서의 삶에 반드시 필요하다는 것을 말해주고 있다. 음악에 대해서는 공자가 노나라의 태사에게 이야기했던 것에서 그 유용성을 잘 알 수 있다.

　"음악은 배워둘 만한 것이다. 처음 시작할 때는 여러 소리가 합쳐지고, 이어서 소리들이 조화를 이루고, 음이 분명해지고, 연결되면서 한 곡이 완성된다." 여기서 공자는 음악을 통해 군자의 덕목으로 항상 강조하던 조화의 능력을 얻을 수 있다고 말해주고 있다. 실제로 공자는 순임금의 음악인 소韶를 듣고는 석 달 동안 고기 맛을 잊을 정도로 감동받았다고 한다. 음악의 아름다움뿐 아니라 음악이 담고 있는 선함과 덕성을 느낄 정도의 경지인 것이다.

마음

자기다운

삶을 사는

내면의 힘

01 위기지학
인생은 바다와 같다, 타인의 시선에서 벗어나 넓게 보라

위인지학 위기지학

爲人之學 爲己之學

"다른 사람에게 보여주기 위한 공부,
자신의 수양을 위한 공부."

- 『논어』 「헌문」 -

타고난 천성을 이기는 차이,

습관

예감은 적중했다. 새로운 일이 조금씩 싹트고 있었다. 인문학 아카데미가 무르익어가는 만큼 악성채권관리팀의 업무에도 뜻밖의 일들이 일어났다. 마치 공자가 "형통에는 때가 있다"고 말했던 것이 현실에서 일어난 것 같았다. 악성채권이 완만한 곡선을 타며 줄어들고 있었던 것이다. 상황을 파악해보니 그 중심에는 인문학 아카데미의 참가자들이 있었다.

공 부장과 홍 팀장이 마음을 다해 다가서자 참가자들 역시 마음을 열고 진심으로 삶을 위한 인문학 공부를 했다. 고전을 읽고 토론

하고 각자의 일상에 적용해보면서 참가자들은 인생을 바라보는 자세와 자신의 삶을 가꾸는 방법에 대해 깨우쳐가기 시작했다. 몇 번의 미팅을 하면서 본사를 향해 닫혀 있던 참가자들의 마음도 서서히 열려갔다. '회사는 밉지만 이렇게 다시 시작한다면 분명 더 큰 희망을 볼 수 있을 것이다. 새로운 인생도 시작될 수 있을 것이다. 내게 주어진 여건에서 채무를 줄여보자'고 마음을 먹기까지 이르렀다. 바로 '서'의 정신이 발휘된 것이다.

참가자들의 마음이 조금씩 움직이고 악성채권이 서서히 줄어가면서 회사에도 변화가 생겼다. 쌓여만 가던 골칫거리 악성채권이 어떻게 감소하게 되었는지, 두 명밖에 없는 창고 같은 부서에서 무슨 전략과 노하우로 이런 일을 해냈는지 알아보라는 전략본부장의 지시까지 떨어졌다. 이 부장도 달갑지 않아 했지만 채권회수 실적을 인정할 수밖에 없었다.

홍 팀장 부장님, 이런 흐름으로 잘만 하면 이 달 목표를 초과 달성할 수도 있을 것 같아요!

공 부장 그동안 홍 팀장이 노력한 덕분이지. 여기까지 오느라고 정말 고생 많았어.

홍 팀장 부장님이 안 계셨다면 저 혼자서는 해내지 못했을 거예요. 무엇보다 저희가 악성으로 분류했던 분들의 채권이 크게 줄어들었다는 게 뿌듯해요.

이제와 말씀드리지만…… 처음에 제가 인문학 아카데미에서 이 분들을 제외하자고 했잖아요? 부장님께서 그 분들을 넣자고 하셨을 때 솔직히 저는 쓸데없는 인정에 사로잡히는 거라고 생각했거든요. 과유불급過猶不及, '지나침은 모자람과 같은' 꼴이 일어나면 어쩌나 했어요.

공 부장 내가 좀 지나친 면이 있지.

홍 팀장 무슨 말씀이세요? 저는 부장님의 통찰력이 정말로 부럽습니다. 그런 능력은 대체 어디서 나오는 걸까요? 역시『논어』인가요?

공 부장 내게 그런 능력이 있는지는 잘 모르겠지만 내가『논어』를 책이 닳도록 읽은 것만은 사실이야. 내 '위편삼절'은『논어』인 셈이지. 홍 팀장도 앞으로도 계속『논어』를 반복해서 읽어봐. 같은 답을 찾지는 못해도 분명히 일과 사람을 보는 시각에 변화가 거듭될 거야.

홍 팀장 네. 매일 읽는 것을 습관화하고 있습니다. 한 번 읽고, 두 번 읽고, 세 번 읽을 때마다 새롭더라고요. 그래서 최근엔 원문을 음미하면서 읽고 있어요.

공 부장 좋은 자세인데? 원전이 주는 묵직함은 또 다른 깊이를 주지. 무엇보다도 '습관화하고 있다'는 말이 마음에 들어.『논어』「양화」편에는 '사람의 천성은 비슷하지만 습관에 의해 달라진다'라고 실려 있어. 타고난 천성보다 습관의 힘이 더 강력하다는 말인데, 평범한 사람들에게 큰 힘을 주는 말이지. 홍 팀장은 『논어』를 읽는 것을 습관으로 하고 있으니 앞으로가 더 기대돼.

홍 팀장 네, 과분한 말씀이긴 하지만 정말 감사합니다. 그런데 습관 이야기를 하시니 떠오른 생각인데요…… 이 부장님은 왜 유독 부장님을 못 잡아먹어서 안달이었을까요? 남을 괴롭히는 것이 습관이 된 걸까요?

공 부장 회사에서 일을 하다 보면 의견이 상충하는 경우가 당연히 있잖아? 그럴 때 자신의 입장만 주장할 것이 아니라 상대방의 입장을 생각하고 더 좋은 방법을 찾는다면 서로 다투고 멀어질 일은 없겠지. 이 부장은 그런 점을 잘 받아들이지 못한 것 같아. 회사 내에서 자신에게 반대하거나 이견을 제시하는 사람이 아무도 없는데 유독 내가 그러니까 눈엣가시가 된 거고.

어쨌든, 이 부장 한 사람의 됨됨이에 대해 비난하는 건 아무 쓸모 없는 일이고, '권력을 지닌 사람들의 속성'에 대해서라면 고찰해볼 필요도 있겠지. 평범하던 사람도 권력을 잡으면 변하는 경우가 많지. 다른 사람 위에 군림하는 도구로 권력을 생각하기 때문이야.

타인의 시선에 묶여

타인의 욕망대로 살지 마라

홍 팀장 그들도 한때는 공부를 열심히 하고 남들을 도우려던 사람
        이었을 텐데 말이에요. 다른 사람보다 능력도 뛰어났으니까
        그 자리까지 간 것일 테고요.

공 부장 그랬겠지. 높은 자리에 올랐던 사람들이니만큼 노력도 남달
        랐겠지. 하지만 이런 사람들은 공부의 목적이 달랐다고 할
        수 있어. 『논어』에 "옛 사람들은 자신을 위해서 공부했지만,
        요즘 사람들은 다른 사람들을 위해서 공부한다"*라는 말이
        있어. '위기지학, 위인지학'으로도 잘 알려진 글이야.

홍 팀장 자신을 위해서 하는 공부와 다른 사람을 위해서 하는 공부,
        어떻게 다르다고 할 수 있을까요?

공 부장 자신을 위해서 하는 공부는 자기 성찰과 수양을 위한 공부
        를 말해. 하지만 다른 사람을 위해서 하는 공부는 다른 사람
        에게 내세우기 위한 공부, 오직 성공과 권력을 얻기 위한 공
        부지. 이 목적을 위해 공부하는 사람은 일단 자신의 목적을
        쟁취하면 오직 그것을 누리는 데만 집중하게 돼. 성공과 권
        력이 주는 쾌락에 취해서 다른 사람을 돌아보지 못하는 거
        지. 결국 성공한 괴물이 되고 마는 거야.

홍 팀장 얼핏 생각하면 자신을 위한 공부가 자기만 위한 공부이고,

성공과 권력의 쾌락에 취해 성공한 괴물이 될 건가

남을 위한 공부는 세상에 기여하는 공부로도 들릴 것도 같아요. 그런데 오히려 반대네요.

공 부장 자신을 위하는 공부와 자신만을 위한 공부는 달라. 자신을 위한다는 말은 내적인 수양을 하면서 끊임없이 자기성찰을 한다는 거니까. 하지만 자신만 위하는 공부는 타인에게 보여주려고 하는 공부와 다를 바가 없어. 아니, 오히려 그보다 더 나쁠지도 몰라. 과시욕, 성공주의적 성향뿐만 아니라 개인주의적 성향과 이기주의적 성향까지 덧붙여지니까 사회나 조직에 훨씬 더 나쁜 영향을 끼치게 돼.

인생이라는 바다를 항해하려면 타인의 시선에서 벗어나서 자유롭게 살아가는 법을 배워야 해. 타인의 시선에 묶여 있으면 내 삶이 아니라 타인이 욕망하는 삶을 살게 되는 거니까. 남과 비교하기보다 어제의 나보다 더 성장하려고 노력하는게 중요한 거지.

홍 팀장 네. 그런데 부장님, 자꾸 반복하는 얘기 같기는 합니다만, 아무리 생각해봐도 이 부장은 이해가 되질 않습니다. 이사 진급까지 한다는 소문도 있고…… 아니, 회사에서는 어떻게 그런 사람을 높은 자리에 올릴 수가 있습니까?

공 부장 받아들이기 힘들겠지만 그래도 이 부장 자체가 곧 회사는 아니잖아. 우리 회사 같은 큰 조직에는 다양한 사람이 있을 수밖에 없어. 당연히 불합리하고 부조리한 상황에 처할 때도 있겠지. 그렇다면, 오히려 이 부장이라는 사람을 배움의 기회로 여겨보는 건 어떨까?

홍 팀장 과연 그게 될까요?

공 부장 그래서 『논어』를 계속 읽으라는 거야. 홍 팀장이 지금까지 『논어』에서 답을 찾아낸 것처럼 이번에도 반드시 길을 볼 수 있을 거야.

홍 팀장 …….

공 부장 내가 힌트 하나 줄까? 우리가 『논어』에서 이미 찾은 것이기도 한데, 홍 팀장 안에 이미 답이 있어.

홍 팀장 제 안에요?

공 부장 우리가 밖에서 구하는 지식은 우리 안에 있는 지혜에 비하면 거대한 바닷물의 한 방울에 불과해. 『논어』를 배우는 이유도 단지 지식을 모으기 위해서가 아니라고 했잖아? 우리는 『논어』를 통해서 인문학이 품고 있는 깊은 지혜에 가닿아야 해. 『논어』를 더 읽으면 읽을수록 알게 될 거야. 겉으로 볼 때는 따로 떨어져 있는 것처럼 보이는 것들도 하나로 연결되고 이어져서 수렴된다는 것을. 그런 관점에서 이부장을 화두 삼아 한번 공부해보는 것도 분명 큰 도움이 될 거야.

홍 팀장은 곰곰이 생각에 잠겼다. '이 부장을 화두로 삼아 생각할 가치가 정말 있을까?' 지금까지의 경험으로 보면 좋은 것도 나쁜 것도 모두 삶에 도움이 되는 공부거리였다. 어쩌면 이 부장이야말로 '사람'을 공부하는 데 가장 적절한 대상일지도 몰랐다.

그릇을 키우는 말

* "옛 사람들은 자신을 위해서 공부했지만, 요즘 사람들은 다른 사람들을 위해서 공부한다."

古之學者爲己, 今之學者爲人
고 지 학 자 위 기 . 금 지 학 자 위 인
- 「논어」 「헌문」 25 -

공자는 「헌문」에서 "남이 나를 알아주지 않음을 걱정하지 말고, 내 능력이 부족함을 걱정하라(불환인지부기지, 환기불능야不患人之不己知, 患其不能也)."고 했다. 이것이 공자가 남을 위해서 공부하는 사람에게 준 가르침이다. 남에게 과시하고 자신을 드러내기 위해 공부하는 사람은 다른 사람이 자신을 어떻게 보는지가 중요하다. 출세와 성공에 집착해 남을 이기기 위해 집중한다.

하지만 자신을 위해 공부하는 사람은 자신의 수양과 발전에 집중한다. 남과 비교하기보다 어제의 나보다 더 성장하려고 노력한다. 『도덕경』에 있듯이 "스스로를 이기는 사람이 진정으로 강한 사람이다(자승자강自勝者强)." 공자의 시대에도 성공주의, 경쟁주의가 팽배해서 공자는 '옛사람은 안 그랬는데……'라며 한탄했던 것 같다. 지금의 풍조를 본다면 공자가 어떻게 이야기할지 궁금하다.

02 불선불능개

말이 재주에 머물면 사람의 마음을 얻을 수 없다

덕지불수 학지불강 문의불능사 불선불능개 시오우야

德之不修 學之不講 聞義不能徙 不善不能改 是吾憂也

"덕을 수양하지 못하는 것, 배운 것을 익히지 못하는 것,
의를 듣고 실천하지 못하는 것, 잘못을 고치지 못하는 것이 나의 걱정거리다."

– 『논어』 「술이」 –

과정을 생략하면

반드시 대가를 치른다

전혀 예상치 못했던 악성채권관리팀이 조금씩 실적을 내자 회사 내에서는 공 부장의 영전설이 조용히 돌았다. 회사 경영진들까지 관심을 가지기 시작한 것이다. 무엇보다도 공 부장의 능력을 아꼈던 사람들 사이에서 공 부장에게 새로운 기회를 주어야 한다는 여론이 형성되고 있었다.

공 부장이 악성채권관리팀을 벗어나서 잘되는 것은 누구보다 축하할 일이었지만 막상 다른 부서로 간다고 생각하자 홍 팀장은 아쉬운 마음이 들기도 했다. 틈만 나면 홍 팀장은 공 부장과 대화를

나누려 했고 한 번 이야기가 나오면 이야기는 꼬리에 꼬리를 물고 이어졌다. 특히 『논어』에 대한 이야기는 학이 편에서 위정 편으로 위령공 편에서 요왈 편으로 그러다 다시 안연 편으로 종횡무진 넘나들었다. 홍 팀장은 '이 부장'이라는 화두를 다시 화제로 꺼냈다. 그 화두와 관련해서 『논어』를 읽다가 '아!' 하고 깨우친 부분이 있었던 것이다.

홍 팀장 이 부장을 화두 삼아 공부하다 보면 인간에 대한 이해가 더 깊고 넓어질 것이라고 하셨잖아요. 그래서 곰곰 생각해봤습니다.

공 부장 얼굴을 보니 뭔가 찾은 모양이군.

홍 팀장 네. 『논어』를 막 읽기 시작할 무렵에 부장님과 이런 이야기를 나누었던 게 불현듯 다시 생각나더라고요. '세 사람이 길을 가면 그중에 나의 스승이 있다. 그들 중 좋은 점은 가려 본받고, 나쁜 점은 거울로 삼아 나를 바로잡는다.' 어떤 사람에게 나쁜 점이 있다고 해도 무조건 배척하지 말고 겸손한 마음으로 나 자신을 돌아볼 수 있어야 한다······ 이 부장을 전혀 배척하지 않는다고 말할 수는 없겠지만 어떤 마음이어야 할지는 알 것 같습니다.

공 부장 핵심에 다가가고 있는 것 같은데? 우리가 지혜를 얻기 위해 노력한다고 한들 모든 지혜를 다 얻기는 불가능해. 한 사

람을 아는 일도 마찬가지지. 홍 팀장과 내가 과연 이 부장의
모든 것을 다 안다고 할 수 있을까? 앞으로 이 부장과 어떤
관계가 될지 정확히 예측할 수 있을까? 이 부장이 어떤 사
람으로 변할지 장담할 수 있을까?

홍 팀장 ……그럴 수 없죠.

공 부장 우리는 아직 이 부장을 단편적인 지식으로 알고 있을 뿐 지
혜롭게 알지는 못하고 있을지도 몰라. 미워하는 마음을 비
우고 보면 의외로 좋은 점이 눈에 띌지도 모르고, 거기에서
뭔가 배우게 될지도 모르지. 반면교사로 삼기만 했을 뿐, 이
부장의 장점이 뭔지 보려고 하지도 않았으니까 말이야. 하
지만 회사는 이 부장에 대해 우리보다 더 잘 알고 있을지도
몰라. 적절한 자리라고 생각했으니까 이 부장을 그 자리에
앉힌 것 아닐까?

홍 팀장 부장님은 속이 너무 좋으세요. 저는 아직도 100퍼센트 다
수긍할 수는 없지만 '한쪽만 보고 섣불리 사람을 평가하는
오류엔 빠지지 말라'는 말씀으로 받아들이겠습니다. 솔직히
아직도 이 부장에겐 신뢰보다 의문이 더 강하니까요.

공 부장 어쨌든 의문을 품는 태도는 좋은 거라고 봐. 그거야말로 인
문학적 태도라고 할 수 있으니까 말이야.

홍 팀장 의문을 품는 것이 인문학적 태도라…….

공 부장 의문을 품으면 그것을 풀기 위해 반드시 생각이라는 과정

을 거치기 때문이지. 『논어』를 읽으면서 해답을 찾는 일 또한 우리가 가진 의문에 대해 스스로 답을 찾아가는 과정이니까. 그게 사실은 지난한 과정이기도 해. 내 것으로 만들기 위해선 책에서 읽든 남에게 듣든 반드시 생각을 통해서 자기 것으로 소화시키는 과정이 필요하니까.

그런데 자꾸 쉽게 답을 들으려고 하면 정답을 쉽고 빠르게 찾는 습관에 젖을 위험이 생겨. 과정을 생략하면 반드시 대가를 치르기 마련이지. 스스로 해답을 찾으면서 고민하고 괴로워봐야 생각하는 힘이 길러지고 그 힘을 바탕으로 다음 과정으로 넘어갈 수 있어.

각자의 역할에 충실할 때
이름에 걸맞은 사람이 될 수 있다

홍 팀장 해답을 찾으면 목적을 이룬 것 아닌가요?

공 부장 자신도 모르게 '정답을 찾아서 동그라미만 받으면 된다'는 생각에 젖어 있었던 것은 아닌지 의문을 품어야 해. 모르는 문제라도 연필을 잘 굴려서 요행히 정답을 찍으면 그것으로 만족해왔지. 하지만 정말 중요한 것은 점수를 받는 것이 아니라 그것을 온전히 내 것으로 삼는 거야. 그래야 그 지식이 지혜가 되어서 내가 하는 일과 내가 살아가는 삶에 적용할 수가 있으니까.

아무리 많은 지식이 내 머릿속에 있어도 그 지식을 제대로 살아가는 데 활용할 수 없다면 단지 무거운 짐일 뿐이지 않을까? 그래서 탈무드에는 '책을 읽기만 하고 생각하지 않는다면 당나귀가 책을 잔뜩 짊어지고 가는 것과 다름없다'는 말도 있어.

공자는 그 당시 최고의 학자로 인정받았지만 자신의 지식을 세상을 바꾸는 데 쓰기 위해서 천하를 주유하고 다녔어. 그것도 오십 세가 넘은 나이에 자신의 재능을 써줄 나라를 찾아 많은 왕들을 만나고 설득했지.

안타깝게도 무력과 전쟁으로 다른 나라를 지배하려는 생각에 사로잡힌 군주들에게 공자의 이상적인 생각은 받아들여지지 않았어. 공자는 결국 뜻을 이루지 못하고 13년간의 주유를 마친 후에야 고향으로 돌아와서 저술과 교육을 통해 자신의 이상을 실현하려고 노력했지.

홍 팀장 철저한 실천주의자였네요.

공 부장 골방에 앉아서 책만 달달 외우던 사람이 아니었거든. 자신이 할 일을 명확히 알고 있었고, 남들이 이래라저래라 하는 간섭에 흔들리지 않았어. 자신이 어디에 서 있는지 정확하게 알고 있었기 때문이야. '군군신신부부자자'라는 구절 알고 있지?

홍 팀장 네. '군주는 군주답게 신하는 신하답게 아버지는 아버지답게 아들은 아들답게.' 공자가 말한 정명正名이고요.

공 부장 그래. 정명은 모든 사람이 각자의 이름에 걸맞게 되는 거야. 공자가 추구했던 정치의 목적은 모두가 잘살 수 있는, 조화롭고 질서 있는 사회를 건설하는 것이었어. 질서 있고 조화로운 세계는 각자의 역할을 충실히 할 때 이뤄진다고 보았지. 군주가 군주답지 못할 땐 어떻게 될까?

홍 팀장 현대사회라면 대통령의 탄핵과 같은 극단의 사태가 일어나겠지요.

공 부장 그래서 이 구절의 해석에 묘미가 있어. '군주는 군주다워야 한다'로 해석하면 군주답지 못할 경우 혁명을 해야 한다는 맹자의 사상으로 이어지지. 하지만 '군주는 군주다'라고 해버리면 아무리 무능하고 나쁜 군주라고 해도 군주의 권위를 인정해야 한다는 법가의 사상으로 이어져. 각자가 각자의 역할에 충실할 때, 자기 이름에 걸맞은 사람이 될 수 있는 법이지.

홍 팀장 자기가 서 있는 자리에서 본분을 지키자는 뜻이군요. 사람들이 이런 원칙에 따라 자기 할 일을 한다면 세상이 훨씬 더 질서 있고 아름답게 될 테고 말입니다.

공 부장 맞아. 이 말은 원래 제나라 군주 경공이 "정치가 무엇입니

까?"라고 묻자 공자가 대답했던 말이야. 하지만 정치뿐만
아니라 세상의 모든 질서가 이 말 속에 담겨 있다고 할 수
있어.

그런 의미에서 이 부장 문제도 마찬가지 아닐까? 대부분의
사람들은 이런 문제의 해답을 찾으려 할 때 상대방의 문제
점과 잘못만을 찾으려고 하는데 그래서는 절대 답을 찾기
가 어려워. 자기 본분에 벗어나는 일을 하는 사람이 있다면
잘못되었다고 비난을 하기보다 먼저 '나는 나의 본분을 지
키고 있었는가?'를 생각해야 해.

홍 팀장은 예전에 공 부장과 나눈 대화가 생각났다. 이 부장을 비
난하는 마음이 가득 차 있을 때 공 부장이 '우리의 잘못은 없었나?'
라고 물었었다. 물론 그 당시에는 도무지 이해가 되지 않았다. 하지
만 지금은 그 말이 무슨 뜻인지 알았다. 유통팀의 팀장으로서 자신
이 굳건하게 자리를 지키며 역할을 잘했다면 아무리 이 부장의 압
력이 심했다고 해도 큰 문제는 일어나지 않았을 것이다. 설사 이 부
장으로 인해 불이익을 받는다고 해도 스스로 부끄러워지지는 않았
을 터였다.

공 부장 우리가 배울 점이 또 하나 있어. '오직 인한 사람만이 남을
좋아할 수도 있고, 남을 미워할 수도 있다'*는 거야. 이 말에

4부 ● 마음

대해서 홍 팀장은 어떻게 생각해?

홍 팀장 남을 좋아하거나 싫어하기 전에 먼저 나 자신이 올바른 사람이 되어야 한다는 뜻인 듯합니다. 나 자신이 바른 사람이 되지 않으면 남을 제대로 판단할 수가 없으니까요. 그러면서 남을 좋아하거나 싫어한다면 잘못된 판단을 내릴 수도 있겠지요.

공 부장 사람은 누구나 잘못을 저지를 수 있고, 그것은 아무리 훌륭한 사람도 마찬가지야. 심지어 공자 자신도 '잘못을 고치지 못하는 것이 나의 걱정거리다'라고 말했으니까.

홍 팀장 공자 같은 대철학자도 잘못을 고치지 못해 고민했는데, 저 역시 많은 잘못을 저지를 수밖에 없는 평범한 사람이라고 생각하니 위안이 되네요. 열심히 노력한다면 점점 더 잘못이 줄어들고 조금씩 발전할 테지요.

홍 팀장은 그제야 비로소 고개를 끄덕였다. 공 부장이 자신에게 해주고 싶은 말이 무엇인지 깨달았기 때문이다. 그것은 이 부장에 대한 부정적이고 불필요한 관심을 거두고 자신의 역할을 수행하는 데 집중하라는 의미였다.

그릇을 키우는 말

* "오직 인한 사람만이 남을 좋아할 수도 있고, 남을 미워할 수도 있다."

惟仁者 能好人 能惡人
유 인 자   능 호 인   능 오 인
- 「논어」 「이인」 3 -

공자는 인애仁愛를 주장했던 철학자지만 무조건 다른 사람을 사랑하라고 하지
는 않았다. 세상을 살아가다 보면 당연히 좋은 사람도 싫은 사람도 있다. 공자 역
시 그것을 인정했지만 그들을 평가하기 전에 먼저 스스로를 바로 세워야 한다고
강조했다. 만약 자기 자신이 바르지 않다면 다른 사람을 개인의 감정이나 편견에
따라 좋아하거나 미워하게 되고, 결국 사람을 잃게 되기 때문이다. 다른 사람을
정확히 알기 위해서는 먼저 스스로가 올바른 사람이어야 한다. 내가 비탈에 서
있다면 다른 사람도 비뚤게 보이고, 내가 진흙을 묻히고 있다면 다른 사람도 얼
룩지게 보일 수밖에 없다.

03 문유질야
형식과 내용이 조화를 이룰 때 품격이 드러난다

문유질야 질유문야

文猶質也 質猶文也

"외형이 바탕과 같으며 바탕이 외형과 같은 것이다."

- 『논어』「안연」 -

억지로 외우지 않아도

저절로 배어나오는 담대함

  공 부장과 홍팀장의 『논어』 대화는 끊이지 않고 이어졌다. 홍 팀장도 이젠 제법 『논어』에 대해 깊은 의미를 담은 말을 할 수 있었다. 그러나 홍 팀장은 여전히 목이 말랐다. 『논어』라는 샘물은 깊고도 맑아서 파내고 파내도 끝이 없는 것 같았다. 무엇보다도 공 부장과 헤어질지도 모른다는 생각이 더욱 대화를 갈급하게 만들었다. 아니, 대화라기보다는 공 부장이 가지고 있는 지혜의 우물에서 한 바가지라도 더 건져 올리려는 홍 팀장의 갈급함이라고 할 수 있을 것이다.

  악성채권관리팀의 두 멤버 공 부장과 홍 팀장의 영전설은 사실이었다. 아무도 눈여겨보지 않는 눈엣가시 같은 부서도 어떻게 하느냐에 따라 얼마든지 달라질 수 있고 그렇게 낸 성과는 반드시 결과로 이어진다는 선례를 남기기 위해서 회사에서는 이례적으로 파격적인 인사를 단행했다. 이 부장은 실적 부진을 겪고 있는 해외지사의 본부장으로 발령이 났고 홍 팀장은 새로 설립된 전략기획팀 팀장으로 내정되었다는 언질을 받았다.

홍 팀장   어떻게 하면 『논어』 속의 지혜들을 전부 다 내 것으로 삼을 수 있을까요?

공 부장   글쎄, 나도 그것이 궁금해. 읽다 보면 언젠가는 내 것이 될 수 있겠지. '독서백편의자현讀書百遍義自見, 백 번을 읽으면 저절로 뜻을 알 수 있다'고 했으니까. 그래도 이제 자신이 얼마나 변했는지 스스로 느낄 정도는 되지 않아?

홍 팀장   조금 담대해진 것은 같습니다. 예전에는 억지로 '내가 옳고 바르다면 두려울 것이 없다'고 강박적으로 생각하곤 했는데 지금은 마음이 평안해요. 회사에서 예전 팀원들을 만나도 반갑고요. '유붕자원방래 불역락호, 벗이 먼 곳에서 찾아오니 즐겁지 아니한가?'일 정도는 아니지만, 그래도 만나면 좋습니다.

공 부장   그 정도만 해도 큰 발전이야. 그들도 반드시 홍 팀장의 진심을 알 거야. 전략기획팀으로 발령 난 팀원도 있다면서?

홍 팀장 네, 그래도 저를 잊지 않고 소식을 주던 김 대리가 함께 합류하기로 했습니다. 함께 일할 때도 가장 잘 따랐고 저도 아끼던 친구였거든요.

공 부장 좋은 일이야. 당나라 왕발이 쓴 시가 생각나는데? '해내존지기 천애약비린海內存知己 天涯若比鄰, 나를 알아주는 벗이 있다면 하늘 끝도 이웃처럼 가까우리라.' 한마음 한뜻으로 뭉쳐서 큰일을 한번 해봐.

홍 팀장 시도 읽으십니까?

공 부장 왜 나하고는 안 어울리는 것 같아? 나이가 들수록 시가 좋아져. 인생을 함축적으로 담은 시들이 많거든. 앞으로 어디로 가야 할지 영감을 받을 때도 있고. 공자 역시 자신의 철학과 도를 완성하는 데 시와 음악이 중요한 도구가 된다고 말했던 적이 있지. 그런데 말이야, 오늘은 홍 팀장에게 제안하고 싶은 게 하나 있어. 아니, 이건 내 부탁이야.

홍 팀장 부장님 부탁이라면 뭐든 못 들어드리겠습니까?

공 부장 하하하. 그럼 믿고 말할 수 있겠는데? 우리 회사에서 매년 하는 전사제안 발표대회 있잖아?

홍 팀장 네. 전 직원이 개인자격으로 참가해서 전사적인 업무에 대해 포괄적으로 주제를 정해 제안할 수 있는 열린 제도라잖아요.

공 부장 그래. 이번에 그 제안 발표대회에 참가해보면 어떻겠어? 홍 팀장도 인문학 아카데미를 전사 차원에서 하고 싶다고 했잖아? 몇 년 전에 있었던 전략보고 대회에서 최고 발표자로 인정받은 적도 있고. 이번에도 잘해낼 거야.

좋은 의도는 그에 마땅한
틀을 갖추어야 한다

홍 팀장 네. 떨리는 발표 자리기는 하지만…… 한번 해보겠습니다.

공 부장 '말은 뜻을 전달하면 그만이다'*라고 하지. 사장단 앞에서 발표하는 것이 쉽지는 않겠지만 자신의 뜻을 전달한다는 것에 집중하면 잘할 수 있을 거야. 그래도 '장인이 일을 잘하려면 반드시 먼저 연장을 다듬어야 한다'**고 했으니 준비는 잘하고 말이야. 뭐, 알아서 충분히 잘할 테니 나는 더 걱정하지 않을게.

홍 팀장 인문학 아카데미의 목적과 목표, 기대효과, 실행방법까지…… 총망라해서 기록해봐야겠군요.

공 부장 좋은 생각이야. 우리가 인문학 아카데미에서 만났던 분들을 생각해서라도 꼭 전사 차원에서 프로그램이 만들어지면 좋겠어.

홍 팀장 그분들에게 재기의 기회를 주고, 회사는 전문가들의 경험과

4부 ○ 마음

능력을 활용할 수 있게 되고, 무엇보다도 사람을 중시하는 기업으로서의 이미지를 얻게 된다면 그야말로 1석 3조의 효과가 있을 것 같습니다. 혹시라도 악성채무자에게 재생교육만 하면 되지 굳이 인문학 아카데미를 할 필요가 있겠느냐는 질문이 나온다면 뭐라고 대답하면 좋을까요?

공 부장 안연 편에 나오는 구절을 인용하면 좋겠군. 위나라 대부였던 극자성이 공자의 제자 자공에게 이렇게 물었어. "군자는 바탕만 잘 갖추면 되지 겉모습은 꾸며서 뭐하겠습니까?" 그러자 자공이 이렇게 대답했지. "안타깝습니다. 네 마리 말이 끄는 수레로 달려도 선생의 혀를 따라잡지 못하겠습니다. 외형이 바탕과 같으며 바탕이 외형과 같은 것입니다. 호랑이와 표범의 털 없는 가죽은 개와 양의 가죽과 다를 바 없지 않습니까?"

홍 팀장 내용과 형식이 다르지 않다는 뜻인가요? 좋은 의도는 그에 마땅한 틀을 갖추어야 한다는 말씀으로도 들립니다.

공 부장 공자가 "바탕이 겉모습을 넘어서면 거칠어지고, 겉모습이 바탕을 넘어서면 겉치레가 된다. 겉모습과 바탕이 잘 어울린 후에야 군자답다"***고 했던 말과도 통하는 말이야. 흔히 마음이 있으면 형식은 안 갖춰도 된다든가 겉보다 안이 중요하다고 하는데 사실은 겉과 안이 다르지 않아. 본마음을 어떻게 표현하느냐도 중요하기 때문이지. 그것이 바로

형식과 내용이 알맞을 때
비로소 조화로워진다

조화로움이야. 안과 겉, 형식과 내용을 조화롭게 구현할 때 비로소 품격이 생기는 법이거든. 아, 그러고 보니 또 한 가지 생각나는 말이 있어.

"말할 때가 되지 않았는데 말하는 것을 조급하다고 하고, 말해야 할 때 말하지 않는 것을 숨긴다고 하고, 안색을 살피지 않고 말하는 것을 눈뜬장님이라고 한다." **** 처음 이 구절을 읽었을 때는 나도 무심코 지나쳤어. 그런데 최근 곰곰이 음미하다 보니 현대 대화법의 중요한 원칙과 잘 들어맞는다는 생각이 들더군. T.P.O의 법칙을 알고 있겠지?

홍 팀장 네. 시간time, 장소place, 상황occasion 세 글자의 머리를 딴 말로 옷을 입을 때 시간과 장소와 상황을 고려해야 한다는 말이지 않습니까.

공 부장 맞아. 원래 이 말의 유래가 그래. 하지만 행동이나 말에도 딱 들어맞아. 그러니까 단순히 말을 잘하는 것이 아니라 말을 해야 할 때, 그리고 그 말을 하는 장소와 상황이 어떤지를 잘 알고 말해야 정말 말을 잘하는 것이라는 뜻이지.

홍 팀장 발표하는 상황에 맞추어서 준비를 하라는 말씀이시군요.

공 부장 이젠 척 하면 착이네!

홍 팀장과 공 부장은 마주 보면서 껄껄 웃었다. 『논어』로 하나가 된, 이심전심의 시간이었다.

그릇을 키우는 말

* "말은 뜻을 전달하면 그만이다."

辭達而已矣
사 달 이 이 의

– 『논어』「위령공」 40 –

공자는 "바탕이 겉모습을 넘어서면 거칠어지고, 겉모습이 바탕을 넘어서면 겉치레가 된다(질승문즉야, 문승질즉사)"라고 말했다. 본질과 겉모습의 균형 잡힌 조화를 중요시한 것이다. 하지만 우리는 본질보다는 겉모습에 집착하는 모습을 보일 때가 많다. 말도 마찬가지다. 말의 본질 즉, 뜻을 정확하게 전달하기에 앞서 기교와 테크닉이 말을 잘할 수 있는 비결이라고 생각한다. 그리고 그것을 배우기 위해 노력과 투자를 아끼지 않는다. 하지만 말을 멋지게 꾸미는 데 집중하다 보면 정작 말하고자 했던 뜻은 사라지고 만다. 지나치면 공자가 말했던 '교언영색巧言令色'이 될 수도 있다. 진정한 대화의 본질은 말을 전달하고 내 뜻을 설득하는 것이다. 말을 예쁘게 꾸미는 것은 그다음이다.

** "장인이 일을 잘하려면 반드시 먼저 연장을 다듬어야 한다."

工欲善其事 必先利其器
공 욕 선 기 사   필 선 리 기 기

– 『논어』「위령공」 9 –

"내가 나무를 8시간 베어야 한다면 6시간은 도끼를 가는 데 쓰겠다." 미국의 링컨 대통령이 말했던 '8시간의 법칙'이다. 일에서 최대한의 효율을 만들려면 반드시 철저한 준비가 필요하다는 것이다. 공자가 말했던 위의 말도 일견 같아 보이지만 그 용도는 다르다. 제자 자공이 '인'을 행하는 방법을 묻자, 공자가 장인의 일을 비유로 들었던 말이다. '인의 실천'이라는 철학적인 물음에 '장인의 일'이라는 가장 실용적인 비유로 대답한 것이다. 여기서 우리는 다른 사람의 물음에 어떻게 대답해야 하는지 답을 얻을 수 있다. 상대방이 가장 알기 쉽도록 대답해주어야 하는데, 그때 유용하게 활용할 수 있는 연장이 바로 비유와 인용이다.

***

*** "바탕이 겉모습을 넘어서면 거칠어지고, 겉모습이 바탕을 넘어서면 겉치레가 된다. 겉모습과 바탕이 잘 어울린 후에야 군자답다."

質勝文則野 文勝質則史 文質彬彬 然後君子
질 승 문 즉 야 문 승 질 즉 사 문 질 빈 빈 연 후 군 자
- 『논어』 「옹야」 16 -

공자가 했던 이 말을 제자 자공은 이런 비유로 설명했다. 위나라의 대부 극자성棘子成이 "군자는 본래 바탕만 갖추면 되는 것이지, 겉모습이나 형식은 꾸며서 무엇합니까?"라고 물었다. 그에 자공은 이렇게 대답했다. "무늬도 바탕만큼 중요하고, 바탕도 무늬만큼 중요합니다. 호랑이와 표범의 털 없는 가죽은 개와 양의 털 없는 가죽과 다를 바 없습니다." 과연 언변의 달인답게 스승의 말을 인용하여 멋진 비유로 대답해주었다. 내면이 꽉 차 있다고 해서 충분한 것이 아니다. 그것을 겉으로 잘 표현할 수 있어야 하며 멋지게 조화를 이루어야 한다. 말도 행실도 실력도 인격도 마찬가지다.

***

**** "말할 때가 되지 않았는데 말하는 것을 조급하다고 하고, 말해야 할 때 말하지 않는 것을 숨긴다고 하고, 안색을 살피지 않고 말하는 것을 눈뜬장님이라고 한다."

言未及之而言 謂之躁 言及之而不言 謂之隱 未見顏色而言 謂之瞽
언 미 급 지 이 언 위 지 조 언 급 지 이 불 언 위 지 은 미 견 안 색 이 언 위 지 고
- 『논어』 「계씨」 6 -

공자가 '군자를 모실 때 저지르기 쉬운 세 가지 잘못(시어군자유삼건侍於君子有三愆)'을 말한 것이다. 여기서 군자란 요즘으로 치면 상사가 될 것이다. 상사를 대할 때 이런 잘못을 저지르는 사람들은 우리 주변에서도 흔히 볼 수 있는데, 실력이 아니

라 말로써 자신을 드러내고자 하는 사람이다. 상사가 말을 꺼내지도 않는데 경망하게 끼어들고, 솔직하게 해야 할 말도 자신의 이익에 반하면 입을 다문다. 윗사람 안색을 살피지도 않고 눈치 없이 할 말 안 할 말 다하는 사람은 독선적이고 예의 없는 사람이다. 정말 말을 잘하는 사람은 현란한 말솜씨를 자랑하는 사람이 아니다. 말할 때와 말하지 않을 때, 그리고 말을 해야 할 상황을 잘 판단해서 적절하게 말하는 사람이다.

04 성상근야 습상원야
습관과 환경이 본성을 바꾼다

성상근야 습상원야

性相近也 習相遠也

"타고난 천성은 서로 비슷하지만
습성에 따라 서로 멀어진다."

– 『논어』 「양화」 –

스스로 올바르지 않으면
누구도 따르지 않는다

드디어 전사제안발표대회 날이 밝았다. 준비하는 동안은 별로 떨리지 않지만 막상 그날이 되자 병아리 한 마리가 가슴에서 파닥거리는 듯 뛰기 시작했다. 발표 순서는 마지막이었다. 청중석의 앞줄에 회장과 사장단을 비롯해 고위직 간부들이 줄줄이 앉아 있었다. 사회자의 짤막한 인사가 끝나자 바로 행사가 시작되었다. 한 사람 한 사람 발표가 끝날 때마다 홍 팀장의 긴장감도 높아졌다. 드디어 차례가 왔다. 홍 팀장은 담담하게 다음과 같이 발표를 시작했다.

안녕하십니까? 제가 오늘 준비한 제안은 '폐업 대리점주의 재기를 돕기 위한 인문학 아카데미'입니다. 이 발표를 본격적으로 시작하기 전에 저는 우리 회사의 경영이념을 먼저 상기해보고 싶습니다. 여러분도 잘 아시다시피 '성장'과 '나눔' 그리고 '기쁨'입니다.

오직 물질적인 성장과 성공만을 추구하는 현 세태에서 정직하게 성장을 추구하고 그렇게 얻은 이익을 기쁘게 나누겠다는 경영이념은 정말 자랑스러운 정신이라고 생각합니다. 저 역시 마찬가지지만 아마 우리 회사의 직원들은 이 경영이념을 보고 회사를 지원했던 사람도 많았을 것입니다.

하지만 저는 입사 후 그 정신을 제대로 유지하지 못했습니다. 마치 투명하고 깨끗한 물에 물감 한 방울을 떨어뜨리면 금방 그 색깔로 물드는 것처럼 오직 성공과 저의 이익만 추구했다는 것을 고백합니다. 고전의 한마디로 표현하자면 '근주자적, 근묵자흑近朱者赤近墨者黑'이라고 할 수 있겠습니다. 마음은 이익을 추구하는 데 몰두하느라 검게 변했고, 얼굴은 채워지지 않는 욕심으로 붉게 변한 것 같았습니다. 공자가 말했던 '견리사의'의 정신을 추구하던 우리 회사의 경영이념도 잊은 지 오래되었습니다.

어느 순간 이런 저 자신을 돌아보는 계기가 찾아왔고, 그때 참으로 부끄러운 제 모습을 보았습니다. 그 계기는 바로 제가 했던 업무상의 실책으로 악성채권관리팀에 발령을 받았을 때였습니다.

제가 새롭게 맡게 된 업무는 바로 우리 회사의 파트너로서 열심히 대리점을 운영하다가 실패했던 전직 대리점 사장님들, 아니 한때는 우리 회사의 대리점 사장님들이었지만 이제는 경쟁의 실패자로, 단순히 회사에 빚을 갚아야 하는 채무자로 전락한 분들로부터 채권을 회수하는 일이었습니다.

물론 이들 중에는 악의적으로 회사에 피해를 입힌 분들도 있었지만 대부분의 전직 사장님들은 회사의 파트너로서, 우리 회사의 제품을 팔기 위해 최선을 다했지만 피치 못할 다양한 이유로 실패했던 분들입니다. 저는 이 분들에게 무조건적으로 외상채무를 갚으라고 압박하는 악성채권관리팀의 업무를 처리하다가 심각한 인지적 부조화를 느꼈습니다. '과연 이런 일이 우리 회사의 정신과 맞는 일인가?' '이들을 악성 채무자들과 동일시해서 어떠한 상황도 고려치 않고 이들을 몰아붙이는 것이 옳은 일인가?' 하는 고민에 빠지게 되었습니다.

그래서 직속 상사인 공 부장과 함께 새로운 방법을 찾아서 추진했습니다. 그것은 바로 실패한 대리점 사장님들을 세 가지로 분류해서, 각자에게 맞는 방법으로 대처를 하는 일이었습니다.

먼저 첫 번째 부류는 정말 악성채무자들입니다. 이들은 고의로 부도를 내고 재산을 은닉함으로써 회사에 큰 피해를 준 사람들입니다. 이들에게는 엄격한 조사와 채권관리를 통해 가차 없이 채권을 회수해야 한다고 생각했습니다. 바로 악성채권관리팀의 존재 이유라고 할 수 있겠죠.

하지만 나머지 분들은 모두 최선을 다했지만 실패했던 분들입니다. 이 분들에게는 경영능력의 부족, 재정의 부족, 관리능력의 부재 등 제각각 실패의 요인들이 있었습니다. 하지만 그들만의 탓이라고 볼 수는 없다고 생각했습니다.

이들의 실패에는 우리 회사의 책임도 일부는 있었다고 봅니다. 과도한 실적 경쟁, 밀어내기, 대형 대리점에만 유리한 정책, 지역 침범하기 등 그동안 회사가 경영이념과는 달리 고질적으로 시행해왔던 부조리한 정책들이 이들 대리점들의 체력을 약화시킨 것도 부인할 수 없습니다. 따라서 이 분들을 무조건 몰아붙여 완전한 바닥으로 내몰기보다는 재기의 기회를 부여한 다음 회사의 인적 자산으로 삼을 필요가 있다고 생각합니다.

홍 팀장의 거침없는 발언에 여기저기서 웅성거리는 소리가 들려왔다. 누구나 알고는 있지만 감추고 싶어 하는 회사의 치부를 과감하게 지적했기 때문이다. 그 순간, 홍 팀장을 격려한 것은 다름 아닌 회장이었다. "자자, 계속 들어봅시다. 홍 팀장, 계속하게." 회장이 던진 격려의 말에 좌중은 급속히 조용해졌고 홍 팀장은 자신감을 갖고 다시 말을 이었다.

오늘날은 인재전쟁의 시대라고 합니다. '조직의 성패는 얼마나 우수한 인재들을 많이 확보하느냐에 달려 있다'고 맥킨지의 전 회장 라자 굽타는 말하기도 했습니다. 물론 우리 회사도 우수한 인재들을 확보하고, 그들을 교육시키는 데 최선을 다하고 있다고 생각합니다. 그런데 우리가 놓치고 있는 또 하나의 인적 자원이 있다고 생각합니다. 바로 폐업한 대리점의 사장님들입니다. 이들은 풍부한 현장 경험, 소비자 직접 판매를 통해 얻은 생생한 제품 지식, 대리점 운영의 노하우는 물론 실패를 통해 얻은 인내력을 갖추고 있습니다.

하지만 경우에 따라서 다소 경영 역량이 떨어지는 분도 계시다고 봅니다. 이들에게 적절한 교육의 기회를 준 다음 대리점에 배속할 수 있다면 저는 크게 세 가지의 이득을 회사가 얻을 수 있다고 생각합니다.

먼저 인력난에 시달리는 우리 기존 대리점들은 우수한 인력을 확보할 수 있습니다. 또 한 가지, 실패한 대리점주들은 충실한 교육을 받은 후 기존 대리점에 취업함으로써 재기의 기회를 가질 수 있습니다. 이들 중에서 다시 대리점을 경영할 능력과 자신감을 갖춘 분들은 우리 회사의 직영대리점을 운영할 기회를 줄 수도 있을 것입니다. 물론 대리점 경영에 자신이나 능력이 없는 분들은 취업한 대리점에서 계속 근무해도 좋겠습니다. 이를 통해 우리 회사는 올바른 성장과 나눔의 기쁨을 단순한 명목만이 아니라 진정으로 실천하고 추구하는 기업 이미지를 충실하게 세워갈 수 있다고 생각합니다.

그리고 이들 대리점 사장님께는 일반적인 대리점 경영기법 및 이론 교육과 함께 인문학 교육을 함께하는 것이 좋겠다고 생각합니다. 우리 회사 경영이념의 기반이 되는 인문학 정신을 함께 심어줌으로써 이들 교육 대상자들은 회사의 정신을 느끼는 것을 넘어 회사와 일체화되는 결과를 얻게 될 것입니다.

감사합니다.

건전한 비판의식으로
조직에 활력을 불어넣는 사람

홍 팀장이 크게 허리를 굽혀 인사를 하자 박수소리가 나오기 시작했다. 벅찬 기분으로 다시 한 번 인사를 하는 순간 심사위원석에서 묵직한 말소리가 들렸다. 조용히 발표를 듣고 있던 회장의 발언이었다. 회장은 '사람 제일'의 정신으로 기업을 경영한다고 했지만 미처 살펴보지 못했던 점을 지적받는 것 같아서 발표를 듣는 내내 불편했다고 속내를 털어놓았다. 그러면서 폐업 대리 사장님들에게 왜 인문학 교육을 시켜야 하는지 더 구체적인 이유를 물어왔다. 실패한 상황에서 가장 시급한 것은 재정의 회복일 텐데 과연 그들이 인문학 공부를 달가워하겠느냐는 질문이었다. 예상했던 질문이었다. 회장에게 직접 질문을 받을 것이라고는 예상하지 못했지만 준비한 답변이었기에 홍 팀장은 차분하게 대답을 했다.

인문학 교육을 함께 시행하려고 했던 이유는 바로 폐업 대리점 사장님들에게 잃어버린 자존감을 심어드리는 게 가장 시급하다고 생각했기 때문입니다. 제가 알기로 인문학은 스스로의 가치를 찾고 인생관을 확립하는 데 큰 도움을 주는 학문입니다. 그래서 공자도 '다른 사람을 아는 것보다, 다른 사람을 사랑하는 것보다, 스스로를 알고 사랑하는 것이 가장 명철한 사람이다'라고 말했습니다.

사람을 알고, 무엇보다도 자기 스스로를 알고 귀하게 여기며 사랑하는 것이 인문학의 힘이며 정신이라고 한다면 좌절한 폐업 대리점 사장들에게는 그 무엇보다 인문학 정신이 심어져야 한다고 생각합니다. 그들에게 인문학을 교육하는 또 한 가지 이유는 스스로를 성찰할 수 있도록 하기 위함입니다. 사람들은 대부분 어려운 상황에 처했거나 삶에 문제가 생겼을 때 그 원인을 자기 내부가 아니라 외부에서 찾으려고 합니다. 가장 많은 것이 '운이 나빴다'이고요, 환경 등 외부 상황이나 다른 사람을 지목해서 원인으로 지목하기도 합니다. 특히 회사와 거래하다가 실패했던 사람들은 실패의 원인을 회사에서 찾으려고 합니다.

하지만 그래서는 그 문제를 해결할 수 있는 여지가 생길 수 없습니다. 외부 여건은 자신의 능력이나 노력으로 변화시키기 어렵기 때문입니다. 문제가 닥쳤을 때 먼저 스스로를 돌아보고 성찰할 수 있는 사람이야말로 그 문제를 돌파하기 위해 노력하게 되는데, 이때 인문학 공부가 커다란 힘이 됩니다.

인문학 공부를 하면 사람과 세상을 읽는 통찰력 또한 얻을 수 있습니다. 서양 인문학으로부터 논리적 사고력을 얻고, 동양 인문학으로부터 사람의 본성은 물론 반드시 지녀야 할 덕목을 배우게 된 사람은 사람에 대한 통찰력을 얻게 된다고 합니다. 그리고 사람에 대한 통찰력을 얻은 사람은 사람이 만든 문화, 즉 세상에 대한 지혜도 얻는다고 생각합니다.

또 인문 정신이 확립된 사람은 현실과 상황을 무조건 받아들이는 것이 아니라 합당한 비판정신을 갖게 됩니다. 흔히 회사에서는 회사에 충성하고 무조건 순종하는 사람을 원하지만 그래서는 회사는 물론 개인의 발전도 얻을 수 없다고 생각합니다. 건전한 비판의식을 갖고 부조리한 상황을 개선하려는 사람이 오히려 조직에 활력을 불어넣을 수 있을 것입니다.

이외에도 인문학의 덕목은 여러 가지가 있지만 마지막으로 한 가지를 더 꼽는다면 인문학을 통해 얻은 독창적 사고력은 창의적인 발상을 하는 데 큰 도움이 된다는 것입니다. 무엇보다도 융합의 시대인 오늘날 인문학은 다른 많은 학문들과 결합해서 새로운 것을 만드는 기반이 됩니다. 경영이나 기술의 측면에서 인문학을 결합시켜 혁신적인 결과를 얻은 대표적인 인물은 스티브 잡스라고 할 수 있겠습니다. 그 외에도 동서양을 막론하고 많은 경영자들과 과학자들이 혁신의 기반으로 인문학을 꼽습니다. 이러한 이유들로 인문학 공부가 반드시 필요하다고 생각합니다.

고개를 끄덕이며 회장이 박수를 치기 시작하자 우레와 같은 박수가 쏟아졌다. 혼자서 생각해낸 아이디어냐는 회장의 질문에 홍 팀장은 '추운 겨울이 찾아온 이후에야 소나무와 잣나무가 시들지 않음을 안다'는『논어』속 구절을 인용하며 공 부장과 함께 공을 나누었다.

"그래, 자네들은 정말 좋은 한 팀이었던 것 같군."

홍 팀장은 깊이 고개를 숙였다. 평생 기억에 남을 날이었다. 가슴에서 뜨거운 것이 차올랐다. 회장의 칭찬이나 좌중의 박수보다 심금을 울렸던 것은 '좋은 한 팀'이었다는 말이었다. 끝없이 쏟아지는 박수 소리 속에서 홍 팀장은 시선을 들어 공 부장을 찾았다. 많은 사람들 속에서도 금방 찾을 수 있었다. 자리에서 일어나 홍 팀장을 향해 누구보다 열렬하게 박수를 치고 있었기 때문이었다.

05 덕불고

책임이 무거울수록 덕을 지켜라

덕불고 필유린

德不孤 必有隣

"덕은 외롭지 않다. 반드시 이웃이 있다."

– 『논어』 「이인」 –

고통 가운데 성숙한 사람은
마음에 품은 뜻을 꺾지 않는다

공 부장이 해외로 나가기 전날, 홍 팀장에게서 전화가 왔다. 두 사람은 퇴근 후 자주 들리던 단골집에서 보기로 약속했다. 공 부장이 홍 팀장에게 『논어』를 권한 이후 깊은 대화를 나눌 일이 있을 때마다 찾아오던 곳이었다.

공 부장 진사대회 정말 멋있었어.

홍 팀장 부장님께서 도와주신 덕분입니다.

공 부장 회장님께서 직접 승인하신 일이니까 이제 전사 차원에서 진행하게 될 거야. 홍 팀장이 진짜 큰일을 해낸 거야! 더 크고 높은 자리에서 좋은 리더가 되어봐.

홍 팀장 많이 도와주십시오.

공 부장 한 가지만 명심하면 돼. 지위가 높아질수록 그것이 내가 누려야 할 권리가 아니라 헌신해야 할 의무라는 점 말이야. 공자의 제자 증자가 지도자의 자세에 대해 말했던 적이 있어. '짐은 무겁고 길은 멀다, 임중이도원任重而道遠'*이라는 말인데 지위가 높아질수록 명심해야 할 말이야. 높은 지위에 올라도 이런 자세를 배우지 못하면 쉽게 몰락하고 말아.

사마광도 이런 말을 했지. '나라를 어지럽힌 신하와 집안을 망하게 했던 자식은 재주는 넘치지만 덕이 부족하다.'** 자신의 권력이나 부를 함부로 휘두르는 사람들은 아무리 지위가 높아도 기본적으로 갖추어야 할 덕이 부족하다고 할 수 있어. 인문학을 통해 얻을 수 있는 인간의 기본적인 소양이 갖추어지지 않은 것인데, 이런 사람들은 언젠가는 자신은 물론 몸담고 있는 조직도 무너뜨리고 말아.

홍 팀장 명심하겠습니다. 이상은 높게 현실은 치열하게!

공 부장 하하하. '이상은 높게'라는 말이 좋군. 공자도 당시에는 꿈을 이루지 못했지만 수많은 제자를 길러냈고, 그 제자들을 통해서 동양, 아니 지금은 전 세계를 아우르는 정신적 유산을 만들 수 있었잖아? 아마 공자의 정신은 우리 인류가 계속되는 한 계속 영향을 미치면서 사람들이 바른 길로 나아가도록 이끌 거야. 지금 우리가 바른 삶을 살기 위해 노력하는 것처럼.

홍 팀장 내일이 출국이시죠?

공 부장 맞아. 시간 참 빠르지? 떠날 준비를 하자니 홍 팀장 얼굴이 자꾸만 어른거리더라고.

홍 팀장 저도 그리울 겁니다. 5년 동안이나 뵙지 못한다니…… 부장님이 계셔서 저는 인생의 전환점을 맞을 수 있었습니다. 제게 『논어』를 만나게 해주셔서 감사합니다.

공 부장 요즘 나보다도 홍 팀장이 더 사람들에게 『논어』를 권하고 다니는 것 같던데?

홍 팀장 좋은 건 함께해야죠.

공 부장 하하하. 좋네, 좋아! '덕불고 필유린'이라! '덕은 외롭지 않다. 반드시 이웃이 있다'고 했지.

홍 팀장 제가 최근에 가장 아끼게 된 구절이에요. 음미하면 음미할수록 향기로운 말입니다.

공 부장 홍 팀장 표현이 더 향기로운데? 그래, 이 구절에서 어떤 향기를 음미했지?

홍 팀장 '옳은 일을 하는 사람은 고난을 겪을 일이 반드시 생기지만 그래도 그를 믿어주는 이들 또한 반드시 있다'는 말로 생각됩니다. 지난 1년 동안 제가 직접 겪은 일을 나타내주는 말

마음에 품은 뜻을 꺾지 말고
용기를 갖고 나아가라

인 것 같아서 더욱 애착이 가요.

공 부장 힘든 시간을 잘 견뎠어. 사람은 고통 가운데 성숙하고 자기 안의 빛을 발견해. 고통을 겪을 때야 비로소 내가 누구인지 깨닫게 되거든.

의미를 좀 더 덧붙여보면, '덕불고 필유린'은 인간의 참된 본성을 말해주는 구절이기도 해. 덕은 따로 고립되어 있지 않고, 이웃이 있음으로 인해 하나의 좋은 품성을 익히면 또 하나의 좋은 품성이 따라오기 때문이지. 이렇게 좋은 덕성을 하나씩 익히다 보면 우리도 좀 더 나은 인간이 되지 않을까?

홍 팀장 맞습니다. 우리는 타인의 도움 없이는 하루도 살 수 없는 존재죠. 우리가 입는 옷, 먹는 음식, 타고 다니는 차…… 어느 것 하나 도움을 받지 않는 것이 없으니까요.

공 부장 연결된 존재로서 '세상 속의 나'라는 감각을 온몸에 간직해. 몸에 새겨진 선한 방향은 북극성처럼 변함없을 테니까. 『논어』를 읽는 것도 마찬가지야. 좋은 책을 한 권 읽으면 또 한 권의 좋은 책을 찾게 되지. 한 권의 책은 강물과도 같아. 강물이 흘러서 바다로 향하듯이 한 권 한 권 읽다 보면 인문학이라는 지혜의 바다를 만나는 거지. 인문학을 공부하고 그 정신을 실천하는 사람은 지혜롭고 어질면서도 용기 있는 사람이 되지.

군자의 성품은 바람 같고 소인의 성품은 풀과 같아. 바람이 부는 방향으로 풀은 눕는 법이잖아? 홍 팀장은 마음에 품은 뜻을 꺾지 말고 용기를 갖고 나아가.

홍 팀장   네. 중간에 돌부리를 만나더라도 바다로 나아가고 있다는 것을 잊지 않겠습니다.

공 부장   각자의 자리에서 최선을 다해서 살아가다가 다시 만날 땐 더 나은 모습으로 보자고. 우리가 어디까지 갈 수 있을지, 얼마나 먼 곳까지 가 있을지 기대돼. 정말 기대가 돼.

두 사람은 잠시 생각에 잠겼다. 그동안 참 많은 일들이 있었고, 그 일을 겪어왔던 과정들이 많은 감정을 일으켰다.

공 부장   그리고 이건 내가 주는 선물이야.

홍 팀장   이게 뭔가요?

공 부장   열어보면 알 거야.

홍 팀장   서류봉투라. 이 자리에서 본부장님께 논어가 든 서류봉투를 받았던 생각이 나네요. 설마 또 다른 책은 아니지요? 그렇다고 하기엔 너무 얇은데요?

공 부장   하하하. 보면 알 거야. 이젠 정말로 일어나야 할 시간이네. 다시 만날 때까지 건강하고.

두 사람은 다시 만날 날을 기약하며 굳게 악수를 나누고 각자의 방향을 향해 흩어졌다. 홍 팀장은 집으로 돌아오자마자 서류봉투를 열어보았다. 봉투 속에는 종이 한 장이 들어 있었다. 종이에는 논어의 짧은 한 구절이 적혀 있었다. 정성껏 손으로 꾹꾹 눌러 쓴 글씨였다. 마음을 담아 한 자 한 자 적어나갔을 공 부장을 생각하니 마음이 뭉클해졌다.

천천히 소리 내어 읽자니 목이 메었다. 공 부장과 함께했던 지난 시간이 주마등처럼 스쳤다. 그가 준 말은 후배가 어떤 상황에서도 흔들림 없이 지켜나갔으면 하는 당부였다. 공 부장이 스스로 지켜왔던 말인 것 같기도 했다. 이 구절 자체가 공 부장의 삶을 한마디로 말해주는 것 같았기 때문이다. 멈추지 않고 다 읽은 후에 다시한 번 더 읽었다. 그리곤 천천히 음미하며 글을 외우기 시작했다.

仁者不憂 知者不惑 勇者不懼
인자불우 지자불혹 용자불구

"인한 사람은 근심하지 않고, 지혜로운 사람은 미혹되지 않으며, 용감한 사람은 두려워하지 않는다."

그릇을 키우는 말

* "짐은 무겁고 길은 멀다."

任重而道遠
임 중 이 도 원

- 「논어」「태백」7 -

공자의 제자 증자가 했던 말로 그 전문의 뜻은 이렇다. "선비는 뜻이 크고 의지가 강인해야 한다. 짐은 무겁고 갈 길이 멀기 때문이다. '인'을 책무로 삼으니 짐이 무겁지 않은가? 죽은 뒤에야 그치는 것이니 또한 갈 길이 멀지 않은가?" 증자는 맡고 있는 일과 직책이 누려야 할 권세가 아니라 나라와 조직을 위해 져야 하는 무거운 짐이라고 하며 공직자들의 바른 자세를 강조했다. 그 문장의 아름다움과 선언의 비장함으로 이 글은 많은 지도자들이 좌우명으로 삼고 있기도 하다. 또한 많은 공직자들이 높은 자리에 오르는 각오를 이 말을 통해 표현하기도 한다. 단순한 구호가 아니라 반드시 마음에 새기고 몸으로 지켜야 할 구절이다.

....

** "나라를 어지럽힌 신하와 집안을 망하게 했던 자식은 재주는 넘치지만 덕이 부족하다."

國之亂臣 家之敗子 才有餘而德不足
국 지 난 신   가 지 패 자   재 유 여 이 덕 부 족

- 「자치통감」 -

『자치통감』은 이 말에 이어 "이로써 거꾸러진 자가 많다. 이지어전복자다의以至於順覆者多矣"라고 결론을 내린다. 흔히 돈, 명예, 지위를 가진 사람을 보고 그 사람 자체가 훌륭하다고 생각하는 경향이 많다. 하지만 그 사람들은 외형적으로 성공한 사람이지 반드시 인격적으로 훌륭하다고 보장할 수는 없다. 문제는 그들 스스로 자신은 완성된 사람이라고 착각을 한다는 점이다. 그리고 자신이 가진 권력이나 부를 사람들 위에 군림하는 특권으로 생각한다. 오늘날 우리 사회에서도 보듯이 이런 사람들은 결국 나라를 망치고 자신은 패가망신하고 만다.

공자,
말을 가르치다

적재적소에 말하는 능력

『논어』의 「안연」 편에는 공자가 노나라의 실권자였던 계강자와
정치에 대해 대화를 나누는 장면이 나온다.

계강자가 정치에 대해 물었다. "만약 무도한 자를 죽여서 올바른
도리로 나아가게 한다면 어떻겠습니까?"

공자가 대답했다. "정치를 하는 데 어찌 죽이는 방법을 쓰겠습니
까? 그대가 선해지시면 백성도 선해집니다. 군자의 덕은 바람이고
소인의 덕은 풀입니다. 풀 위에 바람이 불면 풀은 반드시 눕기 마련

입니다."

당대의 권력자였던 계강자는 나라가 혼란스러운 원인을 백성 탓으로 돌리며 공자에게 그들을 죽여 나라를 안정시키겠다고 말했다. 하지만 공자는 나라가 혼란스러운 것은 위정자들이 바르지 못한 탓이며, 진정 나라를 안정시키기 원한다면 먼저 당신들부터 도덕성을 회복해야 한다는 말을 멋진 비유를 통해 말해주었다. 백성들은 풀과 같아서 바람이 부는 대로 누울 뿐인데, 바람이 마음대로 불면서 백성들에게 눕지 말라고 아무리 말해도 소용이 없지 않느냐는 통렬한 대답이다.

이처럼 공자는 적재적소에 반드시 해야 할 말을 할 수 있는 능력이 있었다. 엄청나게 축적된 지식을 기반으로 다양한 비유와 인용을 자유자재로 활용했고, 깊은 내공으로 필요한 말을 시의적절하게 구사할 수 있었다. 즉, 공자의 말은 내면의 힘과 외적인 표현 능력이 잘 어우러져 상대를 설득할 수 있었다.

"바탕이 형식을 누르면 거칠어지고, 형식이 바탕을 누르면 겉치레가 된다. 이 둘이 잘 어우러져야 비로소 군자답다(질승문즉야 문승질즉사 문질빈빈연후군자, 質勝文則野 文勝質則史 文質彬彬然後君子)"는 구절이 공자의 말의 철학을 잘 나타내고 있다.

진실한 말

『논어』의 「선진」편에 보면 공자와 제자 안회가 나누는 대화가 나온다.

공자가 광나라 땅에서 위험한 일을 당했을 때, 가장 아끼던 제자 안연이 사라졌다가 한참 후에 나타났다. 공자가 말했다. "나는 네가 죽을 줄 알았구나." 그러자 안연이 말한다. "스승님이 계신데 어찌 감히 죽겠습니까?"

'혹시 아끼던 제자가 죽지는 않았을까?' 고민하다가 안도하는 마음이 공자의 짧은 말 속에 담겨 있고, 역시 제자 안연의 짧은 말 속에는 '스승을 사랑하는 마음'이 담겨 있다. 두 사람은 이 짧은 대화에서 서로를 아끼고 사랑하는 진실한 마음을 나눈 것이다. 이처럼 공자는 말에 진실함을 담아야 한다고 강조했다. 그래야 상대의 마음을 감동시킬 수 있는 말을 할 수 있다는 것이다. 이런 능력은 상대의 마음을 읽을 수 있어야 가능하다. 상대방의 입장에서 생각하고 행동하는 역지사지易地思之의 자세를 갖출 때 서로 공감하는 대화를 나눌 수 있다.

진실한 말의 반대는 거짓으로 꾸미는 말이다. 『논어』의 「학이」편과 「양화」편에 거듭 실려 있는 '교언영색巧言令色'이 바로 그것이다. '교묘한 말과 꾸미는 얼굴빛을 하는 사람 중에는 인한 사람이 드물다'고 공자는 강조하고 있다. 심지어 공자는 "말은 뜻을 전달하면 그만이다"라고까지 했다. 하지만 이 말을 잘 새길 필요가 있다. 공자는 교묘한 말로 인해 진실이 가려지는 일을 경계했지만 말을 꾸미지 말라는 뜻은 아니었다. 내가 말하고자 하는 의도를 잘 전달하려면 투박한 말보다는 상대방이 이해하기 쉽게 꾸며서 전달해야 한다. 단지 꾸미는 것이 지나쳐서 정작 말하고자 하는 바가 가려져서는 안 된다는 것이었다.

실천할 수 있는 말

「안연」편에서 제자 사마우는 공자에게 '인'에 대해서 물었다. 그러자 공자는 "인한 사람은 말을 신중하게 한다"라고 대답했다. '인'이 무언가 거창한 것이라고 생각했던 사마우가 "말하는 것을 조심하면 곧 그 사람을 인하다고 할 수 있습니까?"라고 재차 묻자 공자가 말했다. "실천하는 것이 어려우니, 말하는 것을 조심하지 않을 수 없다." 사마우는 말이 많고 조급한 성품이었기에 공자는 특별히 그것을 지적한 것이다.

공자는 인한 사람의 조건으로 말을 신중하게 하는 것을 들었다. 물론 말을 신중하게 한다고 해서 반드시 인한 사람이 되는 것은 아니지만, 인한 사람은 반드시 말을 신중하게 한다. 공자는 말을 하기는 쉬우나 실천하기는 어렵기에 인한 사람은 반드시 실천할 수 있는 말만 한다고 그 이유를 설명했다. 공자가 말하는 '인'은 사랑을 뜻한다. 아첨을 떨고 말을 번지르르하게 하는 사람은 사랑이 없는 사람 즉, 인한 사람이 아니라는 것이다. 그리고 그런 사람은 결국 자신의 말을 무겁게 여겨서 제대로 실천하는 법이 없다. 당장 자신의 잇속을 차리기 위해 마구 말을 던지기 때문에 나중에 그 말을 실천할 힘도, 능력도 가지지 못한다.

공자는 또한 실천을 강조하면서 "먼저 실천하고 그다음에 말하라"고 했다. 웅변에 뛰어난 제자 자공이 은근히 자신의 재주를 뽐내며 '군자의 자격'을 묻자 공자가 꾸짖음을 담아서 가르친 말이다. 가벼운 말재주를 뽐내는 것은 진정한 말의 능력이 아니며, 말을 했다면 반드시 행동이 뒤따라야 한다는 것이다.

지행합일知行合一은 지식과 행동이 일치해야 한다는 양명학의 명제로, 우리나라에서는 율곡 이이 선생의 주장으로도 잘 알려져 있다. 공자는 지행합일을 넘어 선행후언先行後言을 말했다. "옛사람이 가볍게 말하지 않은 것은 실천이 따르지 못함을 부끄러워했기 때문이다, 자신이 말하는 것을 부끄러워하지 않으면 그것을 실천하기 어렵다"는 구절들 역시 공자가 말의 실천을 강조하며 했던 말들이다.

상황에 맞는 말

흔히 말을 잘한다는 것은 멋들어진 문장을 쓰거나 유창하게 대화를 이끌어가는 능력을 말한다고 알고 있다. 하지만 공자는 말을 번지르르하게 하기보다는 때와 상황에 맞추어 적절하게 하는 것을 더 중요하게 여겼다. 『논어』의 「계씨」 편을 보면 "말할 때가 되지 않았는데 말하는 것을 조급하다고 하고, 말해야 할 때 말하지 않는 것은 숨긴다고 하고, 안색을 살피지 않고 말하는 것을 눈뜬장님이라고 한다"고 실려 있다. 공자가 군자를 모실 때 지켜야 할 말의 원칙을 가르친 것이다.

공자는 사람의 관점에서 적절한 말의 용도와 역할을 「위령공」 편에서도 알려주고 있다.

"더불어 말을 해야 할 때 하지 않으면 사람을 잃는다. 더불어 말하지 않아야 할 때 말하면 말을 잃는다. 지혜로운 사람은 사람도, 말도 잃지 않는다." 이 말은 함께 말을 해야 할 때 하지 않으면 신뢰를 잃게 되고, 말을 하지 않아야 할 때 무턱대고 끼어들어 말하면 주제넘은 말로 인식될 수 있다는 것이다. 결국 헛된 말이 될 수밖에 없다. 하지만 지혜로운 사람은 때와 장소, 그리고 상황에 맞게 말을 함으로써 사람을 잃는 일도, 헛된 말을 할 일도 없게 된다.

오늘날은 커뮤니케이션의 시대로 불릴 만큼 말에 대한 관심과 중요성이 큰 시대다. 특히 성공한 사람들은 거의 모두가 뛰어난 말솜

씨를 가지고 있어서 성공하기 위해서라도 말을 배워야 한다.

하지만 반대로 말 때문에 인생을 망치고 쌓아왔던 모든 것을 잃는 사람도 많이 있다. "입과 혀는 재앙과 근심의 문이고, 몸을 망치는 도끼다"라는 『명심보감』의 경고가 결코 허투루 보이지 않을 정도다. 공자는 "말에 허물이 적고 행동에 후회가 적으면 출세는 저절로 이루어진다"라고 했다. 또한 "말을 알지 못하면 사람을 알 수 없다"라고도 했다. 말과 사람을 함께 공부해야 하는 이유다.

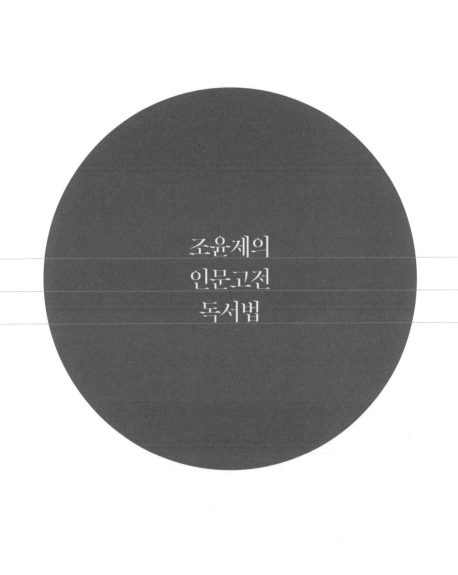

조윤제의
인문고전
독서법

다문궐의

많이 읽고 의심나는 부분은 제쳐두라

『논어』「위정」편에 '다문궐의多聞闕疑'라는 말이 있다. 제자 자장
이 출세하는 법을 묻자 공자가 대답했던 말에서 유래한 고사성어
다. '출세하는 법'이라고 하니 궁금해 하는 사람이 많을 것 같아서
전문을 소개한다.

"많이 듣되 의심나는 것이 있으면 제쳐두고 말하면 허물이 적어
진다. 또한 많은 것을 보되 위태로운 것을 빼놓고 그 나머지를 행하
면 후회하는 일이 적다. 말에 허물이 적고 행동에 후회가 적으면 출
세는 자연히 이루어진다."

공자는 출세를 하는 방법에 대한 답을 주었지만 이 말은 인문고
전을 읽는 방법과도 통한다. 단지 '많이 듣고'를 '많이 읽고'로 바꾸
면 되겠다. 인문고전을 읽겠다는 큰 포부를 가지고 동양철학의 대
표적인 고전『논어』를 펼쳤지만 처음에는 도무지 그 뜻을 가늠하기

어려운 경우가 많다.

이를테면 「위정」편에 실려 있는 '군자불기' 즉, '군자는 그릇이 아니다'라는 말은 그 구절만으로 뜻을 알기는 어렵다. '백번을 읽으면 저절로 그 뜻을 알게 된다'는 '독서백편의자현'이라는 말도 있지만, 다른 곳에서 힌트를 얻지 않으면 천 번을 읽어도 그 의미를 모를 수 있다. 그러다 보면 제풀에 지쳐 책을 덮어버리는 경우도 생기게 된다.

그럴 때는 의심나는 것은 일단 제쳐두고 계속 읽어나가야 한다. 특히 동양의 인문고전은 더욱 그렇다. 공자를 시조로 하는 유교의 경전들, 『맹자』『중용』『순자』등의 책에는 공통적으로 공자에 관한 이야기가 실려 있고, 그 내용들은 서로 연관되는 경우가 많다. 그 외에도 『공자가어』『사기』『공자세가』등 공자 관련 책은 물론이고, 설사 유교의 경전이 아니더라도 『장자』와 같은 도가의 책에도 공자에 관한 이야기들이 많이 실려 있다. 그만큼 고대 중국 철학사상계에 미친 공자의 영향력이 지대했고, 공자와 반대되는 주장을 펼치기 위해서도 공자의 주장과 비교를 해야 설득력이 있었기 때문이다.

따라서 이런 책들을 읽어나가다 보면 확실한 의미를 몰랐거나, 의심이 나서 제쳐두었던 구절에 대해 이해를 얻을 수 있다. 한쪽에서는 막연하게 상징적으로 썼던 구절들이 다른 책에서는 분명한 의미를 알려주는 경우도 많고, 심지어 같은 책에서도 의미를 찾는 실마리를 발견하기도 한다.

예를 들면 『논어』에서 공자가 제자 자공을 두고 "너는 그릇이지만 제사에 쓰는 귀한 그릇이다"라고 했던 말에서 '군자불기'의 의미를 추측할 수 있다. 공자는 제자 자공에게 뛰어난 재능이 있지만 그 재능만으로는 군자가 되기에는 부족하다고 말했던 것이다.

　『논어』「술이」편에서 공자가 "나에게 시간이 몇 년 더 주어져서 쉰 살이 되도록 역易을 공부한다면 큰 허물이 없을 것이다"라고 말했던 구절에서 그 의미를 알기 어려웠다면, 『사기』『공자세가』에 나오는 '위편삼절' 즉 '가죽 끈이 세 번이 끊어지도록 역을 공부했다'는 구절로 그 의미를 짐작할 수 있다. 공자는 역에 담겨 있는 깊은 철학과 인생에 대한 통찰에 공감해 그것을 더 깊이 공부하고 싶다는 열망을 표현했던 것이다.

　이처럼 많은 책들을 씨줄과 날줄로 엮어나가다 보면 분명한 의미를 알게 되고, 나의 삶과 일에 적용할 수 있는 이해를 얻을 수 있다. 이런 관점에서 보면 인문고전을 처음 읽을 때는 심오한 의미를 찾는 데 집중하기보다는 먼저 폭넓은 공부가 필요하다. 한 단어, 한 구절의 의미를 찾는 데 공연한 끈기와 집념을 발휘할 필요는 없다. 일단 제쳐두고 새로운 글들을 읽어나가다 보면 어느새 전체를 보게 되고, 어렵던 부분도 자연스레 눈에 들어올 것이다. 그다음 마음에 닿는 책이나 구절을 새겨 읽으며 사색하면 깊은 의미와 자기 성찰을 얻게 된다.

학이불사즉망, 사이불학즉태

공부를 했다면 생각을 통해 온전한 내 것으로 만들어라

『논어』「위정」편에 실려 있는 "공부만 하고 생각하지 않으면 막연해서 얻는 것이 없고, 생각만 하고 공부하지 않으면 위태롭다"는 공부의 요체를 말하고 있다.

20세기 중국의 대표적인 철학자 호적은 이렇게 설명했다. "학습과 사색은 어느 한쪽도 부족해서는 안 된다. 학습은 하지만 사색이 부족하면 기억은 해도 두서도 조리도 없어지기 때문에 진정한 지식이 될 수 없다. 반면 사색은 하지만 학습하지 않으면 사색할 밑천이 금방 떨어지기 때문에 이 역시 진정한 지식이 아니다."

진정한 공부는 배움과 생각을 병행하여 지식을 내 삶과 일에 적용할 수 있어야 한다. 고금의 많은 학자들이 공부와 사색을 병행해야 한다고 말하는 것이 바로 그 이유 때문이다. 『탈무드』에는 "책을 읽기만 하고 생각하지 않는다면 당나귀가 책을 잔뜩 짊어지고 가는 것과 다르지 않다"고 실려 있다. 영국의 철학자 존 로크는 "철학은 단지 지식의 재료를 얻는 것에 불과하다. 그 지식을 자신의 것으로 만드는 것은 사색의 힘이다"라고 했다. 조선시대 최고의 학자로 꼽히는 퇴계 이황 선생도 "낮에 읽은 것은 반드시 밤에 깊이 사색해야 한다"며 시간까지 구체적으로 일러주었다.

나 역시 특별히 퇴계 선생의 공부법을 알았던 것은 아니지만 '낮에 읽고 밤에 생각하는 방법'을 따랐다. 책을 쓰겠다는 결심을 하고 되도록 많은 책을 폭넓게 읽기 위해 주로 도서관에서 독서만 했던 3년 정도의 시간이 있었다. 아침 9시에 도서관에 가면 5권 정도의 책을 빌려 밤 10시 도서관이 문을 닫을 때까지 그 책들을 읽었다.

중간 중간 관련 서적이 필요할 때마다 추가로 빌리면 보통 하루에 열 권 정도의 책을 쌓아두고 읽었던 것 같다. 물론 그 책을 하루에 다 읽은 것은 아니다. 탁월한 독서법은 없었기에 한 권의 책을 주로 읽되, 지루하지 않도록 틈틈이 다른 책도 읽어나갔다.

처음에는 조급한 마음에 많이 읽는 것에만 치중했는데 그러다 보니 문제가 생겼다. 읽은 책의 권수가 늘어나는 보람은 있었지만 나중에 돌이켜 생각해보면 정작 무엇을 읽고 무엇을 배웠는지 모를 때가 많았던 것이다. 읽을 때는 공감을 했는데 집에 돌아오면 아무것도 머릿속에 남아 있지 않았다. 바로 '학이불사즉망'이었다.

한동안 고민하다가 대책을 생각해낸 것이 바로 필사였다. 책에 있는 구절이나 단어 중에서 마음에 감동을 준 것, 알아야 할 것, 좀 더 생각해서 내 것으로 삼고 싶은 것, 인용하고 싶은 것, 무엇보다도 책의 핵심이 되는 구절들을 찾아서 노트에 옮겨 적었다. 그리고 그 밑에 내 생각을 간단히 덧붙였다. 책만 읽을 때보다 속도는 느려졌지만 뜻이 머릿속에 분명히 새겨지는 느낌이었다. 버스나 지하철을 타는 시간에 틈틈이 노트를 꺼내 읽었다. 집에 온 후에도 자기 전에 다시 한 번 읽으며 그 의미를 생각하는 시간을 가졌다.

놀랍게도 책을 읽었을 때의 느낌과 감동이 되살아났고, 새로운 생각이 떠오를 때도 많았다. 무엇보다 좋았던 것은 단순히 읽은 책의 숫자가 늘어난 데 만족하지 않고, 앞으로 내가 활용할 수 있는 정리된 자료가 생겼다는 점이다. 견출지를 붙여두어서 글을 쓸 때 인용할 수 있는 자료로도 요긴하게 쓸 수 있었다.

내가 두 번째 책 『말공부』를 쓴 다음 연이어 인문고전에 관한 책을 쓸 수 있었던 것은 그동안 읽었던 책들이 기반이 되었던 덕분이다. 읽은 책들의 핵심들을 찾아 그 의미를 생각하고, 얻은 것을 노트에 옮겨 둘 수 있었기에 가능한 일이었다. 중국의 시성 두보杜甫는 "책 만 권을 독파하면 글쓰기가 신의 경지에 오른다(독서파만권 하필여신, 讀書破萬卷 下筆如有神)"고 했다. 많은 책을 읽고, 생각하고, 그 요체를 기록해 남겨두면 누구라도 책을 쓸 수 있는 경지에 오를 수 있다.

발분망식
몰입하라

처음 인문고전을 읽기 시작했을 때는 책에 빠져들기가 쉽지 않았다. 내용이 낯설고 그동안의 공부와는 판이하게 달라서 분명히 책을 읽고 있었지만 얼마 지나지 않아서 딴 생각에 빠지곤 했다. 흔히 하는 말로 하얀 것은 종이였고, 검은 것은 글자였다. 당연히 책을 읽는 재미를 느끼기 어려웠고, 단지 의무감 때문에 책을 펼쳐놓고 멍하니 앉아 있을 때도 있었다. 공부를 하는 재미에 빠져서 시간이 흐르는 줄도 몰랐다는 공자를 이해하기가 정말 어려웠다.

『논어』「술이」 편에도 이에 관한 이야기가 나온다. 초나라 대부 섭공이 자로에게 공자에 대해 물었는데 자로는 아무 대답도 하지 않았다. 이 말을 들은 공자가 말했다.

"너는 어째서 '그는 무언가에 의욕이 생기면 먹는 것도 잊고, 즐거움에 근심도 잊어 늙음이 다가오는 것도 알지 못한다(발분망식 낙이망우

부지로지장지운이, 發憤忘食 樂以忘憂 不知老之將至云爾)'고 말하지 않았느냐?"

이런 공자의 상태는 몰입의 경지라고 할 수 있다. 몰입은 심리학자 미하이 칙센트미하이 교수가 자신의 책에서 '플로우flow'라는 개념을 소개함으로써 우리에게 알려졌다. 몰입은 특별한 목적을 두고 하는 행동이 아니라 자신이 하는 일 자체에 빠질 때 일어나는 현상인데 춤추기, 스키 타기 등이 바로 그것이다. 흔히 '책에 빠져 시간 가는 줄 몰랐다'고 할 때도 몰입의 경지라고 할 수 있다.

『채근담』에 "일을 실행하는 사람은 몸을 그 일 안에 두어 마땅히 이해득실을 모두 잊어야 한다(의사자, 신재사외, 의실이해지정, 任事者 身居事中 當忘利害之慮)"는 구절이 있다. 『주자어류』에도 "배우는 자가 공부를 하는 데에는 마땅히 자고 먹는 것도 잊어야 한 단계 오른 공부를 할 수 있다"고 적혀 있다. 이 역시 몰입과 연관이 있는 구절들이다.

공자를 비롯하여 고대의 현인들은 모두 학문을 하는 데 몰입의 비밀을 알고 가르침을 주고 있었다. 나 역시 책에서 이런 글들을 읽으며 몰입을 지식으로는 알게 되었지만, 내 것으로 만들어야겠다는 생각은 감히 할 수 없었다. 머릿속으로 이해는 되었지만 몸으로 체득할 수는 없었던 것이다.

하지만 한 권 한 권 책을 읽어나가며 나도 조금씩 색다른 경험을 하게 되었다. 책을 읽으며 식사시간을 놓치는 경우가 생기게 되었고, 저녁식사를 하고 잠깐 앉았다고 생각했는데 밤 10시 도서관 종료 방송이 나오는 경우도 있었다. 책을 읽는 속도보다 시간이 훨씬 더 빨리 지나는, 몰입의 경험이었다. 그 시작이 언제부터였는지 정확히 알지 못하나, 그즈음 책을 읽는 즐거움을 느끼기 시작했던 것 같다. 미하이 교수가 말했듯이 '즐거움이 몰입에 빠지게 되는 원천'이라는 것을 체감한 것이다. 공자가 말했던 "아는 것이 좋아하는 것만 못하고, 좋아하는 것이 즐기는 것만 못하다"가 어떤 의미인지도 알게 되었다.

내가 썼던 책을 보면 저자 소개에서 빠지지 않는 구절이 있다. 바로 원전 100권을 읽으면서 '문리가 트이는 경험을 했다'는 것이다. 좀 부끄럽기는 하지만 이 구절은 내가 잘 아는 출판편집자가 내 경험을 듣고 소개에 넣은 것이다.

도서관에서 책을 읽다 보면 한 번씩 머릿속으로 시원한 바람이 지나가는 느낌을 받을 때가 있었다. 숲길을 걸을 때 솔향기를 품고 불어오는 상쾌한 바람의 느낌이었다. 처음에는 에어컨이 켜졌는지, 혹시 창문이 열려 있는 것은 아닌지 주위를 둘러보곤 했으나 전혀 그런 상황이 아니었다. 몇 번의 경험이 계속되면서 이것이 바로 인문독서가 주는 또 하나의 선물이라고 깨닫게 되었다. 정말 내가 문리가 트였다고 생각한다면 교만이겠지만, 분명한 것은 인문고전 독서에 몰입하게 되면 누구나 변화를 경험하게 된다는 사실이다.

곤이학지

곤궁에 빠졌다면 책을 펼쳐라

『논어』「계씨」편에 보면 "나면서부터 아는 사람은 최상이고, 배워서 아는 사람은 그다음이다. 곤경에 처해서 배우는 사람은 그다음이고, 곤경에 처해도 배우지 않는 사람은 최하이다"라고 했다. 공자는 "나는 나면서부터 안 사람이 아니라, 옛것을 좋아하여 부지런히 그것을 추구했던 사람이다(아비생이지지자 호고민이구지자야, 我非生而知之者, 好古敏而求之者也)"라고 「술이」편에서 말하기도 했다. 공자 스스로는 자신이 나면서부터 아는 성인이 아니라, 열심히 배워서 아는 사람이라고 겸손한 자세를 취했던 것이다. 조금 지식이 있다고 하면 곧 교만해지고 마는 우리들에게 "너희들은 모두 곤경에 처해야 겨우 공부를 시작하는 하류다"라는 깨우침을 주고 있는지도 모른다.

사실 공자와 같은 인물이 '학이지지자'라면 우리는 '곤이학지자'도 과분할지 모른다. 스스로는 인정하고 싶지 않지만 곤경에 처해도 배우지 않는 사람, 즉 '곤이불학'일 수도 있다. 이렇게 보면 공자는 마치 아테네 거리에서 "너 자신을 알라"고 외쳤던 소크라테스처럼 우리의 무식함과 교만함을 꾸짖고 있는 것 같다.

또 강조컨대, 변화의 책 『주역』에는 "궁하면 변하라. 변하면 통하고 통하면 오래 간다"라는 구절이 있다. 곤경을 벗어날 수 있는 전제조건을 말하고 있는데 그것은 '변하는 것'이다. 그리고 이 변화를 일으킬 수 있는 힘은 공자가 제시하는 것처럼 공부다. 그중에서도 지식을 배우는 일반적인 공부가 아니라, 인문고전 공부다.

인문고전은 단순히 지식을 보태주는 것이 아니라 우리의 삶에 방향을 정해준다. 삶의 의미를 생각하게 하고, 올바른 가치관을 정립시켜주고, 나를 돌아보고 성찰할 수 있도록 만든다. 이런 공부가 나를 변화시킨다. 영어 공부, 전공 공부, 실무지식 공부도 직장생활, 사회생활을 하는 데 반드시 필요하지만 그런 공부는 승진에 도움이 될지는 몰라도 내 삶을 변화시켜주지는 못한다. 승진을 다른 사람보다 빨리 하는 것, 성공을 빨리 하는 것, 누구나 꿈꾸는 것이지만 그것은 삶에 있어서 지극히 작은 변화에 불과하다. 정말 큰 변화는 내 삶을 바라보는 관점을 변화시키고, 내 삶의 의미를 알고, 그 소중함을 지켜나가는 것이다.

내가 인문고전 공부를 시작하게 된 것은 작가가 되려는 결심이 계기가 되었다. 처음부터 인문고전에 관한 책을 쓰려고 했던 것은 아니었다. 단지 내가 앞으로 쓸 책에 인용하고, 내 주장을 좀 더 품위 있게 뒷받침하기 위해서 인문고전 공부를 시작했다. 하지만 한 권 한 권 책을 읽어가면서 점점 그 매력에 빠지게 되었고, 이 책들이야말로 내 삶을 변화시킬 수 있는 든든한 기반이 될 거라는 깨달음을 얻게 되었다.

짐작하겠지만 삼 년이라는 시간 동안 도서관에서 책만 읽었다는 것은 일반적인 상황은 아니다. 어려움에 처해 길이 보이지 않거나, 막다른 길에서 다른 어떤 것도 할 수 없을 때 나는 도서관을 찾게 되었다. 이것이 바로 공자가 말했던 '곤이학지'일 것이다. 다행히 나는 '곤이불학'은 아니었기에 책을 읽기 시작했고, 책을 쓰기 시작했다.

공자는 "날씨가 추워진 후에야 소나무와 잣나무가 더디 시듦을 안다"고 했다. 마치 사계절이 바뀌는 것처럼 삶에도 추운 겨울은 온다. 그때 "내가 변화할 시간이 왔다"고 하며 책을 들자.

온고이지신

적용할 수 없다면 공부가 아니다

    자공이 '인'을 행하는 방법을 묻자 공자는 "장인이 일을 잘하려면 반드시 먼저 연장을 다듬어야 한다"고 대답했다.

    공자의 뛰어난 제자 자하도 스승의 말을 잘 받아들여서 "기술자들은 작업장에 있음으로써 그 일을 이루고, 군자는 배움으로써 도를 이룬다"고 말했다.

    『논어』에 실려 있는 이 말들을 보면 공자와 그 제자들이 이루었던 유가는 가장 현실적이고 실용적인 학문을 추구했다는 것을 알 수 있다. 현실에 적용해서 활용하지 못하는 학문은 존재가치가 없다는 생각이었던 것이다.

    앞에서도 등장한 이야기로,『장자』에 나오는 제나라 환공과 목수 윤편의 이야기를 다시 들여다보자.

제나라 환공이 책을 읽고 있을 때 정원에서 수레바퀴를 만들던 목수 윤편이 말을 걸었다.

"감히 한 말씀 여쭙겠습니다. 혹시 읽고 계신 책이 무슨 책입니까?"

"성인의 말씀이다."

"성인이 아직 살아계십니까?"

"이미 돌아가셨다."

"그렇다면 왕께서 읽는 책은 옛사람의 찌꺼기에 불과합니다."

윤편의 말에 환공이 노하여 말했다.

"내가 책을 읽고 있는데 목수가 나를 희롱하는가? 만약 합당한 이유를 댈 수 있다면 모르겠으나 아니면 너는 목숨을 내놓아야 한다."

윤편이 대답했다.

"신은 신의 일로 미루어 말씀드리겠습니다. 수레바퀴를 깎을 때 지나치면 축이 헐거워지고, 모자라면 축이 들어가지 않습니다. 정확한 정도는 손으로 터득하고 마음으로 느껴야지 말로 할 수는 없습니다. 따라서 신은 제 자식에게도 말이나 글로 그것을 깨우쳐줄 수 없고 제 아들도 그것을 배울 수 없습니다. 이미 죽어버린 옛 선인들이 쓴 글도 자신이 깨달은 핵심을 글로는 전할 수 없기에 그것은 옛사람의 찌꺼기라고 말씀드렸습니다."

환공은 명재상 관중과 함께 약소국이었던 제나라를 패권국으로 만든 춘추5패 중의 한 사람이었다. 이런 대단한 인물에게 한낱 목수가 말을 걸었다는 것이 현실성은 떨어지지만 우리는 윤편의 대답에서 고전을 읽는 중요한 해답을 얻을 수 있다.

책에 적혀 있는 지식은 영적인 교감을 통해 완전히 내 것으로 만들어야 하고, 이렇게 얻은 지식은 내 삶과 일에 적용될 수 있어야 한다. 우리가 항상 경험하고 있지만 단순히 이론과 지식으로 아는 것은 내 삶에 아무런 도움이 되지 않는다. 그래서 누군가는 "내가 알아야 할 모든 것은 유치원에서 배웠다"고 말하기도 했다.

공자는 이미 2500년 전에 '온고이지신溫故而知新'이라는 가르침을 주었다. 공자 스스로도 '나는 옛것을 좋아해서 부지런히 그것을 추구한 사람이다'라고 했지만, 단순히 지식으로만 익혀서는 소용이 없다는 가르침이 바로 '온고이지신'이다. 『논어』「위정」편에 실려 있는 이 말은 '스승이 될 자격이 있다'로 이어진다.

여기서 스승이란 말 그대로 스승일 수도 있지만 넓게 해석하면 모든 조직의 지도자를 말한다. '새로운 것을 안다'에는 창의성, 예측력, 통찰력 등 리더들에게 필요한 덕목들이 모두 포함되어 있다. 그래서 오늘날 동서양의 최고의 경영자들이 인문고전에서 창의적이고 미래지향적인 기업 경영의 지혜를 얻는 것이다.

책을 읽는 것, 그중에서도 인문고전을 읽는 것은 내가 할 일을 더 잘하기 위해서 연장을 다듬는 일이다. 무턱대고 책을 읽고 지식만 취한다면 연장을 잔뜩 쌓아두는 것에 그친다. 연장을 구했다면 그 연장이 최고의 효율을 발휘하도록 갈고 다듬어야 한다. 폭넓게 읽고, 노트를 하고, 생각하고, 몰입하는 것은 모두 단순한 지식을 넘어서 내 삶과 일에 적용할 수 있는 지혜로 삼기 위해 준비하는 것이다.

공자 이전의
인문학

동양인문학의 뿌리,
삼경

유교의 사상적 근거, 공자

　춘추전국시대는 고대중국의 패권을 차지하기 위해 수많은 제후
국들이 할거하던 시대다. 천자국이던 주나라의 세력이 약해진 후
수많은 나라들이 패권을 잡기 위해 난립한 시대를 춘추시대, 진나
라를 비롯한 7개국으로 정리되어 전쟁을 거듭하던 시기를 전국시
대라고 한다. 수많은 세력과 나라들이 난립했던 대혼란기이기는 했
지만, 동양의 사상과 문화가 꽃을 피우던 시대이기도 했다. 춘추시
대라는 명칭은 공자가 편찬했던 역사서 『춘추』에서 따왔고, 전국시
대는 그 당시를 다뤘던 유향의 역사서 『전국책』에서 비롯되었다.
　공자는 동양인문학의 원류라고 할 수 있는 유교의 시조다. 하지

만 공자 이전의 고대 중국에서도 이미 소수의 일부계층에 한정되기는 했지만 인문학 경전들이 존재했다. 대표적인 것으로는 우리가 사서삼경 중 삼경으로 부르는 『시경』『주역』『서경』이다. 이 삼경은 우리가 오늘날 인문학이라고 부르는 문학, 역사, 철학의 분류에 따르고 있다.

중국 고대의 시를 모아 편찬한 『시경』은 문학서, 『서경』은 고대의 전설적인 요, 순황제와 우왕과 탕왕, 문왕의 언행을 모아 기록했던 역사서, 『주역』은 고대 주나라의 문왕이 감옥에 있을 때 저술했다고 전해지는 철학서라고 할 수 있다. 공자 이전 시대에서는 뚜렷한 계보가 없이 시중에서 전해지던 고전들이었지만 공자로 인해 이 책들은 유교의 경전, 『삼경』의 자리를 차지하게 된다. 공자는 이 책들에게 각각 의미를 부여하고 정리하고 편찬하여 스스로의 공부는 물론 제자들을 가르치는 중요한 교재로도 삼았다. 결국 공자로 인해 이들 고전들은 유교의 사상적 근거가 되고, 동양 인문학의 뿌리가 되었다.

시경詩經

주나라 초기부터 춘추시대까지 중국의 북부지역 황하강 유역에서 불리던 민간의 시가들을 모아서 엮은 일종의 시집이다. 그 당시 민간을 순회하면서 시가를 수집하던 이들을 채풍관采風官이라 불렀는데, 풍은 '민간의 노래'라는 뜻이지만 현실을 비판하고 조롱하는 풍자諷刺가 담겨 있는 경우도 많았다. 이 시들을 통해 위정자들은 민간의 정서를 파악했고, 백성들의 희로애락에 담긴 민의를 정치에 반영하는 데 유용하게 활용했다. 시중에 떠도는 시가들이었던 만큼 작가는 대부분 미상이며 원래 총 3000여 편에 달하는 시를 공자가 약 300여 편으로 정리하여 편찬했다고 알려져 있다. 『논어』에서 공자가 언급했던 구절들을 보면 공자의 철학에서 '시'가 어떤 비중을 차지하고 있는지를 잘 알 수 있다.

"시경에 있는 시 300편을 한 마디로 말하면 생각에 거짓됨이 없다.(「위정」)"

"시를 통해 순수한 감성을 불러일으키고, 예를 통해 도리에 맞게 살아가며, 음악을 통해 인격을 완성한다.(「태백」)"

"남용이 백규의 시구를 하루에 세 번씩 암송하자, 공자가 형님의 딸을 그에게 시집보냈다.(「선진」)"

"시를 배우면 감흥을 불러일으킬 수 있고, 상황을 잘 살필 수 있으며, 사람들과 잘 어울릴 수 있고, 사리에 맞게 원망할 수 있다. 가까이는 어버이를 잘 섬기고, 멀리는 임금을 잘 섬기며, 새와 짐승과 풀과 나무의 이름에 대해서도 많이 알게 된다.(「양화」)"

"사람으로서 『시경』의 「주남」과 「소남」을 공부하지 않으면, 담벼락을 마주하고 서 있는 것과 같다.(「양화」)"

공자는 철학적 관점만이 아니라 사람으로서 기본적으로 가져야 할 소양을 갖추기 위해서 반드시 시를 공부해야 한다고 강조하고 있다. 바른 생각을 갖게 하고, 순수한 감성과 감흥을 불러일으키고, 사리판단을 잘하게 되고, 풍부한 언어의 능력을 갖게 되고, 세상을 보는 시야를 넓혀주고, 공감과 공존의 자세를 갖추게 되고, 무엇보다도 사람의 도리를 다할 수 있다는 점에서 공자는 '시'의 가치를 높이 평가하고 중요시했다.

공자는 또한 제자를 가르치거나 위정자에게 자신의 소견을 설파할 때도 시경의 구절들을 인용하기를 좋아했다. 특히 제자들이 시경의 구절을 인용해 자신의 생각을 뒷받침하면 공자는 기뻐하며 제자들을 칭찬했다. 공자의 사상을 이어받아온 최근의 중국에서는 초등학생들에게 시 300편을 의무적으로 외우게 한다고 한다. 우리가 중국의 시를 외울 필요는 없지만 평소에 많은 시를 접하고, 시를 통해 감성과 언어능력을 키우고, 세상을 바라보는 시인의 관점을 배워 삶의 폭을 넓혀나간다면 여유 있고 풍요로운 삶을 누릴 수 있을 것이다.

주역周易

주역은 '주나라의 역'이라는 뜻으로 줄여서 역이라고 부르기도 한다. '역易'이라는 한자의 뜻이 '바뀌다'라는 점에서도 알 수 있듯이 끊임없이 변화하는 세상을 어떻게 살아야 할지를 알려주는 책이다. 그래서 외국에서는 주역을 변화의 고전, 'The Classic of change'라고 변역했다. 많은 고전에서 변화를 이야기하고 있고, 오늘날에도 변화에 잘 적응하는 사람이 살아남을 수 있다고 많은 책들과 학자들이 이야기하고 있지만 유독『주역』을 '변화의 고전'이라고 일컫는 이유는『주역』이 변화의 본질에 대해 이야기하고 있기 때문이다.

흔히『주역』을 점을 치는 책, 미신으로 알고 있다. 하지만 점을 통해 행운만을 취하고 불운을 피해가려는 욕심이 앞서기 때문에 미신이 되는 것이다.『주역』에는 오히려 하늘의 뜻을 피해가려는 것이 아니라 하늘의 뜻에 순응해 받아들이고 자기 주도적으로 해결해가는 방법이 담겨 있다. 64괘로 구분되는 인생의 경로를 알고, 좋든 나쁘든 스스로의 운명을 받아들이고, 그 상황에서 취할 수 있는 최선을 찾도록 하는 것이 바로『주역』이 알려주는 길이다. 그 길은 인생의 고비마다 필요한 '인생의 지혜'라고 할 수 있을 것인데, 자기 주도적인 삶을 살 수 있는 동력이 바로 변화다.『주역』에 실려 있는 "궁하면 변하라, 변하면 통하고 통하면 오래간다"는 구절이 핵심을 말해주고 있는 것이다.

바로 이러한 이유 때문에 공자는『주역』을 좋아했고 평생을 두고 공부했다.『사기』의 「공자세가」에 있는 '책을 묶고 있는 가죽 끈이 세 번이 끊어진다'라는 '위편삼절'이 가리키는 책이 바로『주역』이다. 그 튼튼한 가죽 끈이 세 번이 끊어질 정도라면 도대체 얼마나 그 책을 읽었다는 것일까? 아마 책의 전부를 외웠을 거라고 충분히 짐작할 수 있다. 하지만 의외로『논어』에는 삼경 중『시경』과『서경』에 대해서는 많이 언급하고 있지만,『주역』에 관해서는 많이 실려 있지 않다. 단 한 구절이 실려 있는 데 그 한 구절의 무게가 굉장하다.

"나에게 몇 년의 시간이 더 있어서 쉰 살까지『주역』을 공부할 수 있다면 세상을 살아가는 데 큰 허물은 없을 것이다."

공자와 같이 그 깊이를 가늠할 수 없는 대철학자가 큰 잘못을 저지르지 않도록 이끌어주는 책에는 도대체 무엇이 담겨 있을까?『주역』의 64괘에서 제각각 알려주는 길은 반드시 그 괘에만 한정되지 않는다. 삶을 살아가면서 우리가 취해야 할 귀한 교훈, 어떤 삶을 살든 어떤 상황에서든 추구해야 할 보편적인 진리가 실려 있다.

한 가지 예를 들어보면 '자강불식 후덕재물自强不息, 厚德載物'이라는 구절이다. "끊임없이 스스로 단련하고, 덕을 쌓아 만물을 품는다"는 뜻으로『논어』에서 말하는, '나를 정진하여 바로 세우고 다른 사람을 배려한다'는 충과 서의 정신과 통한다. 공자가 왜『주역』에 매진했는지를 보여주는 실례다.

서경書經

공자는 태평성대였던 요순임금의 시대는 '천하위공天下爲公' 즉 '천하가 모두 공공의 것'이었다고 하며 이렇게 말했다.

"어질고 능력 있는 사람을 택하여 가르치니 서로 화목했고, 자기 가족과 어버이만을 식구로 여기지 않았으며, 자기 아들만을 사랑하지 않았다. 노인들은 노년을 편안히 보낼 수 있었고, 장년들에게는 일자리가 주어졌으며, 어린이들은 보살핌을 받았다. 병자는 치료를 받았으며, 남자에게는 각 분야의 직업이 있었고, 여자는 결혼해서 가정을 꾸릴 수 있었다. 힘은 각자의 재능에서 나오는 것이지만 그 힘을 반드시 자신만을 위해 쓰지 않았다. 그리고 도적질과 혼란을 일으키는 부도덕한 일들이 일어나지 않았고, 굳이 바깥문을 단속하지 않고 살았다. 이런 세상을 대동의 세상이라고 한다."

공자가 이상적인 사회로 꼽았던 요순시대를 말했던 것이지만 오늘날의 진정한 복지사회의 모습을 정확하게 말해주고 있다. 요순시대부터 공자가 예에 의해 다스려지는 나라라고 했던 주나라, 공자가 가장 존경했던 인물인 노나라의 시조 주공의 시대까지를 다룬 역사책이 바로 『서경』이다. 서경은 요순임금, 우임금과 탕임금, 그리고 주나라의 문왕과 무왕, 그리고 주공이 나라를 다스리던 행적과 법칙이 망라되어 있는 책이다. 동양의 모든 사상들이 근원으로 삼고 있는 최고의 경전으로 유교의 덕치주의 왕도주의는 물론 도교와 묵가와 법가까지 자기 학설의 이론적 근거로 삼고 있다.

『역사란 무엇인가』의 저자 E. H. 카는 "역사란 현재와 과거 사이의 끊임없는 대화다"라고 말했다. 『명심보감』에는 "옛일을 거울삼아 오늘 일을 본다면 풀지 못할 어려운 일이 없다"고 실려 있기도 하다. 결국 역사를 통해 사람들은 현실 문제를 진단하고 미래를 읽는 통찰력을 얻을 수 있다는 말이다. 역사를 아는 것에는 이러한 힘이 있기 때문에 사람들은 역사를 바로 세우기 위해 노력하고, 독재자들은 역사를 왜곡하려고 하는 것이다. 『서경』 역시 진시황의 분서갱유로 인해 거의 소실되는 고초를 겪었다. 권력에 의해 핍박받는 이러한 사례들은 오늘날의 독재자들에 의해 심심치 않게 보여진다.

『논어』「태백」편에는 공자가 요순임금과 우임금, 주나라의 문왕과 무왕에 대한 이야기를 하며 그 시대의 덕과 화평을 그리워하는 구절들이 나온다. "위대하도다! 요임금과 순임금은 천하를 가지고도, 그것들을 사사로이 하지 않았다"와 같은 구절들이다. 「위정」편에서는 어떤 사람이 "선생님은 왜 정치를 하지 않으십니까?"라고 묻자, 공자가 『서경』을 인용하면서 "부모에게 효도하고 형제간에 화목해 정사에 반영하는 것인데 꼭 관직에 나가는 것이 정치를 하는 것은 아니다"라고 가르쳤다. 또한 「헌문」편에도 제자 자장이 서경에 실려 있는 글에 대해 묻자, 공자가 군주에 대한 진정한 도리와 직무를 가르쳐준다.

이처럼 공자는 『서경』에서 올바른 정치와 이를 기반으로 하는 공직자의 자세를 배웠고 이를 통해 스스로를 가다듬고 사람들에게 가르쳤다. 특히 공자는 역사를 공부함으로써 얻을 수 있는 통찰력을 다음의 「위정」편의 한 구절에서 알려주고 있다.

제자 자장이 "열 왕조 뒤의 변화를 알 수 있습니까?"라고 묻자 공자는 이렇게 대답했다. "은나라는 하나라의 예와 법도를 따랐으니 거기서 더하거나 뺀 것을 알 수 있고, 주나라는 은나라의 예와 법도를 따랐으니 역시 거기서 더하거나 뺀 것을 알 수 있다. 누군가 주나라를 계승하는 사람이 있다면 백 왕조 뒤의 일이라도 알 수 있을 것이다."

우리가 인문고전을 왜 공부해야 하는지를 공자는 3000여 년 전
의 역사책을 통해 교훈을 주고 있다.

공자 이후의
인문학

공자의 후계자와
제자백가

공자의 계통

공자가 혼란의 시대에 3000명이라는 제자를 둘 수 있었던 것은 '가르침에는 차별을 둘 수 없다'는 교육철학에 기인한다. 공자의 문하에는 시골농부나 한량 등 밑바닥 삶을 사는 사람에서부터 군주에 이르기까지 그 당시 모든 계층이 망라되어 있었다. 『논어』에 실려 있는 공자의 교육관을 보면 그 연유를 미루어 짐작할 수 있다.

"성인이나 인인이 되었다고 내가 감히 말할 수 없지만 그 도리를 배우고 본받는 데 게을리 하지 않고, 다른 사람을 가르치는 데 게을리 하지 않는다고 말할 수 있다.(「술이」)"

"나는 아는 것이 없다. 하지만 어떤 비천한 사람이라도 내게 묻는다면, 아무리 어리석은 사람이라도 나는 내가 아는 것을 다 알려줄 것이다."

공자는 가르침이 곧 배움이라는 '교학상장教學相長'의 정신과 '후배의 가능성과 능력을 인정하고 그들을 통해 자신의 학문과 철학사상을 이어가야 한다(後生可畏, 후생가외)'는 확고한 의식이 있었다. 하지만 공자는 무조건 제자들을 받아들인 것이 아니라 분명한 자격을 요구했다.

"육포 한 묶음의 예물을 갖추고 온다면 나는 가르치지 않은 사람이 없다."

"배우려는 열의가 없으면 이끌어주지 않고, 표현하려고 애쓰지 않으면 깨우쳐주지 않고, 한 모퉁이를 들어주었을 때 나머지 세 모퉁이로 미루어 알지 못하면 반복해서 가르치지 않는다."

공자는 먼저 '해보다 안 되면 말고'라는 시간 때우기식의 공부가 아니라 분명한 투자를 요구했다. 나의 시간과 돈을 투자해서 배우겠다는 자세를 보여주지 않으면 가르침을 주지 않았다. 반면에 이런 자세와 열의를 갖추고 있다면 신분적인 제약이나, 그 어떤 다른 이유로도 가르침을 거부하지 않았다. 공자의 제자가 되려면 배움에 대한 열망이 있어야 하고, 그 배움을 표현하고 실천해야 하며, 한 가지를 배운다면 생각과 노력을 통해 더 새로운 것을 배우려는 노력이 반드시 있어야 한다. 결국 공자의 이런 교육관에 맞는 사람들이 '공문십철孔門十哲' 즉 '공자 문하의 가장 뛰어난 열 제자'가 되었고,

이들이 공자의 학문과 철학사상을 이어갈 수 있었다.

공자의 제자들 중에 『논어』에 가장 많이 등장하는 인물은 자로다. 그다음으로 자공이고, 공자의 수제자였던 안회에 대한 이야기가 그 다음으로 많다. 자로는 한량 출신의 다혈질이어서 공자의 '유교무류'의 교육관에 가장 배합되는 인물이라고 할 수 있다. 하지만 출신 성분의 한계를 벗어나지 못해서 직선적인 성격과 무모할 정도의 용기로 공자의 제자가 된 후에도 항상 공자가 걱정했던 인물이었다. "자로와 같은 사람은 제 명에 살지 못할 것이다"라고 말했을 정도로 공자는 항상 맹목적인 자로의 용기를 걱정했다. 결국 자로는 위나라에서 벼슬을 하다가 '괴외의 난'에 휩쓸려 죽고 만다.

자공은 상업과 외교에 탁월했던 인물이다. 상업과 외교에 필요한 말의 능력과 인간관계에 가장 뛰어났다. 공자는 자공을 두고 군자가 되기에는 부족하다고 했지만 타고난 재능을 인정하며, 그 재능을 발휘하라고 격려했다. 오늘날의 기준으로 보면 자공은 부와 권력을 모두 잡았던 인물로 가장 선망하는 인물이라고 할 수 있을 것이다. 사람들에게 인기도 좋아서 그 당시에도 자공을 따르는 사람이 많았다. 그들 중 많은 사람들은 심지어 '자공이 공자보다 더 뛰어난 인물이다'라고 말하기도 했다. 그럴 때마다 자공은 "담에 비유하자면 나는 겨우 어깨 정도의 높이지만 스승의 담은 몇 길이나 높아 그 안을 들여다볼 수도 없다"고 겸손하게 대답했다. 실제로 자공은 공자가 죽었을 때 다른 제자들은 3년 상을 치렀지만 혼자서 6년 상을 치를 정도로 스승에 대한 사랑이 남달랐다.

안회는 공자가 '나보다 더 뛰어나다'고 인정했을 만큼 훌륭한 제자였지만 일찍 요절하고 말았다. 다른 제자들이 다들 뛰어난 점이 있었지만 그에 못지않게 부족한 면들도 있어서 공자로부터 꾸짖음을 받기도 했지만 안회는 유일하게 공자로부터 인정을 받고 칭찬만 들었던 인물이었다. "다른 사람들은 한 달에 한 번 인에 이를 뿐이지만 안회는 석 달 동안이나 인에서 어긋나지 않는다"는 말은 안회의 됨됨이를 공자가 얼마나 높이 평가하는지를 잘 말해준다.

노나라의 실권자 계강자가 "제자 중에 누가 학문을 좋아합니까?"라고 묻자, "안회라는 제자가 학문을 좋아했는데 불행히도 일찍 죽었습니다. 이제 그런 사람이 없습니다"라고 잘라서 말하기도 했다. 공자는 인격과 도덕성, 학문 등 모든 분야에서 안회를 단순한 제자가 아닌 최고의 경지에 이른 인물로 인정하고 있었다. 만약 안회가 일찍 단명하지 않았으면 유교가 과연 어땠을까, 하는 안타까움이 있다.

증자는 '공문십철'에 속하지도 않았고, 다른 제자들에 비해 공자로부터 크게 인정을 받지도 못했던 제자였다. 심지어 공자는 증자를 두고 '둔하다'고 평가하기도 했다. 이를테면 좀 소외된 제자라고 할 수 있을 텐데 의외로 공자의 철학과 학문은 증자로부터 이어져 내려갔다. 증자가 뛰어난 제자들을 제치고 공자의 도를 계승하게 된 것은 미련할 정도로 스승의 가르침을 익히고 따랐던 데서 단초를 찾을 수 있을 것이다.

「학이」편에서 증자가 자신의 생활신조를 말했던 것을 보면 증자가 얼마나 하루하루를 충실하게 보냈는지를 잘 알 수 있다. "나는 날마다 세 가지를 반성한다. 다른 사람을 위해 일하면서 진심을 다하지 않았던 적은 없는가? 벗과 사귀면서 신의를 지키지 못한 일은 없는가? 배운 것을 제대로 익히지 못한 적은 없는가?" 우리가 아는 '일일삼성一日三省' 즉, 하루에 세 가지 점을 미루어 자신을 수양해 나갔던 노력이 쌓여 비록 초기에는 부족했으나 스승의 학문과 도를 이어나갈 수 있는 제자로 성장했던 것이다. 또 하나의 단초는 「리인」편에 실려 있는 스승 공자와의 대화에서 찾을 수 있다.

공자가 말했다. "삼아!(삼은 증자의 이름, 윗사람이 아랫사람을 부를 때는 이름을 부른다) 나의 도는 하나로 관통된다." "예." 증자가 주저 없이 대답했다. 공자가 나가고 제자들이 그 뜻을 묻자 증자가 대답했다. "스승의 도는 충과 서일 뿐입니다."

공자는 이상적인 천하를 만들기 위해서는 사람들이 '인'의 덕목을 갖추어야 하고, 세상이 '인'의 정신으로 다스려져야 한다고 말했다. 그리고 '인'을 얻기 위해서 사람들은 '극기복례' 즉, "스스로를 극복하고 예로 돌아가라"고 가르쳤다. '극기복례'는 스스로를 바로 세우는 '충'과 다른 사람을 배려하고 올바른 관계를 맺는 '서'의 정신과 동일한 개념이라고 할 수 있다. 증자는 '인'을 얻기 위한 두 가지 실천방안인 '충'과 '서'를 분명히 인식하고 실천하기 위해 노력했기에 스승의 학문과 사상을 후대에 전하는 후계자의 역할을 할 수 있었다. 또한 증자는 공자의 손자이자 유교의 적통을 이었던 자사를 가르쳤다는 점에서 유교의 정통이라고 할 수 있을 것이다.

유학의 계통은 공자 – 증자 – 자사 – 맹자로 이어진다. 자사는 '중용'의 사상을 제기했는데, 이로 인해 사서 중의 하나인 『중용』의 저자로 알려져 있다. '중용'의 사상은 특이하게도 서양 철학자 아리스토텔레스도 주창했는데 물론 동양과 서양의 중용은 차이가 있다. 서양철학은 중용을 지나치지도 모자라지도 않는 중간을 취하는 것이라고 다소 산술적으로 표현했지만 동양철학에서의 중용은 좀 더 철학적인 깊이를 담고 있다.

중용에서 중은 '편벽되거나 치우치지 않고 지나치거나 모자람이 없다'는 뜻이다. 용은 '시간적으로도 공간적으로도 변하지 않음'을 뜻한다. 즉, '중용'은 한쪽으로 치우치지 않는 올바른 도리이자 시간이 흘러도 변하지 않는 변함없는 도리라고 생각할 수 있다. 송 대의 저명한 유학자 주자는 '중용'을 '치우치지도 기대지도 않아, 지나침도 미치지 못함도 없는 일상의 도리'라고 풀이했다. 평범하면서도 깊은 덕의 수양을 가르치는 것이 바로 중용의 '도'이다. 그리고 그 도를 이루기 위해서는 항상 '성誠' 즉, 정성을 다하는 자세로 하루하루의 생활에 임해야 한다.

맹자는 공자의 사상을 계승 발전시켰던 인물로 아성(亞聖, 성인에 버금가는 다음 성인)으로 불린다. 자사로부터 수학했다는 설도 있으나,

시간적인 차이(자사 사후 맹자가 태어남)를 미루어보면 공자, 증자, 자사
로 이어지는 학문을 독학을 통해 이어받았다고 보는 것이 맞을 것
이다. 실제로 맹자는 공자를 추존하여 그 학문과 도를 공부해 공자
의 '인'의 사상을 '인의仁義'의 사상으로 발전시켜나갔다. 공자의 체
제순응적인 '인'의 사상에 맹자는 '의'를 더함으로써 백성을 위하고
존중하는 진정한 '왕도정치'의 구현을 염원했다. 심지어 백성에게
위해를 가하거나 잘살게 해주지 못하는 군주는 갈아치워도 된다는
'역성혁명'까지 주창했던 진정한 민본주의자였다.

맹자는 특히 '성선설'을 주창했는데, 그 기반이 되는 이론이 바로
'사단이론'이다. 사람에게는 본성적으로 측은지심(惻隱之心, 불쌍히 여
기는 마음), 수오지심(羞惡之心, 의롭지 못함을 미워하는 마음), 사양지심(辭讓之
心, 배려하는 마음), 시비지심(是非之心, 옳고 그름을 가리는 마음)이 있다는 것
으로 이것이 유교의 기반사상인 '인의예지仁義禮智'를 뜻한다.

제자백가의 백가쟁명百家爭鳴

고대 중국 역사상 최대, 최장의 혼란기였던 춘추전국시대는 한편
으로는 철학사상이 꽃을 피우는 대부흥의 시대이기도 했다. 그 중
심에 공자로 대표되는 유교가 있었고, 유교와의 철학·사상논쟁을
펼치는 수많은 학파들이 등장하게 된다. 묵가墨家·도가道家·법가

法家·음양가陰陽家·명가名家 등으로 대표되는 이들은 자신의 학설로 세상을 바꾸기 위해 치열한 논쟁을 벌였는데, 이러한 현상을 백가쟁명이라고 불렀다. 이런 현상은 서양철학과는 달리 동양의 철학이 철저히 현실 지향적이라는 데 연유한다. 공자가 군주를 설득하여 세상을 바르게 통치함으로써 이상적인 국가를 만들려고 했던 것처럼, 다른 학파들 역시 자신의 이론과 학문으로 세상의 주도권을 잡으려 했다. 한마디로 천자국이었던 주나라의 기반이 약해지면서 무력으로 천하를 손에 넣으려는 제후들의 책사를 맡아 주도권을 쥐려는 다툼이라고 해도 과언이 아니었다.

제자백가의 학파들의 백가쟁명은 대부분 유가와 다른 학파들과의 논쟁이라고 할 수 있다. 그 당시 학문적으로 가장 존중을 받던 유가를 중심에 두고 유가와 자기 학파와의 차별점을 부각하려고 했던 것이다. 유가만 학문적 사상적으로 제압할 수 있다면 당연히 최고의 학문으로 인정받을 수 있기 때문이었다.

도가

유가와 도가의 차이는 바로 '유위有爲'와 '무위無爲'의 차이라고 할 수 있다. 유가는 세상을 바꾸기 위해서 무언가를 하려고 했던 것이고, 도가는 '아무것도 하지 않아야 오히려 세상이 구제될 수 있다'는 것이다. 그 근거가 되는 것이 바로 '자연'이었다. 자연은 어느 누구의 간섭도 받지 않지만 아름답고 조화롭게 흘러간다. 하지만 사

람이 관여하고 인위적으로 무엇인가를 하려고 하기 때문에 오히려
파괴되고 훼손된다. 사람의 세상도 마찬가지다. 공자는 이러한 혼란
과 도덕적 파산을 해결하기 위해 인간성을 회복해야 한다고 주장했
고, 그것을 위해 수양과 학문을 통해 정진해야 한다고 말했다. 하지
만 도가는 사람 세상도 인위적으로 무언가를 하려고 할 것이 아니
라 자연처럼 아무것도 하지 않고 그냥 놓아둘 때 더 좋은 세상을 만
들 수 있다고 강조했다.

　도가를 대표하는 두 인물은 노자와 장자다. 그리고 그들의 학설
을 모아놓은 것이 바로 그들의 이름을 딴 고전, 『노자』와 『장자』이
다. 장자는 철저히 무위자연 즉, '자연으로 돌아가자'고 주장한 반
면 노자는 '무위'의 철학을 통해 치국 즉, 세상을 다스리는 데 중점
을 두었다. 두 사람은 모두 무위, 즉 '자연'의 이치를 표방했지만 실
제로 인간 세상에서는 단순히 아무것도 하지 않고 숨어서 살라고
한 것은 아니었다. 특히 노자는 사람 세상을 잘 다스리고 온전하게
만들려는 의도를 가지고 있었다. 하지만 공자처럼 적극적으로 개입
하는 것이 아니라 개입하지 않아야 한다고 주장했다. 이것이 『노자』
63장에 실려 있는 "위무위 사무사 미무미爲無爲 事無事 味無味"다.
즉 "추구하지 않는 것을 추구하고, 행동하지 않는 것을 행동하고,
맛이 없는 것을 맛으로 삼는다"라는 뜻이다.

　노자는 인간의 욕망들을, 그것이 긍정적이든 부정적이든, 세상을
혼란시키는 가장 큰 요인으로 보았고 그것을 해결하기 위해 지도자

들은 마치 없는 것처럼 소극적이 되어야 하고, 마치 물처럼 겸손하게 낮은 곳을 찾을 수 있어야 한다고 했다. 통치자가 이렇게 할 때 백성들 역시 다투지 않고 욕심을 버려 민심이 회복될 수 있을 거라는 것이다.

『노자』 3장에 있는 "현명한 사람을 존중하지 않으면 백성이 다투지 않을 것이고, 보화를 귀히 여기지 않으면 백성이 도둑질을 하지 않을 것이고, 욕심을 일으키는 것을 보이지 않으면 민심이 어지럽지 않을 것이다"라는 구절이 그것을 말한다. 지도자가 욕심을 버릴 때 그를 따르는 백성들도 욕심을 버리고 천하가 안정될 수 있다는 것이다.

이처럼 노자의 철학은 역설적이다. "약한 것이 강한 것을 이기고, 부드러운 것이 단단한 것을 이긴다"라고 했다. 반대로 이야기하면 "군대가 강대하면 승리하지 못하고, 강한 나무가 먼저 베어진다." 그래서 "뛰어난 장수는 무용을 자랑하지 않고, 잘 싸우는 자는 화를 내지 않으며, 쉽게 이기는 자는 함부로 싸우지 않으며, 사람을 잘 부리는 자는 스스로 낮춘다." 노자의 세 가지 보물三寶은 자애와 검소와 겸손이다. "자애롭기에 용감할 수 있고, 검소하기에 더 넓어질 수 있고, 감히 천하에 앞서지 않기에 더 완숙한 경지로 나갈 수 있다." 오늘날의 지도자가 충분히 새겨볼 만한 말이다.

묵가

묵자는 "세상이 혼란스러운 것은 서로 사랑하지 않는 데서 비롯된다"라고 주장했다. 이 말에 따르면 세상을 안정시키려 한다면 '서로 사랑하는 것'이 해답이라는 말이다. 묵자의 사랑은 겸애兼愛 즉 보편적인 사랑인데 공자가 주장했던 '인애仁愛'와는 다르다. 공자가 지도층의 도덕성을 중심으로 '차별적인 사랑'을 말했다면, 묵자는 모든 사람을 차별 없이 사랑하라고 주장했다. 오늘날의 관점에서 보면 묵자의 사상은 사상적으로는 하층민 즉 프롤레타리아의 이해관계를 대변하고 있다. '다른 사람을 내 몸과 같이 사랑하라(愛人若愛其身, 애인약애기신)'고 주장하고, 하늘의 뜻天志을 찾았다는 점에서 지극히 종교적이기도 하다. 지도층의 통치 철학을 대변하며 오직 현실에 기반을 두고 있었던 유가와는 첨예한 논쟁이 있을 수밖에 없었고, 이러한 논쟁을 통해 그 당시 유교와 함께 묵가는 학문적으로 가장 번창할 수 있었다. 하지만 묵가는 전국시대 말기에 홀연히 그 자취를 감추고 만다. 무력이 난무하는 전쟁의 시대에 지나치게 엄격한 가르침을 받아들이기 어려웠던 점도 있었겠지만 묵자 철학이 가지고 있던 역설적인 한계에서도 그 이유를 찾을 수 있을 것이다.

묵자는 전쟁이 없는 평화를 주장했지만 그들 자신은 군대 조직의 성격을 가지고 있었다. 서로 사랑하라는 겸애를 주장했지만 정작 자기 조직 안에서는 무조건적인 복종과 엄격한 처벌규정을 두고 있었다. 가장 밑바닥 계층인 백성들을 대변하면서 정작 백성의 주권보다는 군주의 주권을 더 우위에 두었다. 이것은 '겸애'와 함께 묵가의 가장 대표적인 사상인 '상동尙同'의 이론을 통해 잘 알 수 있다. 『묵자』의 편명이기도 한 '상동'은 '상동上同'과 같은 뜻으로 '위와 의견을 같이 한다'는 말이다. 이처럼 묵자는 그 당시 현실에서 실행하기 어려웠던 '겸애'를 일방적으로 '군주의 의견을 따르는 것'으로 해결하려고 했다. 군주가 겸애를 실천하면 그 밑의 사람들이 줄줄이 겸애를 실천하고, 결국 맨 하층 백성까지 겸애를 실천할 수 있으니 모든 세상이 '겸애'의 세상이 될 수 있다는 것이다. 스스로 우러나지 않고 강압에 의한 사랑이 결코 사랑일 수 없으니 묵자의 겸애는 어쩔 수 없는 한계를 가지고 있었다고 할 수 있다.

지도층의 도덕철학을 대변했다는 유가는 맹자의 시대에 와서 오히려 민본주의의 사상으로 한 단계 더 나아갈 수 있었다. 『맹자』「진심하」편의 "백성이 가장 귀하고 사직은 그다음이며 임금이 가장 가벼운 존재다"라는 말이 그것을 말하고 있다. 묵자는 정작 백성의 주권을 대변한다고 앞장섰지만 이론적 한계로 인해 군주의 권리를 대변하는 안타까운 결과를 만들고 말았다. 하지만 전쟁과 패권의 시대인 그 당시에 묵자가 주장했던 사상이론은 결코 가볍지 않다. 어떻게 보면 가장 위대한 철학사상이라고 할 수 있을지도 모른다. '차별 없는 보편적인 사랑'을 펼쳐야 한다는 '겸애', 신분이 아니라 가장 현명한 사람을 높여야 한다는 상현尙賢의 사상은 오늘날의 현실에서도 가장 이상理想적인 사상이라고 할 수 있다. 하지만 진나라

이후 확고한 군주제가 자리 잡으면서 유교가 통치철학이 되었고 하층민의 철학인 묵가의 사회적 기반도 사라지게 되었다. 사람들이 묵자에 대해 관심을 갖게 된 것은 20세기에 들어와서다.

법가

순자荀子는 전국시대 말기 학문의 요람이라고 할 수 있는 제나라의 직하학궁稷下學宮의 좨주祭酒를 세 번이나 역임했던 대학자였다. 직하학궁은 오늘날로 치면 국립대학 혹은 국립학술연구원이라고 할 수 있을 것이고 좨주는 최고의 인격과 학문을 겸비하지 않으면 될 수 없는 그 기관의 대표다. 순자의 학문을 모은 책인 『순자』를 보면, 순자는 공자의 사상과 학문을 이어온 유가의 계승자라고 쉽게 알 수 있다. 시대환경적인 요인으로 인한 차이는 있으나 학문에 대한 열망, 예악禮樂 사상을 인간관계의 기본으로 중시했고, 공자에 대한 존경과 흠모를 자신의 책에서 계속 강조했던 점에서 유교 학파의 일원이라는 것을 부인할 수는 없다.

하지만 순자는 정통 유학자들로부터 이단이라는 비난을 계속 받아왔는데 그 이유는 크게 두 가지를 들 수 있다. 첫째는 유교의 정통 후계자로 인정받았던 맹자의 성선설과는 상반된 성악설性惡說을 주창했다는 이유다. 또 한 가지는 바로 유교를 탄압했던 진나라를 세우는 데 가장 중요한 역할을 했던 한비자와 이사의 스승이라는 점에서였다. 『순자』 「성악性惡」 편을 보면 "굽은 나무는 반드시 받침목을 대고 증기에 쪄서 바로잡아야 곧아지고, 무딘 쇠는 숫돌에 갈아야 날카로워지듯이 사람의 본성이 악한 것은 반드시 스승과 법도의 가르침이 있어야 반듯해진다"라고 실려 있다. 순자의 성악설은 맹자의 성선설과 그 기본전제는 다르지만 그 결과는 같다고 볼 수 있다. 맹자는 사람의 선한 본성을 지켜 바르게 되기 위해 학문과 수양이 필요하다고 주장했고, 순자는 사람의 이기적이고 틀어진 본성을 바로잡기 위해 반드시 공부하고 수양해야 한다고 주장한 것이다.

또 한 가지, 순자가 유가로부터 비난받았던 이유는 바로 한비자와 이사를 가르쳤던 스승이라는 점에서다. 한비자는 법가의 체계를 잡음으로써 진나라 중국 통일의 이론적인 근거를 제공했던 인물이었다. 이사는 한비자의 동문후배로 진시황을 도와서 실제로 중국을 통일하는 데 중추적인 역할을 했던 인물이다. 법가는 유가에 뿌리로 두고 있지만 유가와는 달리 '사람은 악하고 자신의 이익만을 추구하는 본성을 가지고 있다'고 보았다. 순자의 가르침에서 정작 중요한 핵심은 무시하고 '사람의 본성은 악하다'는 전제만을 가지고 갔던 것이다.

그래서 법가에서는 군주와 신하의 관계를 철저히 이해관계에 따라 얽혀있다고 보았다. 공자가 "군주는 신하를 예로서 부리고 신하는 충으로 대한다"며 상호존중의 관계로 설정했다면 한비자는 군신관계를 상호 대립적인 관계로 보았다. 그래서 『한비자』에는 인간적인 관계를 용납하지 않는 철저한 법치를 주장했다. 그리고 군주에게 필요한 세 가지 자질로 법法, 세勢, 술術을 주장했다. 사적인 관계에 흔들리지 않는 확고한 원칙의 적용, 신하를 장악하는 확고한 권위, 사람의 본성을 읽고 자유자재로 사람을 조종하는 통치술이 필요하다는 것이다.

한비자의 이러한 사상은 진나라가 중국을 통일하는 데 결정적인 역할을 했다. 하지만 진나라는 채 3대가 지나기 전에 멸망하고 말았다. 엄격한 신상필벌, 인간적인 관계를 허용하지 않는 엄격한 법치, 강력한 권력을 가진 군주의 카리스마, 권모술수를 마다하지 않는 통치술은 혼란의 시대에는 통할 수 있었지만 장기적이고 안정적인 국가를 만드는 데는 한계가 있었다. 바로 사람의 문제였다. 강력하고 무소불위한 권력은 그것을 다룰 수 있는 사람에게는 큰일을 이룰 수 있는 동력이 되지만, 그것을 다루기에 역부족인 사람에게는 멸망의 지름길이 될 수밖에 없었던 것이다.

품격을 키우는 리더의 사람 공부
논어 천재가 된 홍 팀장

초판 1쇄 발행 2017년 8월 14일
초판 2쇄 발행 2017년 9월 6일

지은이 조윤제
펴낸이 김선식

경영총괄 김은영
기획편집 봉선미 **디자인** 이주연 **책임마케터** 최혜령, 이승민
콘텐츠개발1팀장 한보라 **콘텐츠개발1팀** 봉선미, 임보윤, 이주연, 전은혜
마케팅본부 이주화, 정명찬, 이보민, 최혜령, 최혜진, 김선욱, 이승민, 이수인, 김은지
전략기획팀 김상윤
저작권팀 최하나
경영관리팀 허대우, 권송이, 윤이경, 임해랑, 김재경
외부스태프 스토리 구성 스토리베리 일러스트 손호용 조판디자인 김연정

펴낸곳 다산북스 **출판등록** 2005년 12월 23일 제313-2005-00277호
주소 경기도 파주시 회동길 357 3층
전화 02-702-1724(기획편집) 02-6217-1726(마케팅) 02-704-1724(경영관리)
팩스 02-703-2219 **이메일** dasanbooks@dasanbooks.com
홈페이지 www.dasanbooks.com **블로그** blog.naver.com/dasan_books
종이 한솔피엔에스 **출력·제본** (주)갑우문화사

ISBN 979-11-306-1390-1 (03190)

다산북스(DASANBOOKS)는 독자 여러분의 책에 관한 아이디어와 원고 투고를 기쁜 마음으로 기다리고 있습니다.
책 출간을 원하는 아이디어가 있으신 분은 이메일 dasanbooks@dasanbooks.com 또는 다산북스 홈페이지 '투고원고'란
으로 간단한 개요와 취지, 연락처 등을 보내주세요. 머뭇거리지 말고 문을 두드리세요.